CAIWU GUANLIXUE

财务管理学

● 周 炜 宋晓满 韩 振 ◎ 主 编

立信会计 出版社
LIXIN ACCOUNTING PUBLISHING HOUSE

图书在版编目(CIP)数据

财务管理学 / 周炜,宋晓满,韩振主编. --上海:立信会计出版社,2024.11. -- ISBN 978-7-5429-7777-9

Ⅰ. F275

中国国家版本馆 CIP 数据核字第 202421ER21 号

策划编辑	孙 勇
责任编辑	郭 光
助理编辑	张若凡
美术编辑	吴博闻

财务管理学

CAIWU GUANLIXUE

出版发行	立信会计出版社			
地 址	上海市中山西路 2230 号	邮政编码	200235	
电 话	(021)64411389	传 真	(021)64411325	
网 址	www.lixinaph.com	电子邮箱	lixinaph2019@126.com	
网上书店	http://lixin.jd.com		http://lxkjcbs.tmall.com	
经 销	各地新华书店			
印 刷	苏州市古得堡数码印刷有限公司			
开 本	787 毫米×1092 毫米	1/16		
印 张	17			
字 数	352 千字			
版 次	2024 年 11 月第 1 版			
印 次	2024 年 11 月第 1 次			
书 号	ISBN 978-7-5429-7777-9/F			
定 价	58.00 元			

如有印订差错,请与本社联系调换

前　　言

20世纪50年代,莫迪格利安尼和米勒共同发表了题为《资本成本、公司理财与投资理论》的研究成果,首次提出了企业价值、资本成本和投资标准三大命题,这标志着现代理财学的诞生。20世纪90年代,基于价值的企业管理理论和技术得到发展,以企业价值最大化观念为主导,以折现现金流量模型为技术支持的企业管理理念得以应用。21世纪,我国提出了在新质生产力产业链下建设一流财务管理体系的目标,以适应数字时代财务管理环境。

本书根据经济环境、财务制度与金融体制的发展趋势和要求编写,遵循"较强的针对性,突出实用性,顾及现实性"的原则,力求在理论联系实际、内容通俗易懂、注意图表运用的前提下,增加新知识、适应新环境。

本书主要具有以下特点:

(1) 创新性。本书引入企业数字化转型与数字资产价值管理等前沿研究成果,结合现实背景,对数字时代财务管理的职能进行讨论,并对数据资产价值评估与管理等内容进行论述。

(2) 实用性。本书根据教学需求,将相关案例以二维码的形式融入书中,通过案例对我国企业财务管理中的重要问题进行分析,为企业管理层进行财务决策提供充分的论证依据和解决方案,使学生通过案例讨论,提高对现实财务问题进行专业判断与综合分析的能力。

(3) 高效性。本书在内容安排上,强调"两个对接":一是与企业管理层关注的财务管理实务决策性问题对接;二是与专业理论在企业财务管理中的应用对接。本书将知识性与新颖性相结合,将常规性与特殊性相结合,侧重培养学生对财务问题的专业敏锐度和判断能力。

本书主要根据"财务管理"课程的要求进行内容安排,可作为高等院校企业管理、财务、会计、经济及相关专业的教材,也对企业管理人员有重要的参考价值。

本书由周炜、宋晓满、韩振担任主编。本书具体编写分工如下:周炜撰写第一篇;宋晓满、徐勤撰写第二篇;周炜、韩振撰写第三篇;宋晓满撰写第四篇。全书由周炜进行修改,最后由宋晓满总纂。

在本书编写过程中,虽然编者尽了最大努力,但由于自身水平有限,本书难免存在疏漏、不足之处,恳请广大读者批评指正。同时,本书在编写过程中也参考了其他教材的内容,在此我们对相关作者表示感谢。

本书为"2023年同济大学研究生教材建设项目"资助项目,项目编号为2023JC07。

编 者

2024年11月

目　录

第一篇　原理篇 ·· 1
学习目的与要求 ·· 1
教学重点与难点 ·· 1

第一章　总论 ·· 3
第一节　财务管理及其职能 ·· 3
第二节　代理问题与理财目标 ··· 7
第三节　财务管理与相关学科 ·· 15

第二章　财务管理环境 ··· 18
第一节　法律环境 ·· 18
第二节　经济环境 ·· 21
第三节　金融市场环境 ·· 22
第四节　企业财务环境 ·· 27

第三章　财务价值观 ·· 30
第一节　货币时间价值概述 ·· 30
第二节　货币时间价值的度量 ··· 31

第四章　企业财务诊断与评价 ··· 46
第一节　财务诊断方法 ·· 46
第二节　财务评价指标 ·· 56
第三节　财务分析的本质 ··· 71

第二篇　融资篇 ·· 75
学习目的与要求 ·· 75
教学重点与难点 ·· 75

第五章　资本结构管理 ··· 77
第一节　资本成本 ·· 77
第二节　杠杆效应 ·· 86
第三节　资本结构理论 ·· 94
第四节　资本结构优化决策 ·· 98

第六章 权益融资与投资回报 ... 102
第一节 权益融资 ... 102
第二节 股利政策与利润分配 ... 108
第三节 股利政策的选择 ... 113

第七章 长期债务融资与混合融资 ... 117
第一节 长期债务融资 ... 117
第二节 混合融资 ... 128

第三篇 投资篇 ... 133
学习目的与要求 ... 133
教学重点与难点 ... 133

第八章 证券投资管理 ... 135
第一节 证券投资与证券估值 ... 135
第二节 固定收益证券投资决策 ... 137
第三节 非固定收益证券投资决策 ... 144
第四节 证券投资组合管理 ... 153

第九章 项目投资管理 ... 156
第一节 项目投资与企业价值 ... 156
第二节 现金流量分析 ... 167
第三节 项目投资评价指标应用 ... 172
第四节 项目投资决策与风险管理 ... 180

第十章 营运资本管理 ... 188
第一节 营运资本管理概述 ... 188
第二节 现金管理 ... 191
第三节 存货管理 ... 201
第四节 信用管理 ... 214

第四篇 数字时代的财务管理创新 ... 221
学习目的与要求 ... 221
教学重点与难点 ... 221

第十一章 数字财务 ... 223
第一节 数字时代对财务管理的影响 ... 223
第二节 数字时代财务管理的逻辑框架 ... 225
第三节 数字财务管理的数据分析 ... 234

第十二章 财务管理创新 …… 239
    第一节 商业模式与盈利模式 …… 239
    第二节 供应链金融 …… 243
    第三节 数据资产管理 …… 247

附录 货币时间价值表 …… 254

参考文献 …… 264

第一篇 原 理 篇

 学习目的与要求

本篇主要讲述财务管理的基本理念、基本理论与基本方法等。通过本篇的学习,学生应掌握以下内容:

(1) 财务管理的内涵、财务管理与其他学科的关联。
(2) 财务管理的环境与目标。
(3) 企业价值创造与评价方法。

 教学重点与难点

财务管理的核心理念、企业价值的评估与价值计量。

 **引文**

尽公司之责,聚天下之财,计国家之利。研究财务决策和管理需引导和培育正确的价值观念,以科学的方式处理企业与股东、债权人、经营者、员工、供应商、客户、社区和政府等利益相关者之间的财务关系。在为股东、企业谋划价值创造的同时,心系社会和国家之核心利益,践行"始谋企业之财,终计国家之利"的理念。挖掘并提炼课程中的核心思政元素,建立"思政元素—课程内容—教学目标"的映射与对应关系,使思政元素与专业知识点匹配。

企业财务管理充分体现了"社会主义核心价值观"与"资本价值目标"兼容并包、"商业伦理"与"财富创造"相行不悖、"利益相关者利益"与"股东财富增长"和谐共生、"社会责任"与"公司价值"并驾齐驱、"生态文明"与"价值财务"有机耦合。

 **思政课堂**

企业融入国家治理体系建设和治理能力提升的重要方式

党的二十届三中全会科学谋划了围绕中国式现代化进一步全面深化改革的总体部署，明确提出要完善和发展中国特色社会主义制度，推进国家治理体系和治理能力现代化。会议指出，要完善中国特色现代企业制度，弘扬企业家精神，支持和引导各类企业提高资源要素利用效率和经营管理水平、履行社会责任，加快建设更多世界一流企业。在中国特色社会主义市场经济中，现代企业是国家治理体系建设不可或缺的组成部分，是不断提升国家治理能力的重要基础，是实现中国式现代化的重要力量。

当前，企业社会责任在我国获得全面深入的发展，已成为高水平中国特色社会主义市场经济的生动体现。习近平总书记在第二十三届圣彼得堡国际经济论坛全会致辞中指出，可持续发展是破解当前全球性问题的"金钥匙"。中国是联合国环境社会治理倡议的坚定支持者和积极践行者。2024年，我国国资委、证监会、财政部等部委相继颁布了引导和规范不同类型经营主体社会责任及环境社会治理行动的政策文件，标志着中国在企业社会责任建设方面迈出了重要步伐。

党的二十届三中全会指出，高水平社会主义市场经济是实现中国式现代化的重要保障。马克思主义经典理论认为，政治组织变革是对技术创新及由此产生的经济组织形式、社会生产生活方式变化的响应。在推进中国式现代化的宏伟蓝图中，国家治理体系和治理能力的现代化，同样需要以高水平社会主义市场经济为支持和保障，需要充分吸纳来自市场机制和企业主体的力量。我国国有企业、新兴互联网企业、高精尖新企业等是新质生产力的代表。在社会主义核心价值观的指引下，具有中国特色的企业社会责任实践将有效发挥企业组织的效率优势，并将其引向社会治理目标，成为国家治理能力提升的内生动力来源和国家治理体系的重要组成部分。

资料来源：郑延婷，郭毅.企业融入国家治理体系建设和治理能力提升的重要方式——建设中国特色企业社会责任[N/OL].北京日报，(2024-09-03)[2024-11-05]. https://news.bjd.com.cn/2024/09/05/10890556.shtml，有删节。

请思考：

1. 企业盈利要求与社会责任之间的关系是怎样的？
2. 企业该如何融入国家治理体系建设、提升治理能力？

第一章 总　　论

第一节　财务管理及其职能

财务管理是对有关资金的筹集、分配、使用、清偿等业务进行决策、计划、组织、执行和控制等工作的总称。企业财务管理的基本职能是组织财务活动，处理财务关系。因此，要了解财务管理，必须先明确企业活动及其经济利益关系。

一、企业活动

(一) 企业活动的过程

在开放环境下，企业价值链管理活动体现在流量与存量两个方面。企业从资本市场积累资金，投向金融资产，进而转化为经营资产。在经营过程中，企业使用经营资产，即从供应商处购进投入品，主要是原材料、劳动等，并将其与净经营资产结合，用于生产商品和提供劳务，最终将其出售给消费者。因此，企业活动可分为两大类型：财务活动与经营活动。财务活动涉及资本市场交易，经营活动涉及与顾客和供应商在产品与投入品市场的交易。企业活动过程如图1-1所示。

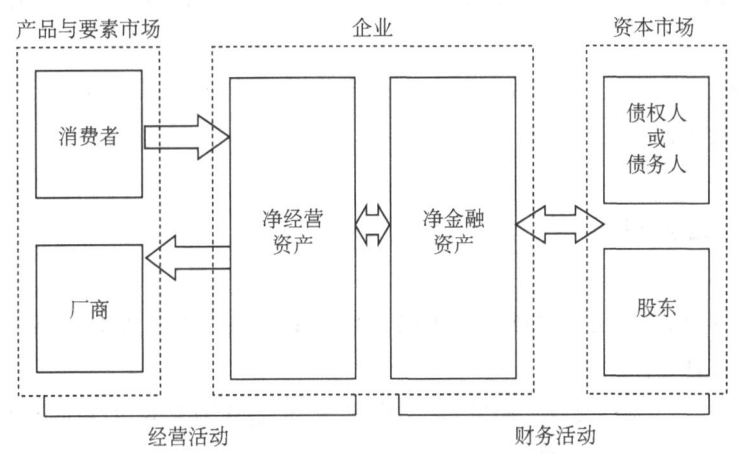

图 1-1　企业活动过程

(二) 资金运动的过程

企业财务会计核算体现的是从货币资金开始,经过储备资金、生产资金、成品资金形态,再回到货币资金形态,并带来资金增值的过程。从财务管理的角度进行分析,这一过程,首先,必须明确最初的货币资金是如何取得的;其次,才能明确地将取得的这些资源进行配置;最后,解决为确保企业可持续发展而进行增值的那部分资金的分配问题。实际上,企业的再生产过程体现的是开放环境下的资金运动过程,这一过程可归纳为三个阶段:资金筹集、资金运用和资金分配。

1. 资金筹集

资金筹集又称融资,企业从事生产经营活动,必须从资金筹集开始,即资金筹集资金是企业资金运动的起点。

金融市场为企业筹资提供了广泛的融资渠道和形式多样的金融工具。但是,金融市场在为企业融资服务的同时,也给企业带来了新的压力和风险。资金作为金融市场的主要商品,始终要求资金需求者付出代价,无论是权益资金还是债权资金,资金需求者都不能无偿使用,必须向资金提供者支付一定的报酬,由此就产生了筹资的资金成本问题。

2. 资金运用

筹资的目的是运用,资金只有在运用的过程中才能产生效益,才能得到增值。资金的运用总体可以分为两大方面:一方面是企业内部运用,即对内投资;另一方面是企业外部运用,即对外投资。

3. 资金分配

资金分配就是将企业取得的经营收入进行分配。企业在生产经营过程中取得的收入,一方面,要用于补偿生产经营耗费,以保证企业再生产过程顺利进行;另一方面,要缴纳流转税,如增值税、消费税等。企业如有盈余,即企业有利润,要缴纳所得税;税后净利按规定提取法定盈余公积和任意盈余公积;剩余利润才可向投资者分配,并形成企业的剩余积累。

资金筹集、资金运用、资金分配三个方面相辅相成,构成了以价值形式完整反映的企业资金运动,具体如图 1-2 所示。

二、企业理财过程

"财务管理"从字面上可以理解为理财。理财活动通常涉及理财主体,小到个人,大到国家,都存在理财需求。

"理财"这一概念最早是在《周易》一书中出现,它是从国家的角度研究理财的。几千年来,许多改革家、思想家对理财有不同的见解。以今天的眼光来看,北宋改革家王安石对理财的见解颇具特色。他认为理财是"理天下之财",也就是尽天下所有资源合理组织

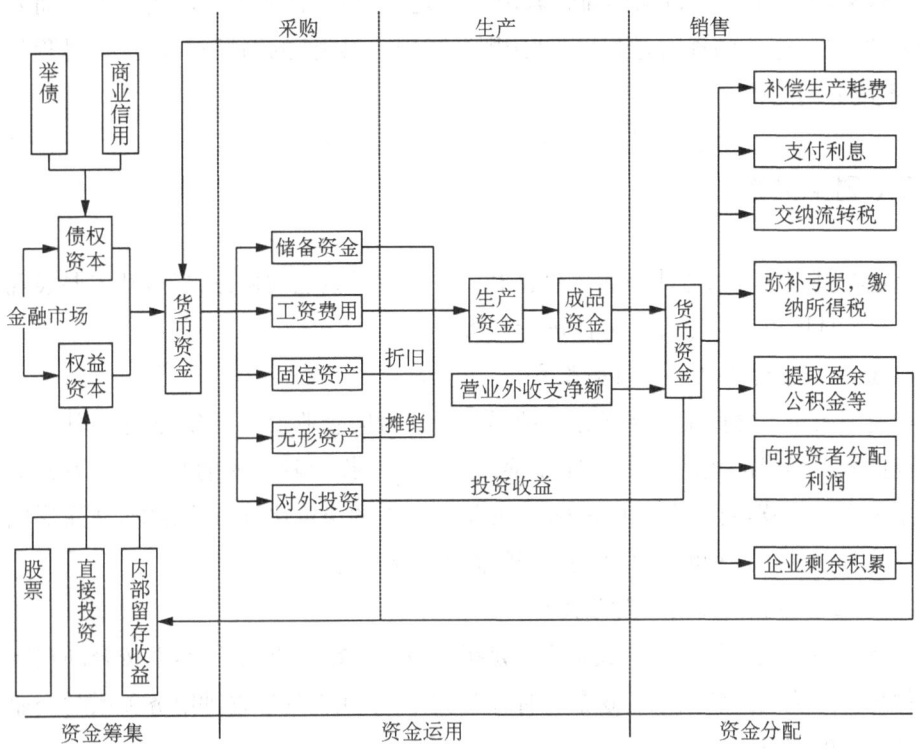

图 1-2 开放环境下的企业资金运动

社会生产。从企业的角度来看，理财是企业合理地筹措资金，并科学、有效地利用资金，即资金成本要低，要有效配置企业内部资源，资金投入要尽可能避免风险、损失等。企业理财的目的是提高经济效益。从个人的角度来看，个人理财最通俗的解释就是"算计"，即合理安排自己的收入，并进行投资。国家的理财活动属于财政学的研究范畴，个人理财可归为家政学或个人理财学。

企业的理财过程自始至终贯穿企业的整个再生产过程，即同企业的资金筹集、资金运用、资金分配等融合在一起的。企业的生产过程实质是一个用财过程或耗财过程，这一过程合理，企业就有盈利，也就是生财；周而复始良性循环，企业不断发展壮大，可理解为聚财。企业的理财过程如图 1-3 所示。

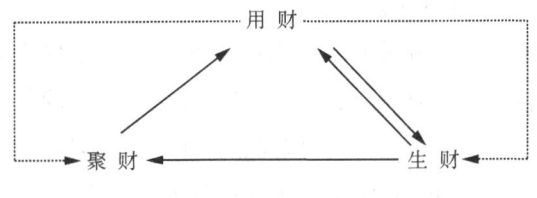

图 1-3 企业的理财过程

由图 1-3 可知，一个生产过程就是一次用财过程。良好的用财过程会产生一部分积余，将这部分积余再追加到生产过程中，以此循环，当达到一个可观数额时，企业就能实现聚财目标,但巨额资产也同样面临着用财问题。因此,企业再生产是一个周而复始的资金运动过程,企业的理财过程也是"用财—生财—聚财"的循环过程,三个过程是紧密联系、不可分割的整体。

三、财务关系

企业在资金运动过程中发生的经济利益关系就是企业的财务关系,其主要表现如图1-4所示。具体可从以下几个方面进行分析。

1. 企业与投资者之间的财务关系

企业与投资者之间的财务关系主要是指投资者向企业投入资金,企业向其投资者支付投资报酬而形成的经济关系。例如,企业接受几个投资者投入的共1 000万元资金并将其用于生产经营,对产生的利润60万元按投资者的出资比例进行分配,从而形成一种所有权关系。处理这种财务关系时,必须维护投资者的合法权益。

2. 企业与债权人之间的财务关系

企业与债权人之间的财务关系主要是指企业向债权人借入资金,并按合同规定按时还本付息而形成的经济关系。这是一种债务关系,企业在处理这种财务关系时企业必须保障债权人的权益。

3. 企业与受资者之间的财务关系

企业与受资者之间的财务关系主要是指企业将自身法人财产向其他企业进行投资并分享其投资收益而形成的经济关系。例如,企业将价值50万元的设备对另一企业投资,拥有30%资本比例,假设该企业产生利润50万元,则企业享有15万元的投资收益。企业与受资者之间的财务关系反映的是所有权性质的投资与受资关系。

4. 企业与债务人之间的财务关系

企业与债务人之间的财务关系主要是指企业将其资金以购买债券、提供商业信用等形式出借给其他企业而形成的经济关系。例如,企业购买某单位发行的3年期、年利率6%、面值20万元、到期一次还本付息的债券。3年期满后,企业连本带息应收到236 000元。企业同其发行债券单位的关系体现的是债权与债务关系。

5. 企业与税务机关之间的财务关系

企业与税务机关之间的财务关系主要是指企业按照税法规定向税务机关缴纳各种税款,包括所得税、流转税、行为税等而形成的强制和无偿的分配关系。例如,企业应缴纳当期增值税2万元,所得税3.5万元。假如企业逾期缴纳,则需按日付罚息;假如企业少缴或不缴,除了罚款和补缴税款,情节严重还将追究其刑事责任。可见,税收是一种国家以社会管理者的身份参与企业收入分配的形式。

6. 企业内部单位之间的财务关系

企业内部单位之间的财务关系主要是指企业内部各部门在生产经营环节相互之间

提供产品、劳务等而形成的经济关系。例如,一车间将完成的价值7万元的半成品转给二车间继续加工;后勤运输部门为销售部门提供价值1.2万元的运输服务。在实行内部经济核算制和经营责任制的条件下,财务部门必须对这7万元、1.2万元分别在有关部门之间进行结算。这种在企业内部形成的资金结算关系,体现了企业内部各单位之间的利益关系。

7. 企业与职工之间的财务关系

企业与职工之间的财务关系主要是指企业根据职工提供的劳动数量和质量向职工支付劳动报酬而形成的经济关系。企业资金运动中的财务关系如图1-4所示。

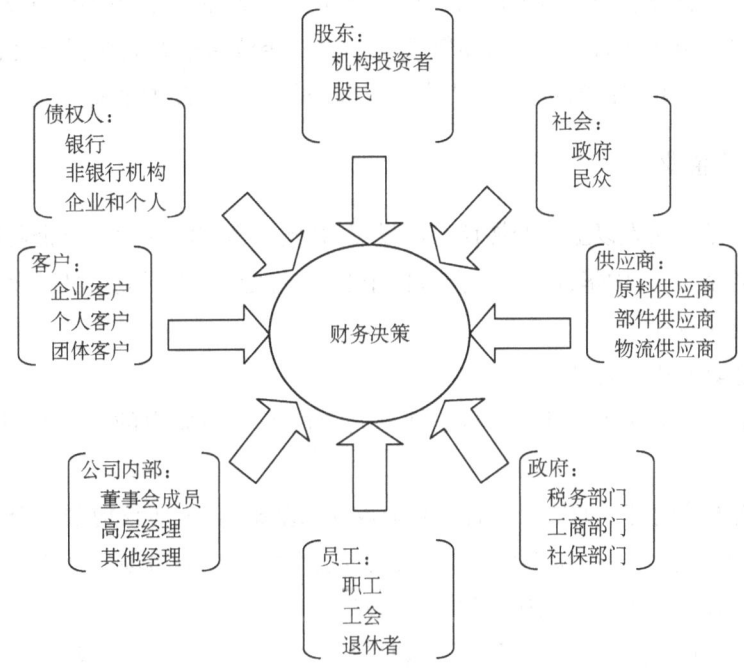

图1-4 企业资金运动中的财务关系

第二节 代理问题与理财目标

一、企业组织形式

企业是市场经济的主体。了解企业的组织形式,有助于企业财务管理活动的开展。企业的组织形式主要有三种:独资企业、合伙企业和公司。

(一)独资企业

独资企业是指由一个自然人投资,由其亲自经营或雇人经营的企业。

独资企业的财物为投资者个人所有，投资者具有对企业完全的决策权和指挥权，个人决定企业的生产经营活动并独享企业的利润和独自承担企业风险。投资者以其个人财产对企业债务承担无限责任，即不但要以企业的资产偿还，还要以其个人的其他财产，也就是投资者个人的全部财产偿还。这是因为独资企业的资产同投资者的其他个人财产很难分开。

独资企业因投资人少，一般规模都较小。独资企业具有几项优点：①内部结构简单，不需正式的规章制度。②开办费较少，容易开办。③利润独享。④政府对其限制较少等。独资企业因规模小、资本少，也存在无法克服的缺陷：①投资者负有无限偿债责任，当其经营不景气、负债过多时，为偿债往往倾其所有。②筹资比较困难，个人财力有限，借款时往往因信用问题而难以获得所需资金。独资企业目前在我国民营经济中占了一定比重，但我国的国有独资企业和一人有限责任公司不属于此类企业。

(二) 合伙企业

合伙企业是指两人以上按照协议共同投资、共同经营、共负盈亏、对企业债务承担无限连带责任的企业。《中华人民共和国合伙企业法》规定，在中国境内可以设立普通合伙企业和有限合伙企业。

合伙企业具有以下特征：

(1) 合伙人必须两人以上，且都是具有完全民事行为能力的，否则无法建立合伙关系。

(2) 合伙人共同订立的协议是合伙企业成立的基础，合伙协议应明确合伙人的出资形式、出资金额、盈余分配、债务承担、入伙、退伙、合同终止等事项。合伙协议是在全体合伙人相互信任的基础上自愿达成的一致意见。

(3) 合伙人共同投资。投资形式可以是货币、实物或技术、专利等。合伙人投入企业的财产由全体合伙人统一管理和使用，个人不得擅自提取。合伙企业经营积累的财产归全体合伙人共有，个人不得擅自处置。

(4) 合伙人共同经营。由合伙人共同推举企业负责人，但企业的生产经营活动由全体合伙人决定，每个合伙人都有执行权和监督权。

(5) 合伙人共同享受企业盈利，共同承担企业风险。对于普通合伙企业而言，企业的利润分配由全体合伙人按照协议进行，协议无规定或规定不明确的，一般按出资额的比例分配。合伙企业的债务由合伙人按照出资比例或协议约定，以各自的财产对企业的债务承担连带无限清偿责任，即当企业的资产不足以清偿企业债务时，每个合伙人都要以自己的其他全部个人财产偿还企业债务；同时，在其他合伙人不能按约定的比例承担债务时，代其承担责任，之后再向其他合伙人追偿。对于有限合伙企业而言，其中的普通合伙人承担无限清偿责任，有限合伙人则以其认缴的出资额为限承担责任。

合伙企业的经营规模一般较独资企业大,其优点包括:①创办较容易,开办费不高。②由两人以上按协议组建的企业,故企业信用优于独资企业。合伙企业目前在我国民营经济中占较大比重。合伙企业也具有缺陷:①组织不够严密,合伙人之间关系较复杂,一般不如独资企业稳定。②它与独资企业一样,也对债务负有无限清偿责任。③筹措大笔资金有一定困难等。

(三) 公司

公司这一企业组织形式始于17世纪初期的欧洲。利用公司形式可集中分散的资金、技术和人才,构建独资企业、合伙企业无力经营的现代化大企业,以扩大规模,增加经营,并提高市场竞争能力,故公司这一企业组织形式已被西方大企业普遍采用,它也是我国建立现代企业制度、完善企业法人治理结构、实施混合所有制改革过程中采用的一种主要的企业组织形式。

《中华人民共和国公司法》(以下简称《公司法》)规定,公司是指依法向公司登记机关申请设立登记,符合《公司法》规定的设立条件的,由公司登记机关分别登记为有限责任公司或股份有限公司。公司是企业法人,有独立的法人财产,享有法人财产权。公司以其全部财产对公司的债务承担责任。有限责任公司的股东以其认缴的出资额为限对公司承担责任;股份有限公司的股东以其认购的股份为限对公司承担责任。

1. 有限责任公司

有限责任公司是指由50个以下的股东出资设立,每个股东以其出资额为限对公司债务承担责任的一种法律实体。

有限责任公司的主要特征包括:①公司的资本总额不分为等额的股份。②公司向股东签发出资证明书,不发股票。③公司股份的转让有较严格限制。④股东人数有最高限制。⑤股东以其出资比例享受权利、承担义务。⑥股东以其出资额为限对公司承担有限责任。

有限责任公司股东会由全体股东组成。股东会是公司的权力机构,依照《公司法》行使职权。股东会会议作出修改公司章程、增加或减少注册资本的决议,以及公司合并、分立、解散或变更公司形式的决议,必须经2/3以上有表决权的股东通过。

有限责任公司的股东之间可以相互转让其全部或部分股权。

股东向股东以外的人转让股权,应当经半数以上的其他股东同意。股东应就其股权转让事项书面通知其他股东征求同意,其他股东自接到书面通知之日起满30日未答复的,视为同意转让。其他股东半数以上不同意转让的,不同意的股东应当购买该转让的股权;不购买的,视为同意转让。

经股东同意转让的股权,在同等条件下,其他股东有优先购买权。两个以上股东主张行使优先购买权的,协商确定各自的购买比例;协商不成,按照转让时各自的出资比例行使优先购买权。

2. 股份有限公司

股份有限公司可以通过发起设立或募集设立的方式设立。

发起设立是指由发起人认购公司应发行的全部股份而设立公司的方式。募集设立是指由发起人认购公司应发行股份的一部分,其余股份向社会公开募集或向特定对象募集而设立公司的方式。

设立股份有限公司,应当有1人以上200人以下为发起人,其中须有半数以上的发起人在中国境内有住所。股份有限公司发起人承担公司筹办事务。发起人应当签订发起人协议,明确各自在公司设立过程中的权利和义务。

股份有限公司通过发起设立方式设立的,注册资本为在公司登记机关登记的全体发起人认购的股本总额。在发起人缴足认购的股份前,不得向他人募集股份。

股份有限公司通过募集方式设立的,注册资本为在公司登记机关登记的实收股本总额。根据法律、行政法规及国务院规定,对股份有限公司注册资本采取实缴方式。

股份有限公司的主要特征包括:①公司的资本划为等额股份并采用股票形式向出资人发放。②同期发行的股票,每股发行条件和价格是相同的,同股同权,同股同利。③股东可依法转让其所持有的股份。④股东不得少于规定人数,但没有上限限制。⑤股东以其所持股份为限对公司债务承担有限责任。

3. 一人有限责任公司的特别规定

《公司法》所称的一人有限责任公司,是指只有一个自然人股东或一个法人股东的有限责任公司。一个自然人只能投资设立一个一人有限责任公司,该一人有限责任公司不能投资设立新的一人有限责任公司。一人有限责任公司应当在公司登记中注明自然人独资或法人独资,并在公司营业执照中载明。一人有限责任公司章程由股东制定。

一人有限责任公司不设股东会。但应当在每一会计年度终了时编制财务报告,并经会计师事务所审计。一人有限责任公司的股东不能证明公司财产独立于股东自己财产的,应当对公司债务承担连带责任。

二、代理问题

在独资企业、合伙企业中,管理者在考虑企业经营问题时,企业价值与自身财富是紧密融合在一起的。企业价值增加,管理者财富随之增加;反之亦然。不会出现企业价值增加而管理者财富不变的状况。这主要是因为企业的性质决定了企业的所有者和企业的管理者是合二为一的,独资企业、合伙企业无代理问题。

在组织形式是公司的企业中,所有权和经营权的分离会产生代理问题。

企业财富最大化反映了企业所有者的利益,财务管理的目标是所有者的目标,与企业经营者没有直接的利益关系。所有者委托经营者代表他们管理企业,为实现他们的目标而努力。但经营者的目标与所有者的目标并不完全一致,存在所有者与经营者为各自的利益产生冲突的可能。

在财务管理中,代理问题主要存在于所有者和经营者、所有者和债权人之间。

(一) 所有者和经营者

从实际看,除非所有者和经营者的利益完全一致,否则经营者的行为不会总与所有者的目标相一致。这是由人的本性决定的。因此,协调所有者与经营者这两个不同利益的主体之间的关系至关重要。经营者与所有者的主要矛盾就是经营者希望在提高企业价值和股东财富的同时,能更多地增加自身报酬,提高自己地位等;而所有者则希望以较小的成本支出带来更多的企业价值或股东财富。为解决这种代理冲突问题,企业应在完善企业治理的前提下,建立有效的激励相融机制。

1. 激励

为尽可能使经营者的行为与所有者的目标相一致,可采用报酬激励制度,即将经营者的报酬与其绩效挂钩。企业所有者与经营者分享企业财富,可鼓励经营者采取有助于企业财富最大化的措施。例如,每年终了时,将本年度增加的企业财富按一定比例奖励给经营者,奖励方式包括现金、股份、股票期权等。

激励制度中易产生的问题是"一定比例"的大小,比例小,不足以激励经营者,失去激励制度的作用;比例大,所有者付出的利益过多,不能实现股东财富最大化。另外,采用股票期权对经营者进行激励,还易造成负面效应。例如,企业经营者拥有一定数量的股票期权,在他将这些股票期权转换为股票出售前,如企业财务状况恶化,经营者为了自己的切身利益可能弄虚作假,制造假的会计信息。这种现象屡见不鲜,会对企业造成恶劣影响和重大损失。

可见,激励可以减少经营者违背所有者意愿的行为,可以协调两者之间的矛盾,但不能完全解决经营者和所有者之间的矛盾。

2. 监督

如果缺乏对经营者的管理行为的约束,易出现不合理的管理行为,导致股东财富损失。为防止经营者背离所有者的目标,必须对经营者进行监督,当发现经营管理行为背离所有者目标时,可减少对经营者支付的报酬,情况严重时甚至可以解聘经营者。

由所有者对经营者实现全面监督是相当困难的。首先,所有者掌握企业的信息远少于经营者,很多时候所有者根本不清楚经营者想干什么;其次,企业的经营管理权实际上由经营者控制,经营者比所有者更清楚企业应如何发展壮大,如何提高企业竞争力;再次,全面监督的成本是昂贵的,必须由专门的机构审查所有管理行为,这种付出与收益有可能是不成比例的,是所有者不能接受的;最后,全面监督可能导致经营者采取消极行为。

监督是一种通过所有者约束经营者的措施。由于全面监督实施困难,不能靠监督解决经营者与所有者之间的全部问题,但可以有效减少经营者违背所有者目标的行为。

不仅要从技术层面解决经营者与所有者之间的问题,而且要从制度规范层面来解决,如现金的内部控制制度、高层管理人员的报酬计划、审批权限和程序的严格执行等。这些都是现代企业制度对企业经营者的必然要求。

(二) 所有者和债权人

1-1【案例】由国美控制权之争看上市公司治理中委托代理问题

1. 所有者与债权人的矛盾

债权人对企业资源有固定的财务求偿权,而股东的收益是变动的。所有者为了获得更高的收益而使企业承受更大的风险,债权人会因为没有机会分享这种更高的收益而蒙受损失。因此,企业的所有者与债权人之间的关系存在潜在的冲突。

1) 两者的目标不一致

当企业向债权人借入资金后,会在所有者与债权人之间形成代理关系。债权人按照一定的利率将资金贷给企业,其目的是到期收回本金,并得到约定的利息收入。例如,银行贷款100万元给企业,期限3年,年利率10%。银行作为债权人,其贷款的目的是每年获得约定的10万元利息收入,连续3年,3年期满后收回本金100万元。

企业贷款的目的是因生产经营扩大或投资规模的需要,是带有一定风险的。循上例,企业借入100万元款后,将其投入对生产车间的扩建,以适应产品生产的扩大需求,并从增长的产量上求得回报,增加利润。可见,债权人和所有者的目标不一致。

2) 两者的收益不对称

当借款合同成为事实后,资金的控制权就由债权人手中转入所有者手中,这时所有者有可能改变举债资金的原定用途,将其投入风险更高的项目。循上例,企业将借入的100万元资金投入其兴建的酒楼项目,以期酒楼早日竣工开业并盈利。若酒楼开业后生意兴隆,获取可观利润,这些利润将被企业所有者享有;若酒楼项目投资失败,企业无力偿债,其损失则由债权人与所有者共同承担。虽然法律规定当企业破产时,债权人对破产财产的分配优先于股东,但实际上,破产企业的财产往往资不抵债。所以,对于债权人而言,其收益与报酬是不对称的。

另外,如企业在原资产状态无改变情况下提高负债比重,其形成的财务杠杆效用仅有利于所有者,但会使原债权人蒙受损失。例如,企业增发100万债券,这100万债券产生的收益归企业所有者享有,但增发债券后,因负债比率上升,使原企业债券的市场价值下跌,从而使原债权人蒙受损失。若企业破产,新旧债权人共同分配资产,使旧债券的风险增加,债券价值下降。

2. 协调方式

协调所有者与债权人之间的矛盾时,通常可采取以下措施:

(1) 限制性借款。在借款合同中加入限制性条款,如规定借款的用途、借款的信用条件,规定不得发行新债或限制发行新债的数额等。

(2) 收回借款或不再借款。发现企业有侵蚀财产的意图时,提前收回债权并中止合作。

三、理财目标

财务管理目标又称理财目标,是指企业财务管理工作所要达到的最终目的。如前所述,财务管理是企业管理的重要组成部分,因此,财务管理的目标取决于企业经营总目标。

在激烈的市场竞争中,盈利是企业的经营总目标。为实现这一目标,在财务管理上应力求低投入高产出,通过科学、合理、有效地筹资和使用资金,使企业经营总目标能够顺利实现。

目前理论界对财务管理目标的观点尚不一致,主要有企业利润最大化和企业财富最大化两大派。

(一) 企业利润最大化

企业利润最大化观点认为,企业是营利性的经济实体,企业要获利,必须加强管理、改进技术、降低成本费用。因此,将利润最大化作为财务管理目标是合理和必要的。

在我国,利润是国家考核企业经营成果的主要指标。利润的大小不仅体现了企业对国家的贡献,而且与企业职工的利益紧密结合。但它也存在以下弊端。

1. 没有考虑利润与现金的关系

例如,企业收入100万元,成本、费用总计80万元,则利润是20万元。如果上述收入、成本、费用都是现金往来,则企业存款账户上实实在在存在着20万元现金;如果上述收入并不全部是现金收入,只有80%是现金收入,其余20%为赊销收入,而成本、费用是付现支出,这时企业账面上的利润为20万元,而企业存款账户上却无现金增加;再者假设这笔赊销收入到时收不回来,成为企业若干年以后的坏账损失,那企业当时账面上的20万元利润就是虚的。实际上,任何赊销形式的销售收入,都存在货款无法回收的风险。

会计的利润指标和实际产生的现金流往往不是一回事,这也是为什么我国有些企业会存在有利润而无资金或缺资金的情况。

2. 没有考虑企业的可持续发展

追求利润最大化很容易导致短期行为,促使企业牺牲长期利益来换取短期利润的增加。例如,企业可通过使用比较低廉的机器设备和原材料,将较多的资金用于产品促销而不是产品开发,在短期内实现利润最大化。又如,某些经营者为了多一些利润美化自己任期内的业绩,会少提或不提折旧、少摊或不摊费用损失,从而形成企业短期内利润可观或虚盈实亏的局面。

这种短期行为会使企业在短期内赚取较高利润,但必然损害其长期发展。经营者为了眼前盈利往往放弃战略发展性投资,使企业缺乏长期竞争力。

3. 没有考虑货币时间价值

利润最大化往往没有考虑企业利润获取的时间分布,易导致管理决策者选择投资报酬率最高的投资项目,而忽视这些投资报酬在何时使企业受益。例如,假设 A 公司面临在下列两个投资项目作出选择的问题。甲、乙项目投资额相等,两项目的预期报酬如表 1-1 所示。

表 1-1　　　　　　　　　甲、乙项目预期报酬　　　　　　　　　单位:元

投资年限	甲项目预期报酬	乙项目预期报酬
第一年	0	700 000
第二年	200 000	500 000
第三年	400 000	300 000
第四年	600 000	200 000
第五年	800 000	100 000
合　计	2 000 000	1 800 000

如果只从利润最大化的角度考虑,A 公司应选择甲项目,因为甲项目总预期报酬比乙项目总预期报酬高出 200 000 元。但是,如果考虑两项目报酬的时间分布,假设投资报酬率为 10%,乙项目由于获利较早,用其获利部分再投资,可带来额外的报酬,最终乙项目的投资报酬将大于甲项目。

4. 没有考虑盈利能力和财务风险的关系

盈利能力与财务风险是财务管理中的一大矛盾,最佳的理财策略要求在这两者之间达成一定的平衡。以利润最大化作为财务管理目标,将导致企业只关心利润额的多少,而忽略了企业为获得最大利润需承担的风险。如果企业置财务风险于不顾,片面追求最大利润,企业很容易因此而陷入财务危机,甚至可能破产。

可见,将利润最大化作为财务管理目标是对经济效益的浅层次认识,存在片面性。对于组织形式为公司的企业来说,利润最大化不是财务管理的最佳目标。

(二) 企业财富最大化

企业财富最大化观点认为,公司这一组织形式已被广大企业普遍接受并采纳,而股东创办企业的目的是扩大财富。股东是企业的所有者,企业财富最大化就是股东财富最大化。因此,财务管理的目标应是企业财富最大化,或可称为企业价值最大化。

在股份制企业中,股东的财富由其持有的股票数量和股票市价决定。股票的价格不仅取决于当年企业利润的多少、每股可分配利润的高低,而且取决于企业未来的发展。利润相同的两个企业中,有发展潜力的企业的股票价格往往高于发展前途一般的企业。企业发展前途的好坏、经营潜力的大小,主要受企业的投资、股利分配等财务政策影响。将企业财富最大化作为目标,表明企业将采用最优的财务政策,在考虑货币时间价值和

风险报酬的情况下,通过资本价值,不断增加企业财富。

以企业财富最大化作为财务管理目标,不仅可以较好地克服以利润最大化为财务管理目标带来的弊端,而且具有以下两个优点。

1. 有利于保护股东的根本利益

财富最大化并不排斥企业获取最大利润,企业要使资本增值,必须保持较高的盈利水平。但这个利润必须是真实的,而不是虚假的,必须使企业现金净流量持续增加,并与企业较高的盈利水平相吻合。当短期利润和长远利润发生冲突时,企业能合理地计算和评价两者的权重,从而选择最有利于企业价值增大的方案。

2. 比较稳定的股利分配政策

以利润最大化作为企业追求的目标,能使企业留存绝大数盈利,用于再投资,而无视股东以收取股利的方式获得投资报酬的愿望。将财富最大化作为企业追求的目标,企业必须认真考虑股东获取股利的愿望,因为企业是否定期分配股利,将直接影响其股票对现有股东及潜在股东的吸引力。一般情况下,定期发放股利有助于增强投资者对公司股票的信心,促使股票价格上涨。可见,稳定的股利政策与股东的利益休戚相关。

综上所述,将财富最大化作为财务管理目标,体现了对经济效益的深层次认识。在该目标指导下,企业财务管理能正确地权衡当前利益和长远利益,兼顾投资者权益和债权人权益,认真分析盈利能力与财务风险的关系,考虑股东投资报酬的分配方式。因此,财富最大化是当前股份企业比较理想的财务管理目标。但对于非上市公司而言,企业价值或企业财富不能客观、准确地估价;对于上市公司而言,股价的涨跌也受多种因素影响,不一定能真实地反映企业的实际价值。因此,财富最大化这一目标在实际操作中不易实现,具有一定难度。

理论界对财务管理目标的观点中,还有每股盈余最大化、企业股价最大化、资本利润率最大化等观点,但从本质上分析,这些观点属于企业利润最大化和企业财富最大化这两大观点的延伸观点,故在此略过。

第三节 财务管理与相关学科

财务管理并不是商业管理中的一个独立领域,它与相关学科和相关领域的研究有着密切的关系,其中最重要的是会计学和经济学。其他基础支持学科如市场营销学、人力资源管理、管理会计与定量分析方法等,也对财务管理领域产生巨大影响。

一、财务管理与会计学

会计是通过一定的程序和方法,将企业生产过程中的大量业务数据,经过记录、分类和汇总,编制成会计报表,向有关方面提供企业经营成果和财务状况的经济信息。财务会计的核算程序如图1-5所示。

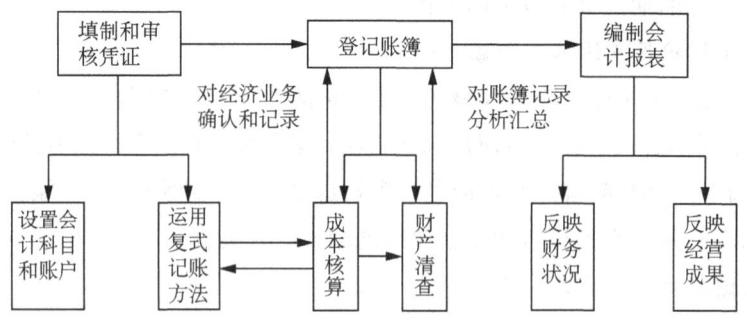

图1-5 财务会计核算程序

财务管理根据资金运动的规律,对企业生产经营过程中的资金筹集、运用及分配等问题进行规划和控制,其实质是利用价值形式对企业经营过程进行的综合性管理。财务管理的工作程序如图1-6所示。

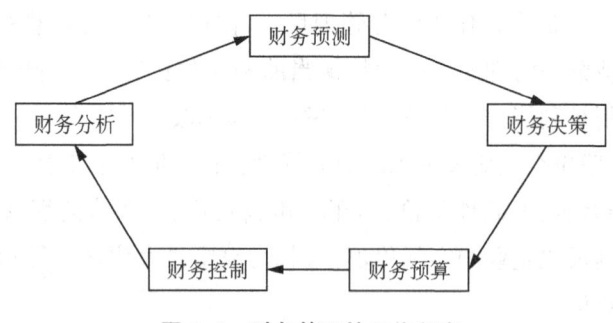

图1-6 财务管理的工作程序

图1-6表明,在财务预测阶段,需对企业未来的财务活动、财务成果作出科学的预计和预算;在财务决策阶段,需对各备选方案进行比较分析,选出最佳方案;在财务预算阶段,需对未来财务活动的内容及指标进行具体规划;在财务控制阶段,需利用有效方法对财务活动进行调控,保证预算顺利实施;在财务分析阶段,需运用特定方法对企业财务活动的结果进行分析和评价。财务管理工作的各个程序是相互配合、紧密联系的,形成首尾相接、周而复始的财务管理循环过程,从而形成完整的工作体系。

会计人员通过编制财务报表来记录企业的财务业绩,而财务经理则利用这些会计数据进行资源配置。

二、财务管理与经济学

宏观经济着眼于经济行为的整体问题,而微观经济解决的是个人、家庭和企业的经济决策问题。

企业会受整体经济运行状况的影响,并依赖于货币及金融市场的投资。因此,财务经理应认识和理解货币政策对资本成本的影响,掌握财政对经济环境的影响;同时,利用微观经济理论建立使企业高效运转的决策模型,如利用经济学中边际成本与边际效益的关系来进行投资决策和流动资产管理。

三、财务管理与其他相关学科

其他相关学科主要包括市场营销学、定量分析方法、人力资源管理、管理会计等,这些学科都与财务日常决策有着间接的关系,具体如图1-7所示。

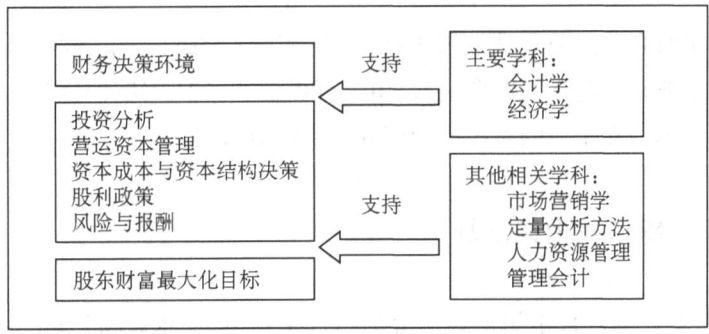

图1-7 财务管理与其他相关学科的关系

第二章 财务管理环境

第一节 法律环境

经济体制中对企业财务管理最根本性的制约因素是法律。市场经济的实质是法治经济。法律为企业在相对空间内合法、自由经营提供了保护。法律环境因素对企业理财活动的影响主要体现在企业的产权组织形式和税收等方面。

一、产权组织形式相关法规

如前所述,企业的产权组织形式可分为独资企业、合伙企业和公司。不同类型的企业适用的法律是有差别的。

(一) 独资企业及其组织法规

独资企业需按照《中华人民共和国个人独资企业法》(以下简称《个人独资企业法》)依法成立。《个人独资企业法》对独资企业的设立、事务管理、企业解散和清算及相应的法律责任等都作出规定。独资企业的出资人仅一人,对企业的债务应当依法以家庭共有财产承担无限责任;在法律上企业行为与个人行为混为一体,且不具备法人资格;独资企业受其规模、资金的局限,此类企业在筹资发展经营规模等方面均有较大困难。

(二) 合伙企业及其组织法规

合伙企业需按照《中华人民共和国合伙企业法》(以下简称《合伙企业法》)依法成立。《合伙企业法》对合伙企业的设立、财产来源及处理、事务执行、入伙退伙、企业解散和清算及相应的法律责任等都一一作了规定。《合伙企业法》规定,我国的合伙企业包括普通合伙企业和有限合伙企业。普通合伙企业由普通合伙人组成,合伙人对合伙企业债务承担无限连带责任。我国还允许设立特殊的普通合伙企业,对于特殊的普通合伙企业而言,一个合伙人或数个合伙人,在执业活动中因故意或重大过失造成合伙企业债务的,应当承担无限责任或无限连带责任,其他合伙人以其在合伙企业中的财产份额为限承担责任。特殊的普通合伙企业名称中应当标明"特殊普通合伙"字样。有限合伙企业由普通合伙人和有限合伙人组成,普通合伙人对合伙企业债务承担无限连带责任,有限合伙人以其认缴的出资额为限对合伙企业债务承担责任。

(三) 公司及其组织法规

2023年修订的《公司法》规定,公司是指按照《公司法》的规定在中国境内依法成立的有限责任公司和股份有限公司,以及一人有限公司和国有独资企业。公司在法律上具有法人资格,从而与出资人相分离。出资人(股东)以其出资额(所持股份)为限对公司承担责任,公司以其全部资产对公司的债务承担责任。可见,在公司这一组织形式下,股东对公司债务只承担有限责任。《公司法》《中华人民共和国证券法》《中华人民共和国合同法》等法律对公司的设立,组织机构,股份发行及转让,发行债券筹资,公司的财务与会计,公司的破产、解散与清算,公司应承担的相应的法律责任等均作了较详细的规定。我国修订的《公司法》已经取消了一般公司的注册资本要求,但并非所有公司的设立都没有最低注册资本要求和资本实缴要求。出于某些行业的市场监管需要,《公司法》规定,法律、行政法规和国务院决定对某些公司的注册资本实缴和注册资本最低限额有规定的,应从其规定。

公司这一组织形式,最大优点在于较容易筹集大量资金进行投资,快速拓展公司生产经营规模,提高公司的市场竞争力;出资者对公司债务只承担有限责任,这就从法律角度保证公司比独资企业、合伙企业具有更大的发展可能性。

不同产权组织形式的企业,均要按照相应的法律规定进行财务管理活动。

二、税收法律制度

税收是国家为实现其职能取得财政收入的最重要、最基本的方式,也是国家用于调控社会经济运行的重要经济杠杆。税收制度是税收法令和征收办法的总称,是国家向纳税人依法征税的法律依据和工作规程。国家税种的多寡、税率的高低,会直接影响企业的税收负担,也会直接或间接影响企业的利益。

企业依法缴纳的税额在财务上形成企业的现金流出,使税收法律成为企业财务管理的重要外部环境条件。我国自1994年起实行了一系列税收法律法规,现行的税法基本保持了1994年的税制结构。我国税法对企业财务管理活动产生的影响主要体现在以下几个方面。

(一) 税法对企业生产经营活动的影响

企业在法律约束下从事生产经营,应根据税法规定缴纳税金。不同的税法规定对企业生产经营和管理的影响是不同的。对企业生产经营和商品流通会产生较大影响的税种主要有以下几种:

(1) 增值税。这是一种以商品(含应税劳务、应税服务)在流转过程中产生的增值额为计税依据而征收的流转税。增值税是一种价外税,出口免税。增值税纳税人分为一般纳税人和小规模纳税人。一般纳税人每月应缴纳的增值税税额,是根据当月销项税额减去当月进项税额计算确定的;小规模纳税人进项税额不能抵减。

(2) 消费税。这是一种对国内生产、委托加工和进口应税消费品的单位及个人,按其流转额征收的税。消费税是一种价内税。消费税是对少数特定消费品和消费行为征收的间接税,其目的是正确引导消费,调整消费结构。

除此以外,与企业生产经营活动有关联的税种还有城市维护建设税、土地税等。

国家设置的各种税种与税率,除了满足国家财政收入需要,还具有调节企业生产经营的作用。因此,企业必须考虑税收政策的导向,争取享受税收优惠政策,减轻企业税负。例如,企业在选择经营项目时,可考虑国家实行减税、免税政策的产品。

(二) 税法对企业财务成果分配活动的影响

2018 年修订的《中华人民共和国企业所得税法》规定,企业的生产经营过程所得和其他所得,应按照适用税率向国家缴纳企业所得税。国家征收所得税旨在调整纳税人的收益水平,防止贫富差距过大。

企业所得税构成企业的费用支出,其税负的轻重与企业的净利润呈反向变动关系。由于企业所得税是根据企业当期的应税所得额计征,即在缴纳企业所得税之前,可进行成本、费用和损失的扣除,故企业所得税税额的多少与企业采用的成本核算方法有直接关系。例如,企业对生产过程中所用的机器设备等固定资产采用加速折旧方法,可增加当期产品成本费用,减少企业所得税;又如,企业对无实际用处的积压设备及时进行报废处理,可形成当期处置固定资产的损失,减少企业所得税;再如,加大对新产品的开发、宣传力度,投入较多的广告费,既能增加企业产品知名度,又能增加企业费用支出、减少企业所得税等。

企业因生产经营的需要进行筹资的渠道主要有两种:权益筹资和负债筹资。税法对通过这两种渠道筹集资金而发生的成本费用规定了不同的处理方法。企业向权益筹资涉及的出资者支付报酬,必须在缴纳企业所得税后进行,股息不构成企业的生产成本费用;企业负债筹资发生的融资费用可在企业所得税支付前列支,构成企业的成本费用。

例如,企业筹资 500 万元,产生息税前利润 50 万元,拟向投资者支付报酬 20 万元。如果这 500 万元资金是通过权益筹资方式获得的,企业必须在缴纳 12.5 万元企业所得税后,才可向投资者支付 20 万元的报酬,企业最终留存利润为 17.5 万元;如果这 500 万元是企业发行债券所得,支付债券利息的 20 万元可在税前列支,企业只需缴纳 7.5 万元企业所得税,留存利润为 22.5 万元。

企业在市场经济条件下进行筹资,必须考虑税法有关规定,合理增加融资费用,在税法允许的范围内合理减轻企业税负。

综上所述,企业在不违反税法规定的前提下,可以合理增加成本费用开支,减少企业所得税,增加企业在市场竞争中的优势。

第二节 经济环境

经济环境是企业赖以生存的宏观环境,企业往往无法控制经济环境对企业的影响,只能去适应。影响企业理财的经济环境因素主要有经济体制、经济周期、经济发展水平及经济政策等。

一、经济体制

经济体制是指一国经济结构和组织管理经济活动的方式方法、组织形式与机构的总称。我国现行经济体制包括所有制结构的形式、经济运行调节机制、价格体制、金融体制、社会保障体制等。

我国现行经济体制是社会主义市场经济体制。它要求企业必须面向市场从事一切生产经营活动;要求企业独立经营、独立核算、自负盈亏;要求企业必须重视经营效益的提高,不断增强自身在市场的竞争能力,这就赋予了企业财务管理新的内涵。在社会主义市场经济条件下,企业有筹资和用资的自主权,而筹资和用资过程,既是资金运动过程,又是企业生产经营各环节、各方面活动的综合反映。因此,科学、合理地寻找及运用资本,最大限度降低企业资源消耗,追求低投入、高产出便成了现代企业财务管理的内涵。可见,财务管理是企业一切管理活动的基础,是中心环节,是提高企业经济效益的关键。

我国在新中国成立初期到20世纪90年代初,实行的是高度集中的以行政管理为主的计划经济体制。它的主要弊端是:管理方面权力过分集中,政府与企业职责不分离,忽视了商品生产、价值规律和市场的作用,在分配上实行平均主义等。与这一经济体制相适应,当时企业的财务管理体制也是计划管理体制,生产计划由国家制订,收入归国家,开支向国家申请,企业不是财务管理的主体,而是国家财务管理政策的执行者。

二、经济周期

经济周期是指社会经济增长规律性地交替出现高速、低速、停滞,有时甚至负增长的现象。在不同阶段有不同的经济发展速度,因此企业在理财过程中应采取不同的财务策略。

1. 经济高速发展与企业财务活动

当一国经济运行处于高速发展阶段,表明市场繁荣、需求旺盛。在该阶段,企业应扩大生产规模,积极筹资和投资,增加企业劳动力,提高产品价格,促使利润大幅度上升。

2. 经济低速发展与企业财务活动

当一国经济运行处于低速发展阶段,表明市场需求已饱和。在该阶段,企业应维持其生产现状或有目的地进行收缩以保存实力。例如,因减产出售多余设备,对销路不看好的产品停止生产,尽量压缩库存,有的放矢地进行投资回收等。

3. 经济停滞发展与企业财务活动

当一国经济运行基本处于停滞阶段,表明整个大市场都不景气,市场需求急剧下降,库存积压严重,消费者异常"惜"票。在该阶段,企业应努力保持在市场中的份额,大幅压缩企业管理费用,减少员工,放弃某些次要利益,将有限资金用在最紧要处,等待经济形势好转再发展。

纵观世界经济发展史,大多国家的经济发展与运行都表现为"波浪式前进"状态,推动经济持续发展。企业的筹资和投资活动、资产运营管理等理财活动都会受这种经济波动的影响。因此,企业有关部门及人员应对经济周期有全面、正确的了解和认识,能够可靠地预测经济发展状况的变化,及时调整财务政策,使企业理财活动与经济环境的变化相适应。

第三节 金融市场环境

金融市场就是资金融通的市场,即资金从盈余部门流向紧缺部门的市场。广义的金融市场包括票据、有价证券和货币的买卖等货币经营活动和经营方式,涉及所有的资金融通行为;狭义的金融市场主要是指有价证券市场。金融市场是企业筹资和投资的主要场所,金融政策的变化会严重影响企业的理财活动。

一、金融市场的类型

金融市场中,与企业财务管理关系最紧密的是货币市场与资本市场。金融市场的主要类型如图2-1所示。

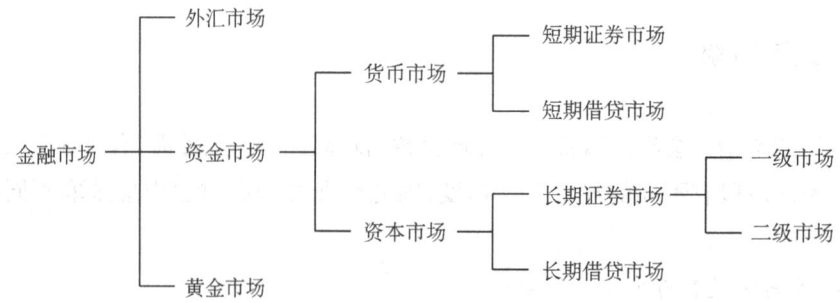

图2-1 金融市场的主要类型

在一个比较发达、完善的市场体系中,金融市场与商品市场、劳务市场在形态上处于相对独立的地位市场。由图2-1可知,金融市场具有与商品市场、劳务市场不同的两个特点:

(1) 交易对象。金融市场上,交易的对象是本身不具有价值却能代表一定价值量、只有通过流动转手才具有特定使用价值的金融工具,如票据、股票、期权、期货等。

(2) 交易场所。金融市场可以是有形的市场,即有固定场所和工作设备,如银行、证券公司等;金融市场也可以是无形的市场,即利用电脑、电传、电话等先进设施,通过经纪人进行资金买卖活动。

二、金融市场与企业理财

金融市场既是企业投资、融资的主要场所,又是企业实现长期、短期资金相互转化的主要场所,还是企业获得经济信息的主要场所。因此,企业的生存和发展与金融市场息息相关。

(一) 金融市场与企业的投资、融资活动

在没有金融市场的条件下,企业也能产生投资、融资行为,如在企业内部吸收资金,再将资金投资于企业的固定资产。在金融市场活动机制介入后,企业的投资、融资行为,数量变动等都会发生巨大的变化。金融市场能够将企业和个人当期、近期的闲置资金有效地集中起来,形成有助于扩大再生产规模的积累基金和生产基金。企业在扩大经济规模时,若生产资金短缺,可随时到金融市场选择适合的方式进行融资,以满足企业的需要。

金融市场货币资金供求状况会导致不同的利弊,吸引企业出于保值和盈利动机将货币投向不同形态的金融资产,从而拓展企业经营范围,改善企业经营结构,对资源配置不断地进行科学调整,降低企业市场风险。

(二) 金融市场为企业资产变现提供条件

首先,在生产经营过程中,企业为增加销售收入,经常会采用赊销方式或票据方式进行销售。例如,销售200万元产品,收到对方的一张商业承兑票据,票据期限为5个月,说明在正常情况下,这笔销售款需5个月后才可实现。这种销售方式的实质是对方占用企业的流动资金。

其次,企业有时会将闲置资金进行短期投资,但没料到很快又需将这笔资金投入生产使用。例如,企业有30万元预计在未来3个月内不会使用,5月将这笔资金投入股票,以获得一定的收益。但在6月下旬因原料价格问题急需追加资金购买原料,如果此时企业购买的股票行情看涨,此时脱手会非常可惜。

最后,随着多元化经营的发展,企业都有一定的对外投资意识,如持对方股份或进行

长期债券投资等。但企业也经常出现需转让或购买一些股份的情况等。

上述情况在金融市场中较易解决。例如,未到期的商业票据通过贴现变为现金;短期证券不想变现,可转让其他长期有价证券总换现金;卖掉甲企业部分股份后,再买进乙企业的股份等。金融市场为长期资金、短期资金互相转化或变现提供了有利条件。

(三) 金融市场为企业理财提供经济信息

如果市场利率呈下降趋势,表明政府在刺激人们消费,减少储蓄;如果对某一地区或行业采取优惠贷款等政策,表明政府在一定时期的经济政策;如果市场资金较多涌向某一行业,表明该行业当前利润水平较高,可能高于社会平均利润率等。金融市场具有传递经济信息的功能。"信息致富"已成为企业共识,尤其在经济全球化的背景下,经济信息通过现代化的通信网络可快速、便捷地传向世界。科学、合理的经济信息与企业生存、发展有着紧密关系。

三、我国主要金融机构

金融机构在金融市场上起着相当重要的作用,我国主要有以下几种金融机构。

(一) 中国人民银行

中国人民银行是我国的中央银行,代表政府对国内金融机构和金融活动进行管理和监督,代理国库。中国人民银行具有以下三个基本职能:

(1) 管理职能。中国人民银行作为政府银行,它是我国最高的金融决策机构。中国人民银行需制定金融方针政策,依据金融法规对所有金融机构的活动进行管理;代表国家对黄金、外汇进行管理。

(2) 调节职能。中国人民银行利用自己的特殊地位,运用经济、行政、法律的金融手段对国民经济进行宏观调节。中国人民银行履行这一职能,主要是通过货币发行量的多少来调节流通中的货币量,稳定币值。

(3) 服务职能。这一职能主要体现在中国人民银行对政府、各商业银行和其他非银行金融机构的业务活动中。例如,代表国家参与国际金融业务和活动;组织全国清算系统正常运行等。

中国人民银行除了具有上述三大基本职能,还具有其他职能。例如,全部资本属国有;属于国务院的一个职能部门;信贷方针要遵循国家统一的经济计划。

(二) 商业银行

商业银行是以经营存款、放款、办理转账结算为主要业务,以营利为经营目标的金融企业。商业银行的建立和运行应以《中华人民共和国商业银行法》为依据。目前,我国商业银行可分为以下两类。

1. 国有商业银行

国有商业银行是在改革开放中,由国家专业银行演变而来的,主要包括中国工商银行、中国建设银行、中国农业银行和中国银行。在金融体制改革前及改革之初,它们分别在工商业、基本建设、农业及外汇业务等领域提供服务,有着明确的分工和服务范围。近年来,这些银行的业务交叉进行,传统分工也逐渐淡化。随着金融体制的深化改革,国有独资银行也走上了市场运作道路,改制组成由国家控股的股份制银行。

2. 股份制商业银行

我国股份制商业银行是在金融体制改革后,于1987年以后出现并发展起来的,包括交通银行、中国光大银行、广东发展银行、招商银行、中国兴业银行、中国实业银行等。这些银行的股权结构各异,以企业法人股和财政入股为主,个别银行有个人股权。股份制商业银行的日常经营管理基本按市场模式运作,成立时间虽晚,但发展速度很快。

(三) 政策性银行

政策性银行是由政府成立,以贯彻国家产业政策、区域发展政策为目的,不以营利为目的的金融机构。政策性银行与商业银行相比,其特点包括:其资本主要由国家财政拨款;不吸收社会存款,资金主要靠财政拨款和发行政策性金融债券;经营业务时主要考虑国民经济发展需要及社会效益等。

需说明的是,政策性银行的资金不是财政资金,使用政策性银行贷款需经过严格的审批手续,需按期还本付息、周转使用。

目前我国政策性银行有三家,即国家开发银行、中国进出口银行和中国农业发展银行,这三家银行在各自特定的领域内提供服务管理。

(四) 非银行金融机构

目前,我国主要的非银行金融机构包括以下几类:
(1) 保险公司。
(2) 证券机构。
(3) 信托投资公司。
(4) 财务公司。

四、市场利率的计算

利率是指利息额与借入本金的比率。从资金的借贷关系来看,利率是一定时期资金使用权的价格。资金作为一种特殊商品,以利率为价格进行融通,实际上是运用利率这一经济杠杆工具对资金进行再分配。所以,利率在企业理财活动中具有重要作用,利率的高低直接关系企业财务效益。

(一) 利率的类型

1. 按国家对利率的管理分类

按国家对利率的管理分类,利率可分为市场利率和官方利率。

市场利率是指金融市场上通过借贷双方竞争而形成的利率,它随着借贷供求状况而变化。官方利率是指一国政府通过中央银行确定公布,并且各银行都必须执行的利率。

2. 按借贷期内利率是否浮动分类

按借贷期内利率是否浮动分类,利率可分为固定利率和浮动利率。

固定利率是指在整个借贷期内利率不随资金借贷供求情况而变动的利率。浮动利率是指在整个借贷期内随着借贷资金供求情况的变化而作调整的利率。我国基本上都实行固定利率,但随着金融体制的改革,浮动利率也逐步出现。例如,对开发房地产贷款,因期限长,一般采用浮动利率。

3. 按利率与通货膨胀的关系分类

按利率与通货膨胀的关系分类,利率可分为名义利率和实际利率。

名义利率是指票面上注明的利率。实际利率是指名义利率扣除物价变动后的利率。在20世纪90年代中期,我国政府为保证经济稳定发展,对储户采用过保值率措施。例如,存款1万元,3年期,银行利率10%,存款到期时,由中国人民银行根据当时的物价变动情况公布的保值率为8%,储户到手的实际收益由利率部分和保值率部分组成。这里的10%就是名义利率,10%加上8%就是实际利率。

4. 按利率的变动关系分类

按利率的变动关系分类,利率可分为基准利率和套算利率。

基准利率又称基本利率,是指在多种利率并存的条件下起决定作用的利率。套算利率是指在基准利率确定后,各金融机构根据基准利率和借贷款项的特点换算出的利率。例如,中国人民银行对商业银行的贷款利率为5%,在此基础上,商业银行对一个AAA级企业的贷款利率为5%,5%再加0.5%,即企业贷款利率。这里的5%为基准利率,5.5%为套算利率。

(二) 影响利率的因素

影响利率水平的因素主要包括以下几种。

1. 平均利润率

利息是利润的一部分,因此利率依存于利润率,并受平均利润率制约。一般而言,利率随平均利润率的变动而变动,但最高不会超过平均利润率,最低也不会为零。利率占平均利润率的比重,取决于金融企业与工商企业之间的竞争结果。

2. 货币资金供求关系

借贷资本作为一种商品资本,其利率的高低受金融市场货币资金供求关系影响。在平均利润率不变的条件下,借贷市场的供求状况决定市场利率的高低。

3. 国家调节经济的需要

在现代经济社会中,利率作为一种经济杠杆,已经成为政府调整市场经济的重要手段。各国政府可根据本国经济发展的需要调整官方利率,从而调整市场利率。

4. 其他因素

除上述因素外,利率水平的高低还受其他因素的影响,如物价变动率、证券收益率、国际市场变动情况等。

(三) 利率的表示方法

如上所述,利率是指在一定时期内利息额与存入或贷出本金的比率。利率通常分为年利率、月利率和日利率三种。年利率按本金的百分之几,可用"%"号表示;月利率按本金的千分之几,可用"‰"号表示;日利率则按本金的万分之几,可用"‱"号表示。三种利率之间的换算公式如下:

$$月利率 = \frac{年利率}{12}$$

$$日利率 = \frac{年利率}{360} = \frac{月利率}{30}$$

第四节 企业财务环境

前面所述的法律环境、经济环境、金融市场环境等都是从外部对企业的财务活动产生影响的,它们可称为客观因素。根据"外因通过内因起作用,起决定作用的是内因"这一哲学思想,企业内部的财务环境在企业理财中占重要地位。

一、企业财务组织形式

虽然企业的组织构架因企业规模和管理风格的不同而有所差异,但股份公司仍是颇具代表性的组织构架,具体如图 2-2 所示。

财务部门是否具有独立地位,其发挥的作用是不同的。图 2-2 表明,企业包括生产部门、营销部门和财务部门三个主要职能部门。生产部门和营销部门是企业的关键部门,因为生产和营销能否有效发挥,直接关系企业的生存发展;财务部门是企业生产经营的中枢,因为创立企业不是为了生产和营销,而是为了实现一定的财务目标。生产和营

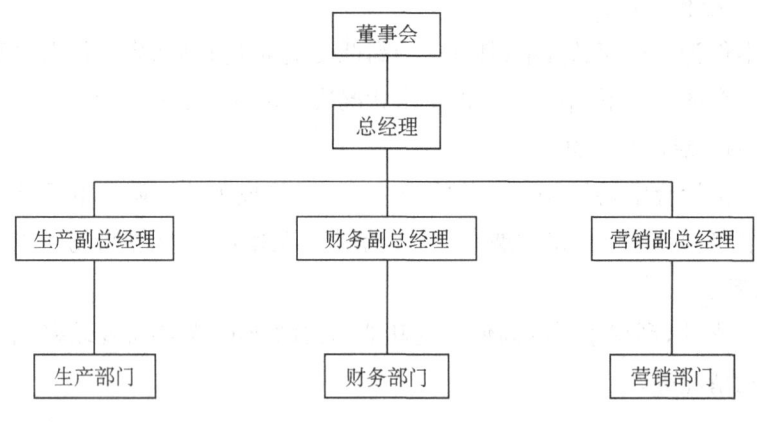

图 2-2 股份公司组织架构

销职能的有效发挥,取决于它们是否有助于实现企业的经济目标和社会目标。可见,生产部门、营销部门和财务部门是三个既相互独立又相互联系的部门,财务部门人员只有与生产部门人员、营销部门人员协作,才能实现企业的经营目标。

从理论上讲,由于财务决策的重要性,财务工作有必要处于独立的地位,单独设立相关机构,负责财务计划与控制、资金筹措、营运资本管理及投资效益评估等工作,并不断探索和改善企业的理财方法。

根据《中华人民共和国会计法》规定,企业有权利自己决定企业财务部门的组织形式。当前许多大中型企业都单独设立了财务部门,以便更好发挥财务管理作用。

二、内部财务管理体制

财务管理体制是企业处理同各方面发生经济往来的一项基本制度,企业内部财务管理体制是企业处理同内部各部门、职工之间发生的相互往来关系的制度。

一般而言,企业内部都设有各部门,这些部门既有自己相对独立的活动范围,又同其他部门之间保持一定的经济往来。例如,其企业设置辅助生产部门、运输部门、生产部门等。当月辅助生产部门为运输部门、产品生产部门、管理部门等提供劳务发生成本费用30万元,这30万元按什么标准在受用劳务部门之间分配,是成本费用均衡分配,还是在成本费用上加一定比例的利润基数,还是不分配由企业统一处理,无论采取何种方式,它都体现了企业内部的一种经济关系。又如,企业员工每月都要为企业的发展付出自己的劳动,并且每月都要从企业领取属于自己的劳动补偿,其补偿额的多少,与劳动者付出的相关,但企业内部分配标准也在其中发挥重要作用,有时甚至是关键作用。这种分配补偿过程,实际上体现了企业与职工之间的经济关系。

企业内部各部门之间的经济往来,企业同职工之间的经济往来,构成了企业内部财务管理体制,它反映了企业的经济核算制采用何种方式。不可否认,科学合理的内部财务管理体制可有效调动各部门和广大员工的积极性,有利于在企业内部树立敬业精神;反之,易使企业内部滋生平均主义、大锅饭现象。

可见,企业在制定内部财务管理体制时,既要合乎有关法规要求,又要适合企业自身特点,体现实事求是、实质重于形式原则;既要考虑职工的既得利益,保障他们应有的权益,又要考虑企业的可持续发展,妥善解决眼前利益与长远利益;既要充分调动各部门的积极性,给予一定的权利与责任,又要有利于企业全局调控、协调发展。

三、决策层次的财务管理水平

因决策失误或对某事物的发展预测不当而给企业带来严重经济损失的情况屡见不鲜。这告诉人们一个道理,领导决策层的管理水平和综合素质会决定一个企业的命运。财务管理因其综合性、广泛性、灵敏性等特点,在企业管理中处于核心地位。企业资金总量的测定、企业的筹资方式、资本结构的比例关系、内部财务成本管理方式等工作执行的好坏,可直接在企业的财务效益中显示,能印证企业整体财务管理水平的高低。

主要领导者在推行财务管理工作中起了关键作用。财务主管负责企业全面的资金运作,其文化水平、知识结构、阅历及胆略等直接影响决策的正确性。优质的财务主管应具有开拓意识,善于收集集体的智慧对财务方案进行选择,而最佳财务方案将为企业带来效益。"向管理要效益"形象地说明了这一点。

第三章 财务价值观

第一节 货币时间价值概述

一、利息因素与时间价值

货币时间价值是指等量的货币在不同时间具有不同的价值。货币具有时间价值,是利息因素和时间因素共同作用的结果。

在市场经济条件下,即使不存在通货膨胀,将一笔资金存入银行一段时间后就可以获得利息。这表明资金的价值随着时间的推移而不断发生变化。例如,今天将100元存入银行,在银行存款年利率为5%的情况下,1年后就是105元,多出的5元就是100元资金经过1年时间发生的增值,也就是货币时间价值。这里的100元具有5元的时间价值,是银行存款年利率5%和1年存款时间这两个因素共同起作用的结果。

二、货币时间价值的涵义

(一) 货币时间价值的实质

随着人们对经济认识的加深,在现实生活中,资金持有者不会将暂时不用的资金闲置,而是会设法将这部分闲置资金以他自己认为最合适稳妥的方式利用起来,如存入银行、购买国债、购买股票或投资某企业等,以获得利息、利润等投资收益。

这部分社会闲置资金通过企业进入生产领域或流通领域,企业通过对资金的周转、使用创造了财富,实现了价值的增值。所以,货币时间价值的实质是资金在生产经营和流通领域里周转、使用而产生的价值增加额。例如,某批发商从银行借入1 000元,他从批发市场购入1 000元的商品后,在异地通过零售方式卖出得到1 200元,然后再用其中的1 000元继续批入商品进行零售,如此循环。在每次资金循环中多出的200元中,既有个人的人工费,又有一定的货币增值。当然,如果这1 000元闲置不用,放在箱子里,则绝对不可能产生增值。

(二) 货币时间价值的衡量

批发商每一次资金循环多出的 200 元钱，其中有多少是属于资金的增加值呢？即有多少为货币的时间价值？从理论上讲，在没有风险和通货膨胀条件下，货币时间价值应等于社会平均资金利润率。

在激烈的市场竞争中，在价值规律的作用下，各行业的投资利润率逐渐趋于平均化。每个企业在进行具体投资时，至少要获得社会平均利润率，否则不如投资其他项目。因此，货币时间价值成为企业对投资方案的最基本的评价标准。例如，投资 100 万元用于产品生产，利润率为 8%，则 100 万元会增值 8 万元，如果银行同期存款利率为 9%，那还不如存入银行，因为 100 万元存入银行得到的增值额为 9 万元，比投资产品生产多 1 万元。在这里，9% 的利润率就成为企业对投资的最低要求。上面所述的批发商，如果他所属行业的平均利润率为 10%，那在他多出的 200 元中，应有大约 100 元为增值额。

(三) 财务管理中的价值管理——时间价值

年初存入 100 元，在存款年利率 5% 的条件下，经过 1 年时间后变为 105 元。这一实例揭示了货币时间价值，表明现在的钱比未来等量的钱更值钱。客观存在着货币时间价值，所以在不同时间段的收入与成本费用，是不可任意加减的。例如，企业现在对一固定资产投资 10 万元，在未来使用该资产的 5 年中，每年以 2 万元的折旧方式回收，5 年后正好将投资的 10 万元收回。如简单将 5 年折旧 2 万元进行相加，得出最初的投资额 10 万元已收回的结论，那将大错特错。因为最初的 10 万元经过 5 年时间的周转，将带来一定量的价值增值额。在平均利润率 10% 的情况下，5 年后可变为 16 万元，带来 6 万元的价值增加额。可见，不同时间段的货币不可直接进行大小的比较和比率的计算。

货币时间价值是任何企业进行财务决策时必须遵循的基本原则。从财务学角度看，考虑时间价值，就是在财务运作中考虑价值管理。

除此以外，考虑风险对现金流量的影响也是财务现金流量管理的一个特点。企业会计现金流量通常是事后计算，具有确定性，而财务现金流量则是事前预测，具有不确定性，含有较大的风险。因此，在进行财务现金流量预测时，应充分考虑风险对财务现金流量的影响。

第二节 货币时间价值的度量

为了便于弄清货币在不同时间点上流入与流出的价值之间的数量关系，应明确以下几个概念。

一、货币时间价值的相关概念

(一) 现金

现金有狭义和广义之分。狭义的现金是指企业的库存现金,包括人民币现金和外币现金;广义的现金是指企业的库存现金、银行存款和其他符合现金定义的票证,如银行汇票存款、银行本票存款等。这里所指的现金是广义的现金。现金是企业一种流动性最强的货币性资产,正因这一特点,现金容易被非法挪用和被侵吞,因此急需对它们加强管理和控制。

(二) 现值

现值的符号为 P,它表示资金发生在某一时间序列起点时的价值。例如,企业以 100 000 元对某个工程进行投资,在未来期间预计可获较丰厚的回报,这 100 000 元就是现值。在现金流量图上它位于 0 这个点上。现值概念如图 3-1 所示。

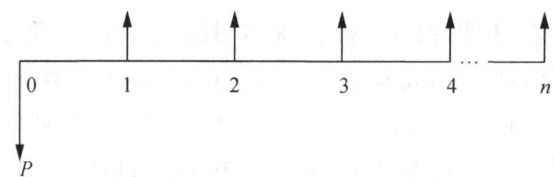

图 3-1 现值概念图

在图 3-1 中,横轴表示一个从 0 开始到 n 的时间序列,轴上每个刻度表示一个时间单位,通常以年表示。0 点表示时间序列的起点,即第一年年初的时间点;1 至 n 既表示该年年末的时间点,又表示下一年年初的时间点。横轴上方的箭头表示每年流入的现金量,横轴下方的箭头表示每年流出的现金量。现值就是在 0 这个时间点上的价值,企业以后每年可获得的收益,在图 3-1 中就表示为箭头位于横轴上方,即每年度都有现金流入。

(三) 终值

终值的符号为 F,它表示资金发生在某一时间序列终点时的价值,故又称将来值。例如,某人购买 100 000 元国债,每年利率 3%,3 年期,3 年后他所得到的 109 000 元即终值。在现金流量图上终值位于 n 这个点上。终值概念如图 3-2 所示。

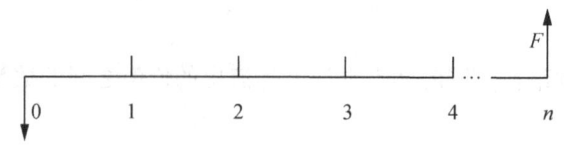

图 3-2 终值概念图

图 3-2 中,在 n 这个时间点上所获得的报酬即终值,它需资金在 0 这个时间点上投入,经过一段时间后方可获得。购买 100 000 元国债,在图 3-2 中表示为在 0 这时间点上投入,第三年年末就是 n 时间点,在 3 这个时间点上获得 109 000 元。

(四) 年金

年金的符号为 A,它表示在某一时间序列内每次等额收付的金额。年金的特点是:每笔收付之间相隔时间相等;每笔金额相等。例如,某人于每年 6 月月末向保险公司支付保险费 1 000 元,持续 10 年;又如,每年年末偿还 10 000 元住房贷款等。在现金流量图上,年金位于每个时间点上。年金概念如图 3-3 所示。

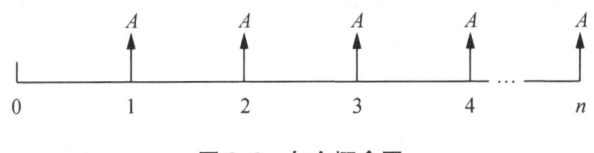

图 3-3 年金概念图

图 3-3 中,在每个时间点上获得的现金流入或现金流出都是等额的,且中间相隔时间也相同。例如,每年 6 月支付保险费就是每个时间点上的流出的年金 A。

二、单利与复利

现值与终值及年金的计算都涉及利息计算方式的选择,即单利和复利。

(一) 单利

单利利息方式,即每期都按初始本金计算利息,即使当期未支付利息而延期合并支付,利息也不转入本年一起计息。这是通常银行储蓄存款采取的计息方法。单利利息的计算公式为:

$$I = P \times i \times t$$

式中:i——到期利息;

P——初始本金,又称现值;

I——利率,通常用%表示年利率,‰表示月利率;

t——时间,通常以年为单位。

1. 单利终值

某人年初以 10 000 元购入国库券,票面利率为 i 时,当 t 年期满时的初始本金及各年的利息之和,就是单利终值。单利终值的计算公式为:

$$F = P + P \times i \times t = P \times (1 + i \times t)$$

【例 3-1】 企业年初购入 100 000 元国库券,年利率为 5%,5 年期。求到期的终值为多少?

$$F = 100\,000 \times (1 + 5\% \times 5) = 125\,000(元)$$

5 年期满后企业获得的本利和为 125 000 元。

【例 3-2】 企业销售产品收到对方开来的一张 3 个月的带息商业承兑汇票,票面金额为 150 000 元,票面利率为 6%。该票据到期值为多少?

$$F = 150\,000 \times \left(1 + 6\% \times \frac{3}{12}\right) = 152\,250(元)$$

票面利率 6% 是指 1 年的利率,该票据的时间才 3 个月,1 年有 12 个月,故需乘上时间比例。

2. 单利现值

现值是指根据期末本利和(终值)倒求出期初的本金。在现实生活中,经常会出现根据终值确定其现行价值。单利现值的计算公式为:

$$P = \frac{F}{1 + i \times t}$$

式中:i——贴现利息。

【例 3-3】 某人想在 3 年后得到 1 000 元,银行的存款利率为年率 5%,单利计息。请问他现在应该一次性存入多少钱?

$$P = \frac{F}{1 + i \times t} = \frac{1\,000}{1 + 5\% \times 3} = 869.57(元)$$

(二) 复利

现代财务管理中一般采用复利方式计算终值和现值。复利方式是以当期本利和为计息基础计算下期利息,俗称"利滚利"。

1. 复利终值

已知现值 P,在复利计息的前提下,年利率 i,n 年后本金与利息之和 F,即复利终值。复利终值现金流量如图 3-4 所示。

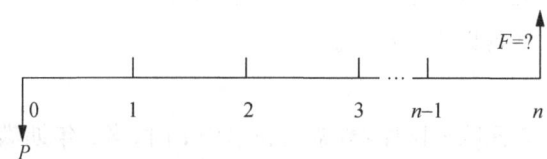

图 3-4 复利终值现金流量图

图 3-4 表示,本金 P 为既定额,在这一时间点投入,经过 1 年时间,在 1 时间点上的终值为:

$$F_1 = P + P \times i = P \times (1+i)$$

将第一年产生的利息计入本金,自次期起(1 时间点)同原来本金一样计息,即利上加利。经过又 1 年时间,在 2 时间点上的终值为:

$$F_2 = F_1 + F_1 \times i = F_1 \times (1+i) = P \times (1+i)^2$$

以此类推,第 n 年的复利终值计算公式为:

$$F_n = P \times (1+i)^n$$

$P \times (1+i)^n$ 公式是计算复利终值的基础公式,其中 $(1+i)^n$ 又称复利终值系数,用符号 $(F/P, i, n)$ 表示。例如,$(F/P, 5\%, 5)$ 表示利率为 5%,5 年期复利终值的系数。本书后面附有"复利终值系数表"供查用。可直接从中查找 n 年期,i 利率的复利终值系数,用本金 P 乘以该复利终值系数便可求出投资的最终值。

【例 3-4】 某企业以 100 万元投资一项目,设年平均报酬率为 8%,10 年后企业可收回的投资额与收益为多少?

查"复利终值系数表",利率为 8%,计息期数为 10 年的复利终值系数为 2.158 9。

$$F = 1\,000\,000 \times (F/P, 8\%, 10) = 1\,000\,000 \times 2.158\,9 = 2\,158\,900(元)$$

10 年后企业收回的投资额与收益之和为 2 158 900 元。

根据复利终值系数表还可查找利率 i 和期限 n。

【例 3-5】 某人手中有现金 20 000 元,欲在 5 年后使现金翻一倍。该人在选择投资时,最低报酬率应为多少方可实现自己的目标?

根据公式 $F = P(1+i)^n$ 及题意可知:$F = 20\,000 \times 2 = 40\,000, n = 5, P = 20\,000$,求 i 为多少?

整理归纳:$40\,000 = 20\,000 \times (1+i)^5$
$$2 = (1+i)^5$$

查找"复利终值系数表",在 n 为 5 的行中查找 2,对应的 i 为 15%,即 $(F/P, 15\%, 5) \approx 2$。

只有当投资报酬率不低于 15% 时,5 年后才可使自己的现金数量翻一倍。

对此可进行验算:$F = 20\,000 \times (1+15\%)^5$

通过查表可知 $(F/P, 15\%, 5) = 2.011\,4$,因此 5 年后该人拥有的现金为:

$$F = 20\,000 \times 2.011\,4 = 40\,228(元)$$

【例 3-6】 某人将现金 10 000 元投入一项目,假设该项目的回报率为 5%,并且固定不变,多少年后现金可翻倍?

根据公式及题意可知：$F=20\ 000$，$i=5\%$，$P=10\ 000$，求 n 为多少？

整理归纳：$20\ 000=10\ 000\times(1+5\%)^n$

$$2=(1+5\%)^n$$

查找"复利终值系数表"，在 $i=5\%$ 的项下寻找 2，最接近的 n 为 14 或 15，即 $(F/P,5\%,14)=1.979\ 9$，或 $(F/P,5\%,15)=2.078\ 9$。

该人投资 14 年后现有现金可增长为 19 799 元，投资 15 年后可使现金增长为 20 789 元。

2. 复利现值

复利现值是与复利终值相对应的另一个货币时间价值概念，它是指要将 n 年后的一笔资金 F，按利率 i（又称折现率）折算成现在的价值。复利现值现金流量如图 3-5 所示。

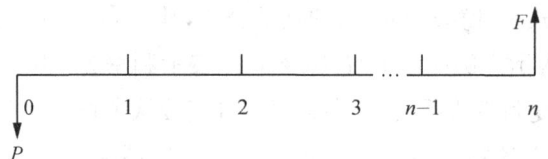

图 3-5 复利现值现金流量图

图 3-5 表示，已知未来终值 F，折现率 i 和期限 n 时，求 P。复利现值是复利终值的逆运算，由复利终值的计算公式可得出复利现值的计算公式：

$$P=\frac{F}{(1+i)^n}=F\times(1+i)^{-n}$$

上式中的 $(1+i)^{-n}$ 是把终值折算成现值的系数，称为复利现值系数，用符号 $(P/F,i,n)$ 表示。例如，$(P/F,5\%,5)$ 表示折现率为 5%，5 年期的复利现值系数。本书后面附有"复利现值系数表"供查用，其用法与"复利终值系数表"相同。

复利现值概念是从现在的角度来分析未来收到或支付一笔固定款项相当于现在的多大价值。该概念在长期投资决策中应用十分广泛。

【例 3-7】 某人拟在 5 年后购买一套价值为 50 万元的住宅，在投资回报率为 6% 时，现在他应投入多少元？

根据公式及题意，可知：$F=50$ 万元，$i=6\%$，$n=5$，则：

$$P=500\ 000\times(P/F,6\%,5)=500\ 000\times0.747\ 3=3\ 736\ 350(元)$$

现在该人应投入 3 736 350 元。

3. 名义利率与实际利率

复利的计息期不一定总是以年为单位，有可能以半年、季、月为计息单位。当利息在 1 年内要复利几次时，已知的年利率为名义利率，而相当于 1 年复利一次的利率为实际利率。

【例3-8】 将10 000元存入银行,年利率为6%,每半年复利一次,求实际利率为多少?

根据题意可知:名义利率为6%,因半年复利一次,则:

$$半年利率 = \frac{6\%}{2} = 3\%$$

复利次数为2次,则:

$$F = 10\,000 \times (1+3\%)^2 = 10\,000 \times 1.060\,9 = 10\,609(元)$$

复利终值10 609元相当于1年只复利一次的利率i,这个i就是实际利率,即:

$$10\,000 \times (1+i) = 10\,609$$
$$i = 6.09\%$$

当年利率为6%,每半年复利一次与年利率为6.09%,1年复利一次的结果是相等的。

设名义利率为r,1年复利M次,实际利率为i,实际利率与名义利率之间的关系是:

$$i = \left(1+\frac{r}{M}\right)^M - 1$$

三、年金形式与度量

年金是指间隔相等的时间(通常为1年)收入或支付相同的金额。例如,长期存款的利息收入、长期借款的利息支出、按直线法计提的年折旧额、定期支付的保险金等,都属于年金收付的形式。年金收付的形式较多,这里主要以普通年金的终值和现值的计算给予说明,其他年金的计算可由此推出。

(一) 年金终值

从现在开始,每期期末等额存入一笔资金A(A为年金),连续存入n期,n期末时的终值之和就是普通年金的终值。年金终值现金流量如图3-6所示。

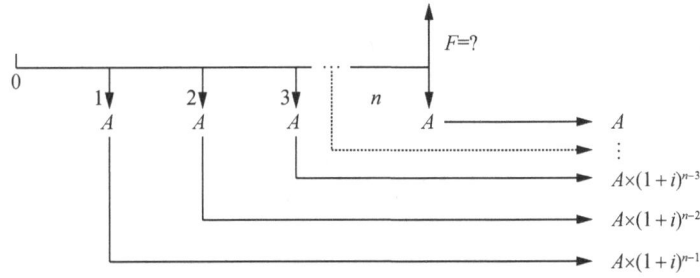

图3-6 年金终值现金流量图

图 3-6 表示，为了求 F，可利用复利终值的计算公式，将每期末存入的 A 复利到 n 期，然后再相加，求出 F，即：

$$F = A + A \times (1+i) + A \times (1+i)^2 + \cdots + A \times (1+i)^{n-1}$$

上式两边同时乘以 $(1+i)$，得：

$$(1+i) \times F = A \times (1+i) + A \times (1+i)^2 + A \times (1+i)^3 + \cdots + A \times (1+i)^n$$

以第二式减去第一式，得：

$$(1+i) \times F - F = A \times (1+i)^n - A$$

$$F = \frac{A \times (1+i)^n - A}{(1+i) - 1}$$

即：

$$F = A \times \frac{(1+i)^n - 1}{i}$$

式中的 $\frac{(1+i)^n - 1}{i}$ 可称为年金终值系数，用符号 $(F/A, i, n)$ 表示。

【例 3-9】 某人每年 10 月存入保险公司 2 000 元，连续存入 10 年，设保险公司回报率为 6%，每年复利计息一次，10 年后他得到的总额为多少？

根据公式及题意，可知：$A = 2\,000$，$i = 6\%$，$n = 10$，则：

$$F = A \times (F/A, 6\%, 10) = 2\,000 \times 13.181 = 26\,362(元)$$

10 年后该人得到的本利和为 26 362 元。

【例 3-10】 某人拟 5 年后购一套价值 50 万元的住宅房，当现行年利率为 6% 时，他每年年末应存入银行多少钱？

在年金终值的计算过程中，涉及的变量有四个，即 A、F、i 和 n。知道其中任意三个变量，就可求出第四个变量。[例 3-10]中，已知：$F = 50$ 万元，$i = 6\%$，$n = 5$，求每年年末存入的 A 为多少？

根据公式：

$$F = A \times (F/A, i, n)$$

可得：

$$A = \frac{F}{(F/A, i, n)}$$

将例题数据代入，得：

$$A = \frac{500\,000}{(F/A, 6\%, 5)}$$

查表可知$(F/A,6\%,5)=5.6371$。

因此，$A=\dfrac{500\,000}{5.6371}=88\,698$(元)。

该人每年年末存入银行 88 698 元，5 年后可实现其购房目标。

(二) 年金现值

从现在开始，每期期末等额取得一笔款项 A，连续 n 期，现在应存入的金额就是普通年金现值。年金现值现金流量如图 3-7 所示。

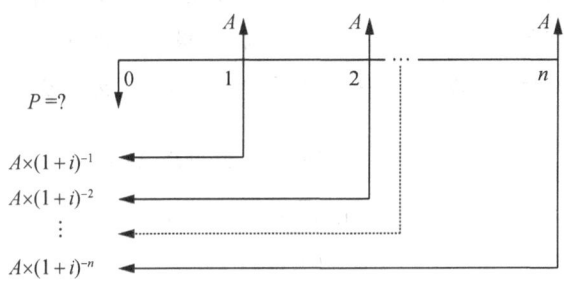

图 3-7 年金现值现金流量图

图 3-7 表示，为了求 P，可利用复利现值的计算公式，将每期末取得的 A 复利折算到 0 这一时点，然后再相加，求出 P，即：

$$P=A\times(1+i)^{-1}+A\times(1+i)^{-2}+\cdots+A\times(1+i)^{-n}$$

上式两边同乘以 $(1+i)$，可得：

$$(1+i)\times P=A+A\times(1+i)^{-1}+\cdots+A\times(1+i)^{-(n-1)}$$

以第二式减去第一式，得：

$$(1+i)\times P-P=A-A\times(1+i)^{-n}$$

$$P=\dfrac{A-A\times(1+i)^{-n}}{(1+i)-1}$$

即：

$$P=A\times\dfrac{1-(1+i)^{-n}}{i}$$

式中的 $\dfrac{1-(1+i)^{-n}}{i}$ 可称为年金现值系数，用符号 $(P/A,i,n)$ 表示。

【例 3-11】 某企业对一项目投资，假设在今后 10 年内每年年末可从对方分得 100 000 元收益，若折现率为 8%，企业现行所能接受的投资额为多少？

根据公式和题意，已知：$A=100\,000$，$i=8\%$，$n=10$，则：

$$P = A \times (P/A, 8\%, 10) = 100\,000 \times 6.710\,1 = 671\,010(元)$$

连续10年每年年末分得100 000元,在年利率8%下,其现值为671 010元。企业最高能接受的投资额为671 010元。

与年金终值计算一样,在年金现值的计算过程中,所涉及的变量也只有四个,即P,A,i和n,知道其中任意3个变量,就可求出另一个变量。

在大多数情况下,计算出的年金现值系数在"年金现值系数表"上不一定能被查找到。此时,可以用"内插法"来计算投资收益率。

【例3-12】 企业拟对一固定资产投资120万元,固定资产有效使用期将为10年,每年年末预计可获投资收益15万元,该项目的投资报酬率为多少?

根据题意已知:$P=120$万元,$A=15$万元,$n=10$,求i为多少?

由公式:
$$P = A \times \frac{1-(1+i)^{-n}}{i} = A \times (P/A, i, n)$$

可得:
$$120 = 15 \times (P/A, i, 10)$$
$$8 = (P/A, i, 10)$$

查找"年金现值系数表",先找到n为10的行,从左到右找不到8这个数字,但可以找到最接近8的两个数字8.110 9和7.721 7,并可以知道它们对应的折现率分别为4%和5%,即:

$$(P/A, 4\%, 10) = 8.110\,9$$
$$(P/A, 5\%, 10) = 7.721\,7$$

所以,可以认定要计算的投资报酬率在4%~5%。

根据条件可以找出以下数值关系:

$$\begin{array}{cc} 折现率 & 年金现值系数 \\ \end{array}$$

$$5\%-4\%\left\{i-4\%\left\{\begin{matrix}4\% & 8.110\,9 \\ i & 8 \\ 5\% & 7.721\,7\end{matrix}\right\}8-8.110\,9\right\}7.721\,7-8.110\,9$$

根据以上数值关系,用比例法可以计算如下:

$$\frac{i-4\%}{5\%-4\%} = \frac{8-8.110\,9}{7.721\,7-8.110\,9}$$

整理可得:

$$i = 4\% + \frac{8-8.110\,9}{7.721\,7-8.110\,9} \times (5\%-4\%) = 4.28\%$$

即该项目投资报酬率约为4.28%。

这种计算投资收益的方法是在两个数值之间"插值"比例计算,因而得名内插法或插值法。此法不仅在查找年金现值系数时适用,而且在查找其他现值系数、终值系数时适用。

当前,Excel 已得到广泛使用,可直接利用相关的函数完成相应的计算。

3-1【案例】利用 Excel 计算投资报酬率

(三) 预付年金终值

预付年金又称即付年金,是指在每期期初支付的年金。它与普通年金的区别仅在于付款时间的不同,一个在每期期初付、一个在每期期末付。预付年金终值现金流量如图 3-8 所示。

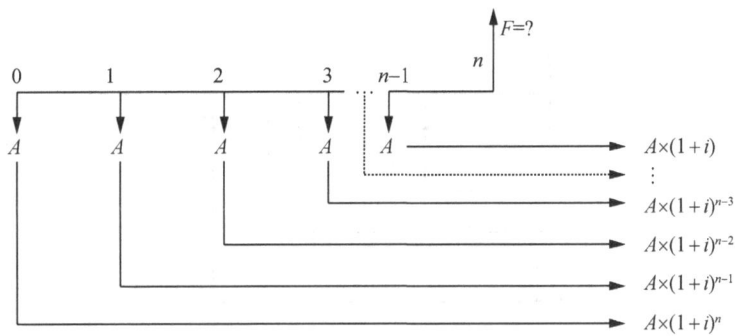

图 3-8 预付年金终值现金流量图

图 3-8 表示,每期期初付出现金 A,在 n 期末本利和为多少。从图上可看出,它与普通年金终值的区别仅在于每期期初支付。假如将 0 点的预付年金 A 转化为第 0 年的后付年金,则 n 年的年初年金转化为 $n+1$ 年的年末现金,可按普通年金终值的方法进行计算。但在图 3-8 中,第 n 年年末的现金 A 却不存在,因此在 n 年终值系数中应扣除 1(因为第 n 年 A 的期末系数为 1)。由此可得出预付年金终值的计算公式为:

$$F = A \times \left[\frac{(1+i)^{n+1} - 1}{i} - 1\right]$$

式中的 $\left[\frac{(1-i)^{n+1} - 1}{i} - 1\right]$ 是预付年金终值系数,与普通年金终值系数 $\left[\frac{(1+i)^n - 1}{i}\right]$ 相比,期数加 1,系数减 1,可记作 $[(F/A, i, n+1) - 1]$,并可利用"年金终值系数表"查得 $(n+1)$ 期的值,减去 1 后得出预付年金终值。

【例 3-13】 某人每年年初付给保险公司 20 000 元保险费,连续 10 年。假设公司回报率为 5%,此人在第十年年末可得多少款?

根据题意已知:$A = 20\,000, i = 5\%, n = 10$,求 F 为多少?

根据公式:

$$F = 20\,000 \times [(F/A, 5\%, 10+1) - 1]$$

查"年金终值系数表",可知:$(F/A, 5\%, 11) = 14.207$。

$$F = 20\ 000 \times (14.207 - 1) = 264\ 140(元)$$

第十年年末此人本利和共得 264 140 元。

(四) 预付年金现值

如前所述,n 期预付年金现值与 n 期普通年金现值的付款期 n 相同,但付款时间不一样,因此可将 n 期预付年金现值视作少折现 1 年的 n 期普通年金现值。预付年金现值现金流量如图 3-9 所示。

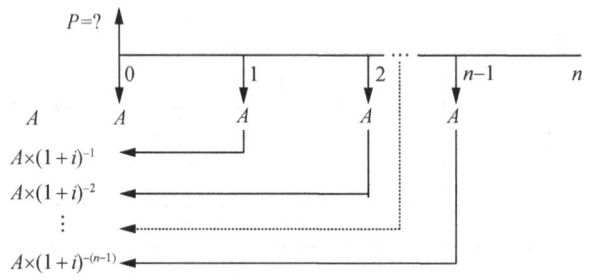

图 3-9 预付年金现金流量图

从图 3-9 可知,预付年金现值的计算公式为:

$$P = A \times \left[\frac{1 - (1+i)^{-(n-1)}}{i} + 1 \right]$$

式中的 $\left[\dfrac{1-(1+i)^{-(n-1)}}{i} + 1 \right]$ 是预付年金现值系数,它与普通年金现值系数 $\left[\dfrac{1-(1+i)^{-n}}{i} \right]$ 相比,期数要减 1,但系数要加 1,可记作 $[(P/A, i, n-1) + 1]$,并利用年金现值系数表查得 $(n-1)$ 期的值,加上 1 后得出预付年金现值。

【例 3-14】 某企业贷款购买一生产流水线,采用分期付款方式,连续 5 年,每年年初支付 10 万元,如银行贷款利率为 8%,企业的分期付款相当于一次性付款的购价多少?

根据题意已知:预付年金 $A = 100\ 000, i = 8\%, n = 5$,求 P 为多少?

根据公式:

$$P = 100\ 000 \times [(P/A, 8\%, 5-1) + 1]$$

查"年金现值系数表",得:

$$(P/A, 8\%, 4) = 3.312\ 1。$$
$$P = 100\ 000 \times (3.312\ 1 + 1) = 431\ 210(元)$$

企业连续 5 年,每年年初支付 10 万元相当于第一年年初一次性付款 431 210 元。

预付年金与普通年金在计算中涉及的变量是相同的,如已知四个变量中的三个,即可求出第四个变量。

【例 3-15】 某租赁公司将一价款为 20 万元的设备以融资租赁方式出租,租期 6 年,每年年初等额收一次租金。如市场利率为 8%,租赁公司应将租金定为多少?

由题意可知这是一种投资回收型,已知:$P=200\,000, i=8\%, n=6$,求 A 为多少?

根据公式:

$$P = A \times \left[\frac{1-(1+i)^{-(n-1)}}{i}+1\right]$$

整理归纳为:

$$200\,000 = A \times [(P/A, 8\%, 5)+1]$$

查"年金现值系数表",得:$(P/A, 8\%, 5) = 3.992\,7$

$$A = 200\,000 \div (3.992\,7+1) = 40\,058(元)$$

租赁公司将租金定为 50 091 元,可使其获得 8% 的投资回报率。

(五) 递延年金

递延年金是指第一期收付款的时间发生在第二期以后的年金方式,它也是普通年金的一种特殊形式。递延年金现金流量如图 3-10 所示。

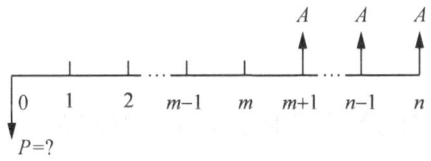

图 3-10 递延年金现金流量图

由图 3-10 可知,前 m 期没有发生支付,称为递延期。图 3-10 中第一次支付在第 $m+1$ 期发生,连续支付到 n 期。

递延年金的计算方法有两种。第一种方法是先将 n 期年金按普通年金求现值的方法折算到递延期末(第 m 期)的现值,再按复利现值的计算方法将其再折算到 0 这一时间点。即:

$$P = A \times (P/A, i, n-m) \times (P/F, i, m)$$

第二种方法是将递延期(m)中每年年末都虚加一个年金,使其成为一个普通年金,再减去实际并未支付的递延期 m 年的年金。如图 3-10,先将递延年金从第 n 期按普通年金折现方法折算到 0 这一时间点,再减去实际并未支付的递延期(m)的年金现值。即:

$$P = A \times (P/A, i, n) - A \times (P/A, i, m)$$

【例 3-16】 企业拟对一项目投资,2 年后才能产生效益,项目有效期 8 年,预测每年可获益 200 万元。企业希望投资报酬率不低于 10%。该项目初始投资额多少企业方能接受?

由题意可知这是一种投资回收型。已知:$m=2, n=10, A=200, i=10\%$,求 P 为多少?

该投资方案的现金流量如图 3-11 所示。

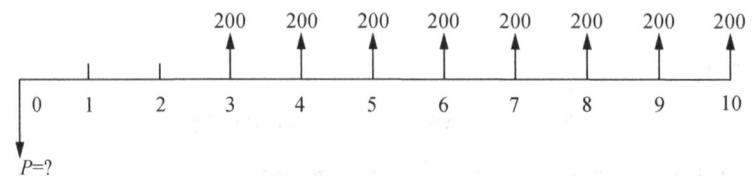

图 3-11 投资方案现金流量

用第一种方法计算:

$$P = 200 \times (P/A, 10\%, 8) \times (P/F, 10\%, 2) = 200 \times 5.3349 \times 0.8264 = 882(万元)$$

用第二种方法计算:

$$P = A \times (P/A, 10\%, 10) - A \times (P/A, 10\%, 2) = 200 \times 6.1446 - 200 \times 1.7355 = 882(万元)$$

当项目初始投资额小于或等于 882 万元时,企业方能接受投资方案。

(六) 永续年金

永续年金是一种无限期等额支付的年金,故无终值概念,只计算其现值。永续年金也是一种普通年金的特殊形式,通过对普通年金现值计算可推导出永续年金现值的计算公式:

$$P = A \times \frac{1-(1+i)^{-n}}{i}$$

因永续年金持续期是无限的,故当 $n \to \infty$ 时,$(1+i)^{-n}$ 的极限为 0,上式可简缩为:

$$P = \frac{A}{i}$$

【例 3-17】 某公司拟设立一项永久性科技进步奖,奖励当年为企业发展作出特殊贡献的员工。计划每年颁发科技进步奖 20 000 元,如银行利率为 5%,公司应于期初一次性存入多少钱?

由题意已知:$n=\infty, A=20\,000, i=5\%$,求 P 为多少?

根据公式:

$$P = \frac{A}{i} = \frac{20\,000}{5\%} = 400\,000(万元)$$

公司应于期初一次性投入 400 000 元。

需说明的是,在运用以上这些货币时间价值的计算方法时,应注意以下问题:

(1) i 和 n 时间要对应。i 是年利率,n 则是多少年;i 是月利率,n 则是多少月。

(2) P 是发生在一个时间序列的第一期期初,F 则是发生在一个时间序列的第 n 期期末。

(3) 现金流量的分布如不规则,需进行调整,灵活运用各种计算方法。

【例 3-18】 某公司拟建一车间,连续 3 年,每年年初贷款 200 万元,第 3 年年末车间可竣工投产。假如银行要求该公司于车间投产后 3 年还本付息,若年利率为 8%,到时公司需还多少款?

由题意可知该投资方案还本付息现金流量如图 3-12 所示。

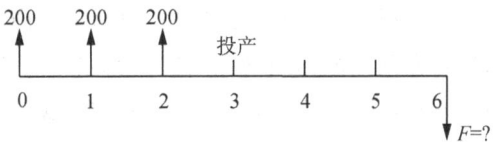

图 3-12 投资方案还本付息现金流量图

根据图 3-12 可知,可按预付年金方法先求出第 2 年年末时的终值,再按复利终值方法计算出第 6 年年末的终值,即:

$F = A \times (F/A, 8\%, 3) \times (F/P, 8\%, 4) = 200 \times 3.246\,4 \times 1.360\,5 = 883.34(万元)$

也可采用对每期投入的 200 万元,分别复利计算至第 6 年年末,再相加求出需归还的本金。

$$\begin{aligned} F &= 200 \times (F/P, 8\%, 6) + 200 \times (F/P, 8\%, 5) + 200 \times (F/P, 8\%, 4) \\ &= 200 \times 1.580\,9 + 200 \times 1.469\,3 + 200 \times 1.360\,5 \\ &= 316.18 + 293.86 + 272.1 \\ &= 882.14(万元) \end{aligned}$$

第四章 企业财务诊断与评价

第一节 财务诊断方法

财务诊断的基本思路是根据历史数据,利用基本指标进行测算与分析,以财务报表中各项目的内在联系,评价可能出现的问题。常用的指标评价与诊断方法主要是比率分析法,它是财务诊断中的一个重要方法。因为比率是由密切联系的两个或两个以上的数字计算出来的,所以,往往利用一个或几个比率就可以独立地揭示和说明企业某一方面的财务状况和经营业绩,或说明某一方面的能力或潜在问题。例如,总资产报酬率可以揭示企业总资产取得利润的水平和能力;投资收益率可以在一定程度上说明投资者的获利能力等。

除此之外,还有趋势分析、因素分析等财务诊断方法。但无论采用何种方法,都只适用于某一方面,揭示信息的范围也有一定的局限。更为重要的是,在实际运用时,必须以所揭示的信息为起点,结合其他有关资料和实际情况进行更深层次的探究,才能做出正确的判断和评价,从而更好地为决策服务。

一、比率分析法

(一) 比率分析法的类型与标准比率

比率是两个数值相比所得的值。要使比率具有意义,计算比率的两个数字必须具有一定的联系。例如,企业的产品产量和原材料的消耗量有联系,通过计算原材料的消耗量和产品产量之间的比率,就可以说明单位产量的原材料消耗量或单位原材料的产出比。在财务报表中的这种具有重要联系的相关数字比比皆是,可以计算出一系列有意义的比率,这种比率通常被称为财务比率。利用财务比率,包括一个单独的比率或一组比率,以表明某一方面的业绩、状况或能力的分析,就称为比率分析法。

1. 比率分析法的类型

在比率分析法中应用的财务比率很多,为了有效应用,一般要对财务比率进行科学分类。但目前还没有公认的、权威的分类标准。例如,在美国早期的会计著作中,将同一年份会计报表中的财务比率分为五类:获利能力分析、资本结构比率、流动资产比率、周转比率和资产流动比率。在这 5 组比率中又包括一些具体比率。英国特许公认会计师公会编著的ACCA财会资格证书培训教材《财务报表解释》一书中,将财务比率分为获利能力比率、清偿能力比率、财务杠杆比率和投资比率四类。

我国目前一般将财务比率分为三类,即盈利能力比率、偿债能力比率和营运能力比率。盈利能力比率主要有营业利润率、成本费用利润率、总资产报酬率、净资产收益率、每股收益等。偿债能力比率主要有流动比率、速动比率、现金比率、资产负债率、产权比率等。营运能力比率主要有存货周转率、应收账款周转率、流动资产周转率、固定资产周转率、总资产周转率等。

2. 比率分析法的标准比率

在比率分析中,分析师往往将比率进行各种各样的比较,如时间序列比较、横向比较,或依据一些绝对标准进行比较。不同的比较标准有不同的评价目的和作用。标准比率是比率分析法中最常用的比较标准。

标准比率主要有以下三种计算方法。

1) 算术平均法

应用算术平均法计算标准比率,就是将若干相关企业同一比率指标相加,再除以企业数量所得出的算术平均数。这里所说的相关企业根据分析评价的范围而定,如进行行业分析比较,则相关企业为同行业的企业;如进行全国性分析比较,则相关企业为国内企业;如进行国际分析比较,则相关行业为国际范围内的企业。

这种方法在计算平均数时,无法消除过高或过低比率对平均数的影响,影响比率标准的代表性。因此,有人在计算平均数时选择中间区域计算。计算时先将企业按比率大小进行排列,然后排除掉最高和最低的若干个指标,再计算算术平均数。这样计算出的标准比率,更具有代表性。

2) 综合报表法

综合报表法是指将各企业报表中的构成某一比率的两个绝对数相加,然后根据两个绝对数总额计算的比率。这种方法考虑了企业规模等因素对比率指标的影响,但其代表性可能更差。

3) 中位数法

中位数是指将相关企业的比率按高低顺序排列,然后划分出最低和最高的25%,中间50%为中位数比率,也可将中位数再分为上中位数25%和下中位数25%,最后根据企业比率的位置进行评价。如果以流动比率为例,比率在上界的25%,表示企业有很好的流动性;比率在下界的25%,表示企业的流动性较差;比率在中位数的50%,表示企业有良好的流动性,而在上中位数表示流动性较高,而下中位数表示流动性一般。

(二) 运用比率分析法应注意的问题

1. 正确计算比率

由于财务报表的期间不同,采用比率指标来对比资产负债表和利润表数据会存在一些不可比因素。这是因为利润表是期间会计报表,反映整个会计年度的经营成果,而资产负债表只是反映某个时点的财务状况,反映不出各项目的全年平均余额。例如,将利润表中的主营业务收入与资产负债表中的应收账款相比较,来反映应收账款的周转速度,这需要合理的方法来计算主营业务收入涉及的全年平均应收账款。对于企业的外部分析者来说,不容易甚至不可能获得该企业每月的应收账款余额。因此,在这种情况下,外部分析者只能使用期初和期末的应收账款余额的平均数。

这种方法实际上假定在会计年度内各月的应收账款余额相等,没有考虑营业的季节性和营业周期的变化,也没有解决在整个会计年度内部均衡变动的问题。如果实际上变化不大,其计算结果是比较准确的;如果变化较大,计算结果会存在一定的偏差。分析者对此要慎重对待,需要结合企业有关比率指标分析才能得到有说服力的结论。

此外,在比率分析中,经常会遇到带负号的数据,分子或分母带负号所计算的比率是没有意义的。如果要计算,必须附有详细的说明资料。

2. 不同企业选择的会计政策和经营方针会影响财务比率的可比性

会计准则中有许多会计处理方法可供选择,不同的会计处理方法会产生不同的资产、负债、所有者权益及当期损益,进而影响财务比率的数值与可比性。而且,同行业不同企业采用的经营方式不同,也会造成财务比率数值的不同,从而影响可比性。例如,企业固定资产是采用租赁还是自己购置的方式,对财务比率的影响会有很大的不同。

3. 行业比较的对象是主要竞争对手

在进行行业比较时,多元化的公司很难找到一个行业作为标准,最好的比较对象是其竞争对手。在判断财务比率合理性方面,行业平均水平不是理想的标准。例如,盈利能力比率应该以该行业的优秀者作为比较的标准。在进行同行业水平比较时,要注意通货膨胀对行业的影响与对企业的影响程度和影响时间是否一致。

4. 分析比率之间问题的一致性

分析人员最重要的工作是通过财务比率分析了解企业的全貌,不应该仅根据某一比率做出判断。例如,高的固定资产周转率可能说明企业固定资产使用率较高,也可能说明企业固定资产的不足或固定资产更新得太慢。再如,企业的流动性比率可能有些问题,但获利能力非常强,则流动性问题最终会因为较强的获利能力而得到解决。

二、趋势分析法

(一) 趋势分析法的类型

应用趋势分析法的目的在于:确定引起企业财务状况和经营成果变动的主要原因;确定企业财务状况和经营成果的发展趋势对投资者是否有利;预测企业未来发展的趋势。趋势分析法属于动态分析,它以差额分析法和比率分析法为基础,同时又能有效地弥补其不足。

趋势分析法可分为四大类：纵向分析法、横向分析法、标准分析法、综合分析法。此外，趋势分析法还有一种趋势预测分析。趋势预测分析运用回归分析法、指数平滑法等方法来对财务报表的数据进行分析预测，分析其发展趋势，并预测出可能的发展结果。

横向分析属于动态分析，它提供某时期的财务趋势信息，将连续两期或两期以上的有关数据用绝对数和百分比进行对比分析，以测定其发展趋势。

纵向分析属于静态分析，它分析一个会计期间的财务状况，用于表示财务报表上各单独项目与总体的关系。编制利润表就是将利润表上每个项目换算为与总营业收入的百分比。如需揭示企业的发展变化，应编制共同比利润比较表。

（二）趋势分析法的运用方式

1. 重要财务指标的比较

重要财务指标的比较是将不同时期财务报告中的相同指标或比率进行比较，直接观察其增减变动情况及变动幅度，考虑其发展趋势，预测其发展前景。这种方式在统计学上称为动态分析，通常采用以下两种形式进行：

（1）定基动态比率。它是用某一时期的数值作为固定的基期指标数值，将其他的各期数值与其对比分析。其计算公式为：

$$定基动态比率 = 分析期数值 \div 固定基期数值$$

【例 4-1】 以 20×2 年为固定基期，分析 20×3 年、20×4 年利润增长比率。假设某企业 20×2 年的净利润为 100 万元，20×3 年的净利润为 120 万元，20×4 年的净利润为 150 万元，则：

$$20×3 年的定基动态比率 = 120 \div 100 \times 100\% = 120\%$$
$$20×4 年的定基动态比率 = 150 \div 100 \times 100\% = 150\%$$

（2）环比动态比率。它是以每一分析期的前期数值为基期数值而计算出来的动态比率。其计算公式为：

$$环比动态比率 = 分析期数值 \div 前期数值$$

仍以[例 4-1]资料举例，则：

$$20×3 年的环比动态比率 = 120 \div 100 \times 100\% = 120\%$$
$$20×4 年的环比动态比率 = 150 \div 120 \times 100\% = 125\%$$

2. 会计报表的比较

会计报表的比较是将连续数期的会计报表金额并列起来，比较其相同指标的增减变动金额和幅度，据以判断企业财务状况和经营成果发展变化的一种方法。运用该方法进行比较分析时，最好是既计算有关指标增减变动的绝对值，又计算其增减变动的相对值。

这样可以有效地避免分析结果的片面性。

【例4-2】 某企业利润表中反映20×2年的净利润为50万元,20×3年的净利润为100万元,20×4年的净利润为160万元。

通过绝对值分析:20×3年较20×2年相比,净利润增长了50万元(100−50);20×4年较20×3年相比,净利润增长了60万元(160−100),说明20×4年的效益增长好于20×3年。

通过相对值分析：

20×3年较20×2年相比净利润增长率为:(100−50)÷50×100%＝100%

20×4年较20×3年相比净利润增长率为:(160−100)÷100×100%＝60%

说明20×4年的效益增长明显不及20×3年。

3. 会计报表项目构成的比较

会计报表项目构成的比较是在会计报表比较的基础上发展而来的,它以会计报表中的某个总体指标作为100%,计算出各组成项目占总体指标的百分比,从而来比较各个项目百分比的增减变动,判断有关财务活动的变化趋势。这种方式较前两种能更准确地分析企业财务活动的发展趋势。同时,这种方法还能消除不同时期(不同企业)之间业务规模差异的影响,有利于分析企业的耗费和盈利水平,但计算较为复杂。

(三) 运用趋势分析法应注意的问题

运用趋势分析法时,需要注意以下几个问题:①用于进行对比的各个时期的指标,在计算口径上必须一致。②剔除偶发性项目的影响,确保用于分析的数据能反映正常的经营状况。③应用例外原则,应对某项有显著变动的指标作重点分析,研究其产生的原因,以便采取对策,趋利避害。④分析的项目应有针对性,切合分析目的的需要。⑤选择基年时要确保其具有代表性,如果基年选择不当,会导致计算出的百分比不准确影响分析结果。

三、因素分析法

应用比较分析法和比率分析法,可以确定分析对象各项经济指标发生变动的差异。至于差异形成的原因,各因素对差异的影响程度,则需要进一步应用因素分析法来进行具体分析。因素分析法是指通过分析指标与其影响因素之间的关系,按照一定的程序和方法,确定各因素对分析指标差异影响程度的一种技术方法。从数量上测定各因素的影响程度,可以帮助人们抓住主要矛盾,或者更有说服力地评价企业状况。因素分析法适用于各种因素构成的综合性指标分析,如利润总额、成本利润率等指标的分析。进行因素分析最常用的方法是连环替代法和图解分析法。

（一）连环替代法

连环替代法是因素分析法的基本形式，有人甚至将连环替代法与因素分析法看成是同一概念。连环替代法的名称由其分析程序的特点决定。为了正确理解连环替代法，应先明确连环替代法的一般程序或步骤。

1. 连环替代法的程序

连环替代法的程序由以下几个步骤组成：

（1）确定分析指标与其影响因素之间的关系，通常采用指标分解法，即将经济指标在计算公式的基础上进行分解或扩展，从而得出各影响因素与分析指标之间的关系式。如对于总资产报酬率指标，要确定它与影响因素之间的关系，可按下式进行分解：

$$总资产报酬率 = \frac{息税前利润}{平均资产总额} \times 100\%$$

$$= \frac{总产值}{平均资产总额} \times \frac{销售净额}{总产值} \times \frac{息税前利润}{销售净额} \times 100\%$$

$$= 总资产产值率 \times 产值销售率 \times 销售（息税前）利润率 \times 100\%$$

分析指标与影响因素之间的关系时，既要说明哪些因素影响分析指标，又要说明这些因素与分析指标之间的关系及顺序。例如，上面的式子中，影响总资产报酬率的因素包括总资产产值率、产值销售率和销售利润率三个因素，它们都与总资产报酬率呈正比例关系。它们的排列顺序为：首先是总资产产值率，其次是产值销售率，最后是销售利润率。

（2）连环顺序替代，计算替代结果。连环顺序是以基期指标体系为计算基础，用实际指标体系中的每一因素的实际数值顺序替代其相应的基期数值，每次替代一个因素，替代后的因素被保留下来。计算替代结果是指在每次替代后，按关系式计算其结果。有几个因素就替代几次，并相应确定计算结果。

（4）比较各因素的替代结果，确定各因素对分析指标的影响程度。比较替代结果是连环进行的，即将每次替代所计算的结果与这一因素被替代前的结果进行对比，两者的差额就是替代因素对分析对象的影响程度。

（5）检验分析结果。即将各因素对分析指标的影响额相加，其代数和应等于分析对象。如果两者相等，说明分析结果可能是正确的；如果两者不相等，则说明分析结果一定是错误的。

为了便于说明问题，我们先用符号来说明这一计算技术的应用。

假设某一经济指标为 P，它受 A、B、C 三个因素的影响，假定按照这三个因素的逻辑关系，它们与 P 指标之间的关系如下：

$$P = A \times B \times C$$

当 P 为计划（或基期）指标时，有：

$$P_0 = A_0 \times B_0 \times C_0$$

当 P 为实际指标时,有:

$$P_1 = A_1 \times B_1 \times C_1$$

按照连环替代法的程序:

(1) 计算差异。将 P 指标的实际值与计划值相比较,可以得到 P 指标的总变化量 $(P_1 - P_0)$,也就是我们要分析的对象。

(2) 分析各个因素的影响程度。为了知道每个因素变动对分析对象的影响,就需顺序地把其中的一个因素视为可变,把其他因素视为不变。按照影响因素的排列顺序,则:

第一,计算 A 因素变动的影响。因素 A_0 变化到 A_1,其他两个因素不变,则可以得到该因素变动后的指标 P_a,其计算公式如下:

$$P_a = A_1 \times B_0 \times C_0$$

A 因素变动对分析对象的影响为 $P_a - P_0$。

第二,计算 B 因素变动的影响。在 A 因素已经变化的基础上,因素 B_0 变化到 B_1,第三个因素 C 不变,则可以得到 B 因素变动后的指标 P_b,其计算公式如下:

$$P_b = A_1 \times B_1 \times C_0$$

B 因素变动对分析对象的影响为:$P_b - P_a$。

第三,计算 C 因素变动的影响。在 A、B 两个因素已经变动的基础上,因素 C_0 变化到 C_1,可以得到 C 因素变动后的指标 P_c,其计算公式如下:

$$P_c = A_1 \times B_1 \times C_1, \text{即} P_1$$

C 因素变动对分析对象的影响为:$P_c - P_b$,即 $P_1 - P_b$。

检验分析结果。以上计算的各个因素的影响之和应该等于分析对象,即:

$$P_1 - P_0 = (P_a - P_0) + (P_b - P_a) + (P_1 - P_b)$$

连环替代法的程序或步骤是紧密相连、缺一不可的,尤其是前四个步骤,其中任何一个步骤出现错误,都会导致错误结果。

【例4-3】 某企业20×3年和20×4年的总资产报酬率、产值销售率、销售利润率和总资产报酬率资料如表4-1所示。

表4-1　　　　　　　　　　　企业财务指标

指标	20×4年	20×3年
总资产产值率	80.00%	82.00%
产值销售率	98.00%	94.00%

(续表)

指标	20×4年	20×3年
销售利润率	30.00%	22.00%
总资产报酬率	23.52%	16.96%

要求:分析各因素变动对总资产报酬率的影响程度。

根据连环替代法的程序和总资产报酬率的因素分解式,可得:

实际指标体系:80%×98%×30%=23.52%

基期指标体系:82%×94%×22%=16.96%

分析对象是:23.52%-16.96%=6.56%

在此基础上,进行连环顺序替代,并计算每次替代后的结果:

基期指标体系:82%×94%×22%=16.96%

替代第一因素:80%×94%×22%=16.54%

替代第二因素:80%×98%×22%=17.25%

替代第三因素:80%×98%×30%=23.52%(或实际指标体系)

确定各因素对总资产报酬率的影响程度:

总资产产值率的影响:16.54%-16.96%=-0.42%

产值销售率的影响:17.25%-16.54%=0.71%

销售利润率的影响:23.53%-17.25%=6.27%

最后检验分析结果:-0.42%+0.71%+6.27%=6.56%

2. 应用连环替代法应注意的问题

连环替代法作为因素分析方法的主要形式,在实践中应用比较广泛。但是,应用连环替代法的过程中必须注意以下几个问题:

(1)因素分解的相关性。因素分解的相关性是指分析指标与其影响因素之间必须真正相关,即有实际经济意义。各影响因素的变动确实能够说明分析指标差异产生的原因。这就是说,经济意义上的因素分解与数学上的因素分解不同,不是在数学算式上相等就行,而要看经济意义。例如,将影响材料费用的因素分解为下面两个等式从数学上都是成立的:

材料费用=产品产量×单位产品材料费用

材料费用=工人数量×每人消耗材料费用

从经济意义上说,只有前一个因素分解式是正确的,后一个分解式在经济上没有任何意义。因为工人人数和每人消耗材料费用到底是增加有利还是减少有利,无法从这个式子说清楚。当然,有经济意义的因素分解式并不是唯一的,一个经济指标从不同角度看,可分解为不同的经济意义的因素分解式。这就需要我们在因素分解时,根据分析目的和要求,确定合适的因素分解式,以找出分析指标变动的真正原因。

(2) 分析前提的假设性。分析前提的假定性是指分析某一因素对经济指标差异的影响时,必须假定其他因素不变,否则就不能分清各单一因素对分析对象的影响程度。但是实际上,有些因素对经济指标的影响是各因素共同作用的结果,共同影响的因素越多,这种假定的准确性就越差,分析结果的准确性也会降低。因此,在因素分解时,并非分解的因素越多越好,而应根据实际情况,具体问题具体分析,尽量减少对相互影响较大的因素再分解,使之与分析前提的假设基本相符。否则,因素分解过细,从表面看有利于分解原因与责任,但是在共同影响因素较多时,反而影响了分析结果的正确性。

(3) 因素替代的顺序性。前面谈到,因素分解不仅要求因素准确,而且要求因素排列顺序也不能变动,这里特别强调不存在乘法交换律的问题。因为分析前提假定性的原因,按不同顺序计算的结果是不同的。那么,如何确定正确的顺序呢?这是一个在理论和实际中都没有得到很好解决的问题。传统的方法是根据数量指标在前,质量指标在后的原则进行排列;现在也有人提出依据重要性原则排列,即主要的影响因素排在前面,次要因素排在后面。但无论哪种排列方法,都缺少令人接受的理论基础。正因如此,许多人对连环替代法提出异议,并试图加以改善,但至今仍无人们公认的解决方法。一般地说,替代顺序排列在前的因素对经济指标的影响程度不受其他因素影响或影响较小,排列在后的因素中含有其他因素共同作用的成分。从这个角度看问题,为分清责任,将分析指标影响较大的,并能明确责任的因素放在前面可能更好一些。

(4) 顺序替代的连环性。连环性是指在确定各因素变动对分析对象的影响时,将某些因素替代后的结果与该因素替代前的结果进行对比,一环套一环。这样既能保证各因素对分析对象影响结果的可分性,又便于检验分析结果的准确性。因为只有连环替代并确定各因素影响额,才能保证各因素对经济指标的影响之和与分析对象相等。

(二) 图解分析法

1. 图解分析法的作用

图解分析法又称图解法,是财务分析中经常应用的方法之一。严格地说,图解分析法不是一种独立的财务分析方法,而是上述财务分析方法的直观表达形式。例如,比较分析法、比率分析法、趋势分析法和因素分析法都可以用图解分析法来表达。图解分析法的作用在于能形象、直观地反映财务活动和结果,将复杂的经济活动和效果以通俗易懂的形式表现出来。因此,有的专家称图解分析法为一目了然的财务分析法。

2. 图解分析法的分类

图解分析法应用十分广泛,人们经常可在证券交易场所、报纸杂志等媒体看到财务分析图。目前,随着电脑和网络技术的发展和普及,图解分析法的应用基础、应用范围和种类形式得到了空前的发展。本节主要应用比较分析图解法、比率分析图解法、趋势分析图解法、因素分析图解法对相关问题进行分析说明。

1）比较分析图解法

比较分析图解法是指用图形的形式,对某一指标的报告数值与基准数值进行比较,以揭示报告数值与基准数值之间差异的方法。比较分析图解法是实践中广泛应用的图解法之一,其形式多种多样。常见的比较分析图是柱形图,如图4-1所示。

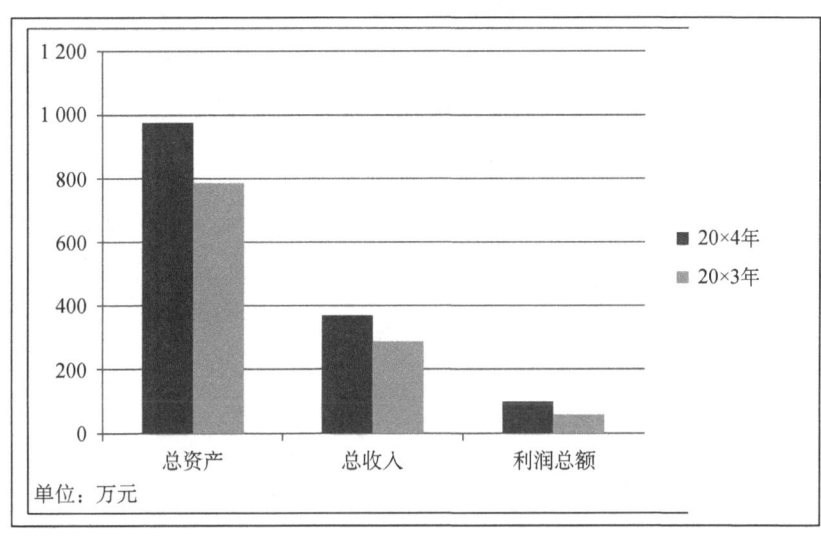

图4-1 柱形图

2）比率分析图解法

比率分析图解法实际上是垂直分析法的图解形式,它是以图形的方式表示在总体中各部分所占的比重的方法。比率分析图的形式也有很多的形式,较常见的是饼形图,如图4-2所示。

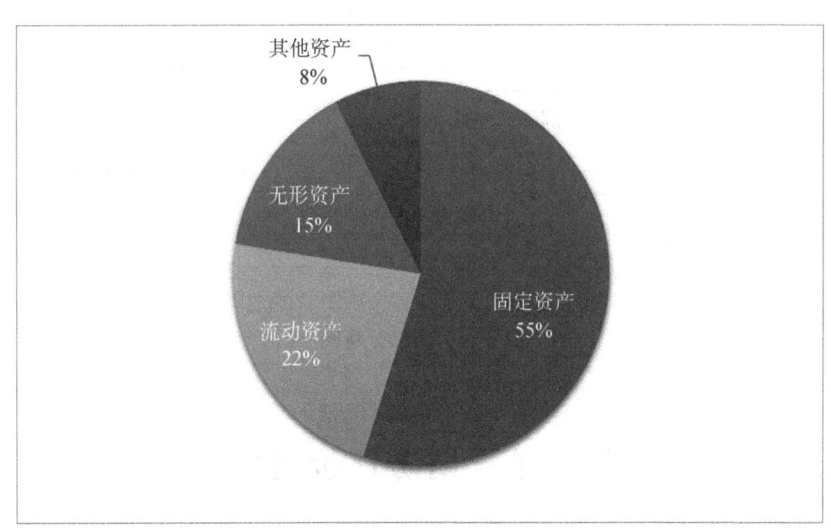

图4-2 饼形图

3）趋势分析图解法

趋势分析图解法是指用坐标图反映某一个或某几个指标在一个较长时间内的变动趋势的方法。坐标图的横轴往往表示时期,纵轴表示指标数值,将不同时期的指标数值用线连接起来,就形成了反映指标变动的趋势曲线,或称折线图,如图4-3所示。

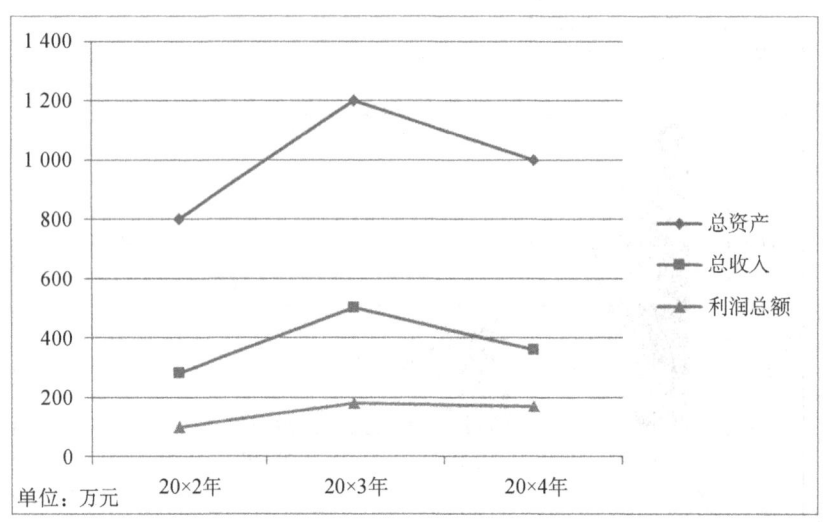

图 4-3　折线图

4）因素分析图解法

因素分析图解法是指运用因素分解图来反映某项经济指标的影响因素及影响程度的方法,它有利于直观、清晰地反映分析指标与影响因素之间的关系。因素分解如图4-4所示。

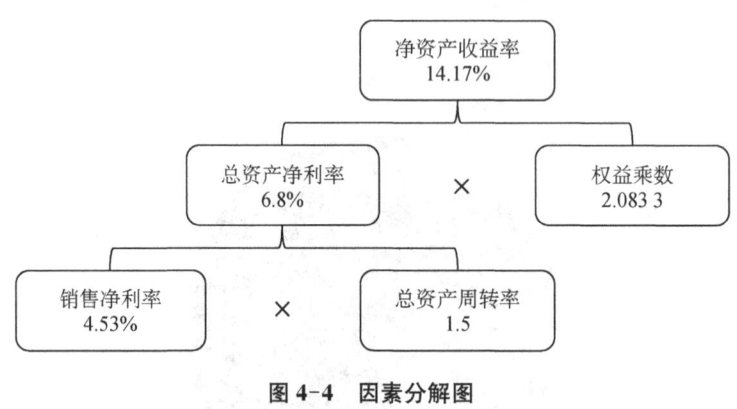

图 4-4　因素分解图

第二节　财务评价指标

财务评价指标一般分为基本财务能力评价指标和综合财务能力评价指标。基本财务能力分析一般是指传统意义上的四大能力分析,即盈利能力、偿债能力、营运能力和发展能力。综合财务能力分析主要是指利用指标体系与方法进行企业财务评价,常用的有杜邦分析法、帕利普财务分析法和经济增加值法等。

一、基本财务能力分析

(一) 企业盈利能力分析

1. 盈利能力分析的目的

盈利能力通常是指企业在一定时期内赚取利润的能力。盈利能力是一个相对的概念,即利润相对于一定的资源投入、一定的收入而言。利润率越高,盈利能力越强;利润率越低,盈利能力越差。企业经营业绩的好坏最终可通过企业的盈利能力来反映。无论是企业的经理人员、债权人还是股东(投资人),都非常关心企业的盈利能力,并重视对利润率及其变动趋势的分析与预测。

从企业的角度来看,企业从事经营活动的直接目的是最大限度地赚取利润并维持企业持续、稳定地经营和发展。持续、稳定地经营和发展是获取利润的基础;而最大限度地获取利润又是企业持续稳定发展的目标和保证;只有在不断地获取利润的基础上,企业才可能发展;同样,盈利能力较强的企业比盈利能力较弱的企业具有更大的活力和更好的发展前景。因此,盈利能力是企业经营人员最重要的业绩衡量标准,也是发现问题、改进企业管理的突破口。对企业经理人员来说,企业盈利能力分析的目的主要表现在以下两个方面:

(1) 利用盈利能力的相关指标反映和衡量企业经营业绩。企业经理人员的根本任务是通过自己的努力使企业赚取更多的利润。各项收益数据反映了企业的盈利能力,也体现了经理人员工作业绩的大小。用已达到的盈利能力指标与标准、基期、行业平均水平、其他企业相比较,可以衡量经理人员工作业绩的优劣。

(2) 通过盈利能力分析发现经营管理中存在的问题。盈利能力是企业各环节经营活动的具体表现,企业经营的好坏都会通过盈利能力表现出来。通过对盈利能力的深入分析,可以发现经营管理中的重大问题,进而采取措施解决问题,提高企业收益水平。

2. 盈利能力分析指标

可以根据会计基本要素设置主营业务毛利率、主营业务利润率、资产净利率、净资产收益率和资本保值增值率等指标,借以评价企业各要素的盈利能力及资本保值、增值情况。

1) 主营业务毛利率

主营业务毛利率是销售毛利与主营业务收入净额之比,其计算公式为:

$$主营业务毛利率 = 销售毛利 \div 主营业务收入净额 \times 100\%$$

其中:

$$销售毛利＝主营业务收入净额－主营业务成本$$

主营业务毛利率反映了产品或商品销售的初始获利能力。该指标越高,表示取得同样销售收入的销售成本越低,销售利润越高。

2) 主营业务利润率

主营业务利润率是企业的利润与主营业务收入净额的比率,其计算公式为:

$$主营业务利润率＝利润÷主营业务收入净额×100\%$$

根据利润表的构成,企业的利润分为主营业务利润、营业利润、利润总额和净利润四种形式。其中,利润总额和净利润包含非销售利润因素,所以能够更直接地反映销售获利能力的指标是主营业务利润率和营业利润率。通过考察主营业务利润占整个利润总额比重的升降,可以发现企业经营理财状况的稳定性、面临的危险或可能出现的转机。主营业务利润率指标一般要计算主营业务利润率和主营业务净利率。

主营业务利润率指标反映了每1元主营业务收入净额给企业带来的利润。该指标越大,说明企业经营活动的盈利水平越高。在主营业务毛利率和主营业务利润指标分析中,应将企业连续几年的利润率进行比较,并对其盈利能力趋势做出评价。

3) 资产净利率

资产净利率是企业净利润与平均资产总额的比率。它是反映企业资产综合利用效果的指标。其计算公式为:

$$资产净利率＝净利润÷平均资产总额$$

平均资产总额为期初资产总额与期末资产总额的平均数。资产净利率越高,表明企业资产的利用效率越好,企业盈利能力越强,经营管理水平越高。

4) 净资产收益率

净资产收益率又称净值报酬率或权益报酬率,是指企业一定时期内的净利润与平均净资产的比率。它可以反映投资者投入企业的自有资本获取净收益的能力,即投资与报酬的关系,因而是评价企业资本经营效率的核心指标。其计算公式为:

$$净资产收益率＝净利润÷平均净资产×100\%$$

净利润是指企业的税后利润,是未作分配的数额。

平均净资产是企业年初所有者权益与年末所有者权益的平均数,其计算公式为:

$$平均净资产＝(所有者权益年初数＋所有者权益年末数)÷2$$

净资产收益率是评价企业自有资本及其积累获取报酬水平的最具综合性与代表性的指标,反映企业资本营运的综合效益。该指标通用性强,适用范围广,不受行业局限,在我国上市公司业绩综合排序中居于首位。通过对该指标的综合对比分析,可以看出企业获利能力在行业中所处的地位,以及与同类企业的差异水平。一般认为,企业净资产收益率越高,企业自有资本获取收益的能力越强,运营效益越好,对企业投资人、债权人的保障程度越高。

5) 资本保值增值率

资本保值增值率是企业期末所有者权益总额与期初所有者权益总额的比率。资本保值增值率表示企业当年资本在企业自身努力下的实际增减变动情况,是评价企业财务效益状况的辅助指标。其计算公式为:

$$资本保值增值率 = 期末所有者权益总额 \div 期初所有者权益总额$$

资本保值增值率反映了投资者投入企业资本的保全性和增长性,该指标越高,表明企业的资本保全状况越好,所有者的权益增长越好,债权人的债务越有保障,企业发展后劲越强。一般情况下,资本保值增值率大于1,表明所有者权益增加,企业增值能力较强。但在实际分析时,应考虑企业利润分配情况及通货膨胀因素的影响。

(二) 企业营运能力分析

1. 营运能力分析的相关原则

营运能力主要是指企业营运资产的效率与效益。企业营运资产的效率主要指资产的周转率或周转速度。企业营运资产的效益通常是指企业的产出量与资产占用量之间的比率。企业营运能力分析就是通过对反映企业资产营运效率与效益的指标进行计算与分析,评价企业的营运能力,为企业提高经济效益指明方向。第一,营运能力分析可评价企业资产营运的效率;第二,营运能力分析可发现企业在资产营运中存在的问题;第三,营运能力分析是盈利能力分析和偿债能力分析的基础与补充。

反映企业资产营运能力的指标有许多,要正确分析评价企业资产营运能力,必须先正确设计评价资产营运能力的指标体系。设计评价资产营运能力的指标时,必须遵循以下原则:

(1) 资产营运能力指标应体现提高资产营运能力的实质要求。企业资产营运能力的实质,就是要以尽可能少的资产占用、尽可能短的时间周转生产尽可能多的产品,实现尽可能多的销售收入,创造尽可能多的纯收入。

(2) 资产营运能力指标应体现多种资产的特点。企业的资产包括固定资产和流动资产,它们各有特点。对于固定资产,应考虑它的使用价值与价值相脱离的特点;对于流动资产,主要应体现其流动性的特点。

(3) 资产营运能力指标应有利于考核分析。应尽量采用现行制度规定的考核指标,或根据现有核算资料可以计算并便于分析的指标;否则,指标再好也没有实际意义。

2. 营运能力分析指标

1) 应收账款周转率

应收账款周转率又称应收账款周转次数,是指一定时期内商品或产品主营业务收入净额与平均应收账款余额的比值,是反映应收账款周转速度的指标。其计算公式为:

$$应收账款周转率=主营业务收入净额÷平均应收账款余额$$

其中:

$$主营业务收入净额=主营业务收入-销售折让与折扣$$
$$平均应收账款余额=(期初应收账款余额+期末应收账款余额)÷2$$
$$应收账款周转天数=360÷应收账款周转率=(平均应收账款余额×360)÷主营业务收入净额$$

应收账款包括应收账款净额和应收票据等全部赊销账款。应收账款净额是指扣除坏账准备后的余额,应收票据如果已向银行办理了贴现手续,则不应包括在应收账款余额内。应收账款周转率反映了企业应收账款变现速度的快慢及管理效率的高低,应收账款周转率高表明:①收账迅速,账龄较短。②资产流动性强,短期偿债能力强。③可以减少收账费用和坏账损失,从而增加企业流动资产的投资收益。同时,通过应收账款周转期与企业信用期限的比较,还可以评价购买单位的信用程度,以及企业原定的信用条件是否恰当。但是,在评价一个企业应收账款周转率是否合理时,应先将其与同行业的平均水平相比较。

2) 存货周转率

存货周转率又称存货周转次数,是指企业一定时期内的主营业务成本与平均存货余额的比率。它是反映企业的存货周转速度和销货能力的指标,也是衡量企业生产经营中存货营运效率的综合性指标。其计算公式为:

$$存货周转率=主营业务成本÷平均存货余额$$
$$平均存货余额=(期初存货余额+期末存货余额)÷2$$
$$存货周转天数=360÷存货周转率=(平均存货余额×360)÷主营业务成本$$

存货周转率不仅能反映企业采购、出错、生产、销售各环节管理工作状况的好坏,而且对企业的偿债能力及获利能力产生决定性的影响。一般来说,存货周转率越高越好,存货周转率越高,表明存货变现的速度越快,周转额越大,资金占用水平越低。存货占用水平越低,存货积压的风险就越小,企业的变现能力及资金使用效率就越好。但在分析存货周转率时,应剔除由于存货计价方法不同产生的影响。

3) 总资产周转率

总资产周转率是指企业主营业务收入净额与平均资产总额的比率。它可以用来反映企业全部资产的利用效率。其计算公式为:

$$总资产周转率=主营业务收入净额÷平均资产总额$$
$$平均资产总额=(期初资产总额+期末资产总额)÷2$$

平均资产总额应按分析期的不同分别加以确定,并应当与主营业务收入净额在时间上保持一致。

总资产周转率反映了企业全部资产的使用效率。总资产周转率高,说明全部资产的经营效率高,取得的收入多;总资产周转率低,说明全部资产的经营效率低,取得的收入少,最终会影响企业的盈利能力。企业应采取各项措施来提高企业的资产利用程度,如提高销售收入或处理多余的资产。

4）固定资产周转率

固定资产周转率是指企业年销售收入净额与平均固定资产净值的比率。它是反映企业固定资产周转情况，从而衡量固定资产利用效率的一项指标。其计算公式为：

$$固定资产周转率＝主营业务收入净额\div 平均固定资产净值$$

$$平均固定资产净值＝(期初固定资产净值＋期末固定资产净值)\div 2$$

固定资产周转率高，不仅表明企业充分利用了固定资产，而且表明企业固定资产投资得当，固定资产结构合理，能够充分发挥其效率；反之，固定资产周转率低，表明固定资产使用效率不高，提供的生产成果不多，企业的营运能力欠佳。

在实际分析固定资产周转率时，应剔除某些因素的影响。一方面，固定资产的净值随着折旧计提而逐渐减少，因固定资产更新，净值会突然增加；另一方面，由于折旧方法不同，固定资产净值缺乏可比性。

（三）企业偿债能力分析

1. 偿债能力的基本含义

企业的偿债能力是指企业用其资产偿还长期债务与短期债务的能力。企业有无支付现金的能力和偿还债务能力，是企业能否生存和健康发展的关键。企业偿债能力是反映企业财务状况和经营能力的重要标志。偿债能力是企业偿还到期债务的承受能力或保证程度，包括偿还短期债务和长期债务的能力。

企业偿债能力，从静态讲，就是用企业资产清偿债务的能力；从动态讲，就是用企业资产和经营过程创造的收益偿还债务的能力。企业有无现金支付能力和偿债能力是企业能否健康发展的关键。企业偿债能力分析是企业财务分析的重要组成部分。

2. 偿债能力分析指标

1）流动比率

流动比率表示每1元流动负债有多少流动资产作为偿还的保证。它反映公司流动资产对流动负债的保障程度。其计算公式为：

$$流动比率＝流动资产合计\div 流动负债合计$$

一般情况下，流动比率越大，表明企业短期偿债能力强，通常该指标在2左右较好。在运用该指标分析企业短期偿债能力时，还应结合存货的规模大小、周转速度、变现能力和变现价值等指标进行综合分析。如果某企业流动比率很高，但其存货规模大、周转速度慢，有可能造成存货变现能力弱，变现价值低，那么该企业的实际短期偿债能力要比指标反映得弱。

2）速动比率

速动比率表示每1元流动负债有多少速动资产作为偿还的保证，它能进一步反映流动负债的保障程度。其计算公式为：

$$速动比率 = (流动资产合计 - 存货净额) \div 流动负债合计$$

一般情况下,速动比率越大,表明企业短期偿债能力越强,通常该指标在 1 左右较好。运用该指标分析企业短期偿债能力时,应结合应收账款的规模、周转速度和其他应收款的规模,以及它们的变现能力进行综合分析。如果某企业速动比率很高,但应收账款周转速度慢,且它与其他应收款的规模大,变现能力差,那么该企业的实际短期偿债能力要比指标反映得差。由于预付账款、待摊费用、其他流动资产等指标的变现能力差或无法变现。所以,如果这些指标规模过大,在运用流动比率和速动比率分析企业短期偿债能力时,还应扣除这些项目的影响。

3) 现金比率

现金比率表示每 1 元流动负债有多少现金及现金等价物作为偿还的保证,它反映企业可用现金及变现方式清偿流动负债的能力。其计算公式为：

$$现金比率 = (货币资金 + 短期投资) \div 流动负债合计$$

现金比率能真实地反映企业实际的短期偿债能力,该指标值越大,企业的短期偿债能力越强。

4) 资本周转率

资本周转率表示可变现的流动资产与长期负债的比例,它反映企业清偿长期债务的能力。其计算公式为：

$$资本周转率 = (货币资金 + 短期投资 + 应收票据) \div 长期负债合计$$

一般情况下,资本周转率越大,表明企业近期的长期偿债能力越强,债权的安全性越好。由于长期负债的偿还期限长,在运用该指标分析企业的长期偿债能力时,还应充分考虑企业未来的现金流入量,经营获利能力和盈利规模的大小。如果企业的资本周转率很高,但未来的发展前景不乐观,即未来可能的现金流入量少,经营获利能力弱,且盈利规模小,则企业实际的长期偿债能力将变弱。

5) 清算价值比率

清算价值比率表示企业有形资产与负债的比例,它反映企业清偿全部债务的能力。其计算公式为：

$$清算价值比率 = (资产总计 - 无形及递延资产合计) \div 负债合计$$

一般情况下,清算价值比率越大,表明企业的综合偿债能力越强。2023 年,沪深两市清算价值比率平均值为 256.43%。有形资产的变现能力和价值受外部环境的影响较大且很难确定,因此运用该指标分析企业的综合偿债能力时,还需充分考虑有形资产的质量及市场需求情况。如果企业有形资产的变现能力差,变现价值低,那么企业的综合偿债能力将会受到影响。

6) 利息支付倍数

利息支付倍数表示息税前收益对利息费用的倍数，它反映企业负债经营的财务风险程度。其计算公式为：

$$利息支付倍数＝（利润总额＋财务费用）÷财务费用$$

一般情况下，利息支付倍数越大，表明企业偿付借款利息的能力越强，负债经营的财务风险就小。财务费用包括利息收支、汇兑损益、手续费等项目，且还存在资本化利息，因此在运用该指标分析利息偿付能力时，最好将财务费用调整为真实的利息净支出，这样反映的企业偿付利息能力最准确。

二、综合财务能力分析

(一) 财务比率综合评分法

在进行财务分析时，常见的主要困难是计算出财务比率后，无法判断它是偏高还是偏低。与企业的历史数据比较，也只能看出企业自身的变化，难以评价其在市场竞争中的优劣地位。为了弥补这些缺陷，财务状况综合评价的先驱者之一——亚历山大·沃尔在1982年出版的《信用晴雨表研究》和《财务报表比率分析》中提出了信用能力指数的概念。他选择了7个财务比率，即流动比率、产权比率、固定资产比率、存货周转率、应收账款周转率、固定资产周转率和自有资金周转率，分别给定各指标的比重，然后确定标准比率（以行业平均数为基础），将实际比率与标准比率相比，得出相对比率，并将相对比率与各指标比重相乘，得出总评分，从而对企业的业绩进行评价。该方法即沃尔分析法。

但原始意义上的沃尔分析法存在两个缺陷：一是所选定的七项指标缺乏证明力，即无法解释为什么选择这7项指标，而不是更多或更少的指标，或者选用其他财务比率，而且不能证明每个指标所占比重的合理性；二是当某项指标严重异常时，会对总评分产生不合逻辑的重大影响。这些问题至今仍然没有从理论上得到解决。尽管如此，该方法在实践中被广泛应用。

现在社会与沃尔所处的时代相比，已发生很大的变化，因此，财务比率综合评分法也进行了相应的改变。当前采用的财务比率综合评分法的步骤如下：

(1) 选择评价指标并分配指标权重。具体包括以下指标：

盈利能力指标：资产净利率、销售净利率、净值报酬率。

偿债能力指标：自有资本比率、流动比率、应收账款周转率、存货周转率。

发展能力指标：销售增长率、净利增长率、资产增长率。

按重要程度确定各项比率指标的评分值，评分值之和为100，三类指标的评分值约为5∶3∶2。盈利能力指标三类的比率约为2∶2∶1，偿债能力指标和发展能力指标中各项具体指标的重要性相当。

(2) 确定各项评价指标的标准值，即各项指标在企业现时条件下的最优值。

(3) 计算企业在一定时期内各项指标的实际值。

(4) 计算关系比率,即实际值与标准值的比率。其计算公式如下:

$$关系值=实际值÷标准值$$

(5) 形成评价结果。计算各项财务比率的实际得分。各项财务比率的实际得分之和就是企业财务状况的综合得分。实际分数的计算公式如下:

$$实际分数=关系值×权重$$

如果综合得分等于或接近100,说明企业的财务状况良好,与选定标准值基本一致;反之,如果综合得分低于100分很多,说明企业的财务状况较差;如果综合得分超过100分,说明企业财务状况很理想。

(6) 存在的问题和调整。某一指标严重异常时,会对总评分产生不合逻辑的重大影响。财务比率提高一倍,评分增加100%;降低一倍,评分减少50%。原因在于:综合得分=评分值×关系比率。

该方法的调整:将财务比率的标准值由企业最优值调整为行业平均值;设定评分值的上限(正常值的1.5倍)和下限(正常值的一半)。

$$综合得分=评分值+调整分$$

$$调整分=(实际比率-标准比率)÷每分比率$$

$$每分比率=(行业最高比率-标准比率)÷(最高评分-评分值)$$

(二) 杜邦分析法

杜邦分析法又称杜邦财务分析体系,是根据各主要财务比率指标之间的内在联系,建立一套相互制约的财务分析指标体系,以此来综合分析企业财务状况和经营成果的方法。该指标体系是由美国杜邦公司最先采用的,故称为杜邦财务分析体系。杜邦财务分析体系如图 4-5 所示。

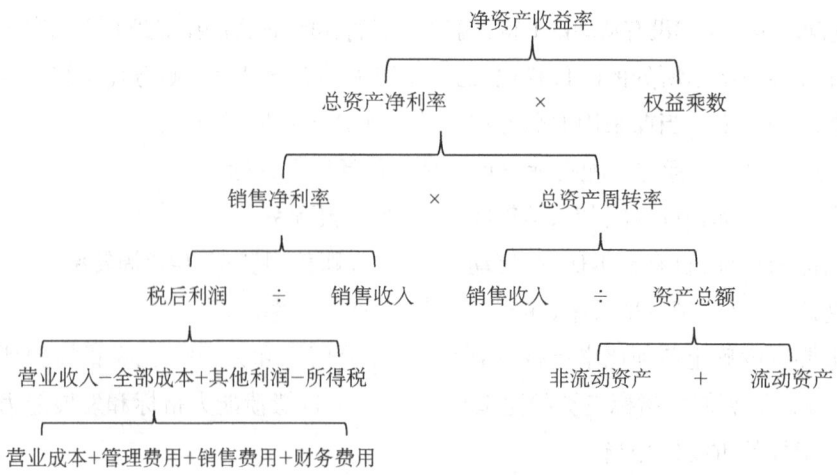

图 4-5 杜邦财务分析体系

图 4-5 说明,杜邦财务分析体系是将若干反映企业盈利状况、财务状况和营运状况的比率按其内在联系有机地结合起来,形成一个完整的指标体系,并最终通过净资产收益率(或资本收益率)这一核心指标来综合反映。从图 4-5 可以看出以下问题:

(1) 净资产收益率是综合性最强的财务指标,是企业综合财务分析的核心。净资产收益率反映了投资者投入资本获利能力的高低,体现了企业经营的目标。从企业经营活动与财务活动的相互关系上看,净资产收益率可以分解为总资产净利率和权益乘数两大指标,这说明净资产收益率的变动取决于企业的资产经营和资本经营,是企业经营活动效率和财务活动效率的综合体现。

(2) 权益乘数反映了企业的融资状况,它主要受资产负债率的影响。资产负债率越高,权益乘数就越高,企业运用外部资金为所有者赚取额外利润的能力越强,同时财务风险也越大。所以,权益乘数对提高净资产收益率起到杠杆作用。适度开展负债经营,合理安排企业资本结构,可以提高净资产收益率。

(3) 总资产净利率由销售净利率与总资产周转率的乘积决定。销售净利率是反映企业盈利能力最重要的指标,企业提高销售净利率的途径:一是扩大营业收入,二是降低成本费用。扩大营业收入只有通过提高企业商品的竞争力实现,而降低成本费用则取决于企业内部的管理控制。成本总额是由一系列具体项目构成的,通过分析成本项目的构成情况,可以了解企业税后净利润增减变动的原因,加强企业的内部成本控制。

(4) 总资产周转率是反映企业营运能力的重要指标,是企业资产经营的结果,也是实现净资产收益率最大化的基础。企业总资产由流动资产和非流动资产组成,流动资产体现企业的偿债能力和变现能力,非流动资产体现企业的经营规模、发展潜力和盈利能力。各类资产的收益性有较大区别,如库存现金、应收账款几乎没有收益。所以,流动资产和非流动资产应保持一个合理的比例关系。通过分析资产结构是否合理及营运效率的高低,可以发现企业资产管理中存在的问题与不足,为最终提高企业经营业绩指明方向。

由此可见,杜邦分析法的主要作用是解释净资产收益率指标变动的原因和变动的趋势,为采取进一步措施指明了方向。

杜邦分析法虽然有很多优点,能够发现影响净资产收益率的主要因素,但也存在一些不足:

(1) 杜邦分析法不能清晰地显示资本结构对企业获利能力的影响。因为在杜邦分析法的平衡式中,第一个比率——销售净利润率,其分子净利润是由销售收入减去变动成本、固定成本与利息费用得到的,包含经营活动与融资活动的共同影响,没有对这两种活动进行彻底的分离,从而导致了上述不足,即不能衡量负债对企业获利能力带来的作用是正面还是负面。

(2) 杜邦分析法不能满足企业加强内部管理的需要。杜邦分析法基本局限于事后财务分析,事前预测、事中控制的作用较弱,不利于计划、控制和决策。这主要是因为杜邦分析法的资料主要来源于财务报表,没有充分利用管理会计的数据资料,如管理会计的成本分析资料和风险分析资料等,没有反映并分析成本信息,所以不利于成本控制,加强内部管理。

(三) 帕利普财务分析法

帕利普财务分析法又称帕利普财务分析体系,它是美国哈佛大学教授帕利普对杜邦财务分析体系进行了加工、补充而发展起来的。帕利普财务分析法以可持续增长率为核心,将反映企业偿债能力、盈利能力和营运能力等的财务指标联系在一起的财务综合分析方法。

帕利普财务分析体系将某一个要分析的指标层层展开,便可探究财务指标发生变化的根本原因。其基本原理如下。

1. 可持续增长率——统一财务比率

从长远来看,企业的价值取决于企业的盈利能力和增长能力。这两项能力又分别依赖于企业的产品市场战略和资本市场战略,产品市场战略包括企业的经营战略和投资战略,资本市场战略又包括融资战略和股利政策。财务分析的目的是评价企业在经营管理、投资管理、融资战略和股利政策四个领域的管理效果。可持续增长率是企业在保持盈利能力和财务政策不变的情况下能够达到的增长比率,它取决于净资产收益率和股利政策。因此,可持续增长率将企业的各种财务比率统一起来,以评估企业的增长战略是否具有可持续性,其原理如图4-6所示。

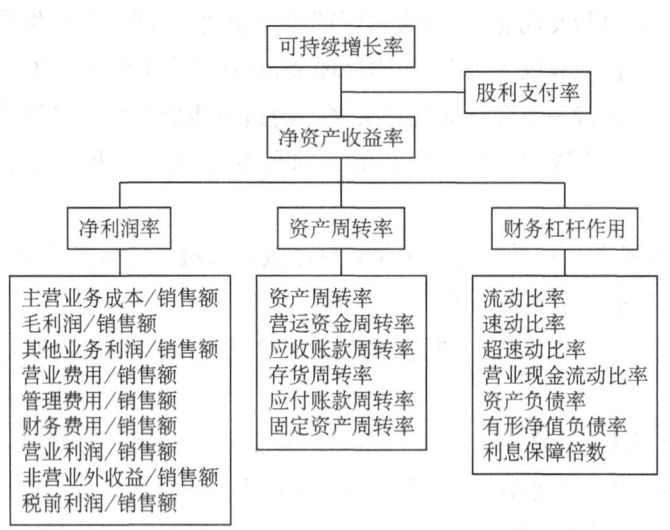

图4-6 持续增长率分析原理

可持续增长率的相关计算公式如下:

可持续增长率＝净资产收益率×(1－股利支付率)

净资产收益率(ROE)＝净利润÷所有者权益平均余额

第四章 企业财务诊断与评价

2. 分析利润动因——分解净资产收益率

企业的净资产收益率受两个因素的影响：企业利用资产的有效性、与股东的投资相比企业的资产基础有多大。净资产收益率的计算公式如下：

$$净资产收益率 = 资产收益率 \times 财务杠杆$$

为了更直观地了解利润的动因，我们将净资产收益率进一步分解为：

$$净资产收益率 = 净利润率 \times 资产周转率 \times 财务杠杆$$

分解后的公式表明：影响企业净利润的动因是净利润率、资产周转率和财务杠杆作用。

3. 评估经营管理——分解净利润率

净利润率能反映企业经营活动的盈利能力。因此，对净利润率进行分解能够评估企业的经营管理效率。常用的分析工具是共同尺度损益表，即该表中的所有项目都用一个销售收入比率来表示。共同尺度损益表可用于企业一段时期损益表各项目的纵向比较，也可用于行业内企业间的横向比较。通过分析共同尺度损益表，我们可以了解企业的毛利率与其竞争战略的关系、变动的主要原因，期间费用率与其竞争关系、变动的原因，企业的经营管理的效率等。

4. 评估投资管理——分解资产周转率

对资产周转率进行详细分析，可评估企业投资管理的效率。资产管理分为流动资金管理和长期资产管理。流动资金管理分析的重点是应收账款、存货和应付账款。评估资产管理效率的主要财务指标包括资产周转率、存货周转率、应收账款周转率、应付账款周转率、固定资产周转率、营运资金周转率。通过分析这些财务指标，可评估企业的投资管理效果。

5. 评估财务管理——检验财务杠杆的作用

财务杠杆使企业拥有大于其产权的资产基础，即企业通过借款和一些不计利息债务等来增加资本。只要债务的成本低于资产收益率，财务杠杆就可以提高企业的净资产收益率，但同时也增加了企业的风险。评估企业财务杠杆风险程度的财务指标包括流动比率、速动比率、超速动比率和营业现金流动比率等流动性比率，以及资产负债率、有形净值负债率和利息保障倍数等长期偿债比率。

（四）经济增加值法

1. 经济增加值的含义

1982 年，美国斯特恩·斯图尔特公司提出了经济增加值（economic value added，EVA）的概念。该公司认为，企业在评价其经营状况时通常采用的会计利润指标存在缺陷，难以正确地反映企业的真实经营状况，因为它忽视了股东资本投入的机会成本，企业盈利只有在高于其资本成本（含股权成本和债务成本）时才能为股东创造价值。经济增加值高的企业才是真正的好企业。经济增加值反映了信息时代财务业绩衡量的新要求，是一种可以广泛应用于企业内部与外部的业绩评价指标。经济增加值的计算公式如下：

$$EVA = NOPAT - K_W \times TC = (ROTC - K_W) \times TC$$
$$NOPAT = AP + K_D \times DC \times (1-T)$$
$$K_W = K_D \times (1-T) \times DC \div TC + K_E \times EC \div TC$$
$$TC = EC + DC$$

式中：$NOPAT$——税后净营业利润；

K_W——加权平均资本成本；

TC——投入资本总额；

$ROTC$——投入资本收益率；

AP——经过会计调整后的税后净利润；

K_D——债务资本成本；

K_E——股权资本成本；

DC——债务资本；

EC——股权资本。

如果 $EVA>0$，表示企业获得的收益高于为获得此项收益而投入的资本成本，即企业为股东创造了新价值；若 $EVA<0$，则表示股东的财富在减少；若 $EVA=0$，表示企业创造的收益仅能满足投资者预期获得的收益，即资本成本。因此 EVA 不仅对债务资本计算成本，而且对权益资本计算成本，它实际反映的是企业一定时期的经济利润，是企业财富真正增长所在。

2. 经济增加值的计算

由经济增加值的计算公式可知，经济增加值的计算结果取决于三个基本变量，即税后净营业利润、资本总额和加权平均资本成本。

1) 税后净营业利润的确定

税后净营业利润等于税后净利润加上利息支出部分（如果税后净利润的计算中已扣除少数股东权益，则应加回），即企业的销售收入减去除利息支出以外的全部经营成本和费用（包括所得税费用）后的净值。

税后净营业利润是以报告期营业净利润为基础，加上坏账准备的增加，加上商誉的摊销，加上净资本化研究开发费用的增加，加上其他营业收入（包括投资收益），减去现金营业税后得到的。

2) 资本总额的确定

资本总额是指所有投资者投入公司的全部资本的账面价值，包括债务资本和股本资本。其中，债务资本是指债权人提供的短期和长期贷款，包括应付账款、应付单据、其他应付款等商业信用。股本资本不仅包括普通股，而且包括少数股东权益。在实务中既可以采用年末资本总额，又可以采用年初资本总额与年末资本总额的平均值。

需要特别注意的是,利息支出是计算经济增加值的一个重要参数,但是我国上市公司的利润表中仅披露财务费用项目,根据我国的会计制度,财务费用中除了利息支出,还包括利息收入、汇兑损益等项目,因此不能将财务费用简单等同于利息支出,但利息支出可以在上市公司的现金流量表中获得。

3) 加权平均资本成本的确定

加权平均资本成本是指债务的单位成本和权益的单位成本按债务和权益在资本结构中各自所占的权重计算得出的平均单位成本。其计算公式如下:

加权平均资本成本=(债务总额÷资本总市值)×债务资本成本×(1-所得税税率)+
(权益总额÷资本总市值)×权益资本成本

3. 报表项目的调整

传统的会计利润不能反映企业真实的经济状况,可能使管理者不能正确地关注企业的长期经营。通过对稳健会计原则的调整而计算出的 EVA,不仅能真实反映企业的经营状况,而且能防止盈余管理。

目前,美国专门从事 EVA 管理咨询的斯特恩·斯图尔特公司列出的会计调整项目已经多达 160 项。但是,从国内外企业应用 EVA 管理的实例来看,过多地关注会计项目的调整不仅成本巨大,而且大规模的调整无法保证被扭曲的会计信息能被纠正,而且缺乏实际操作性,制约了 EVA 在中国的广泛应用。因此,企业可构建一种简单但不失真的修正 EVA 指标,将调整内容简化为以下项目。

1) 财务费用

财务费用主要包括利息支出和汇兑损益。其中,利息支出属于资本成本的组成部分,应先从税后净营业利润中扣除,计算 EVA 指标时再统一计入资本成本,否则会导致资本成本重复计算。汇兑损益属于由宏观经济因素导致的企业正常经营以外的损益,不将其剔除会影响企业 EVA 业绩的公正性。

2) 资本化研发费用

在 EVA 体系中,研究开发费用是企业的一项长期投资,有利于企业在未来提高劳动生产率和市场份额。因此,在计算 EVA 时应将所有资本化研发费用从当期利润中剔除,并考虑其当期及以前年度的累计金额对投入资本的影响。

3) 营业外收支

用于计算 EVA 的税后净营业利润衡量的是企业的营业利润,因此,在计算 EVA 时应将所有营业外收支及非经常性发生的收支从当期利润中剔除,不考虑营业外收支项目及其累计数对投入资本总额的影响。

4) 各项减值准备

根据企业会计准则的稳健性要求,企业要为将来可能发生的损失预先提取准备金,适时披露企业的不良资产,避免公众高估企业利润而进行不当投资。对于投资者而言,这种财务处理和信息披露是非常必要的；但对于企业管理者而言，这些准备金并不是企业当期资产的实际减少，准备金余额的变化也不是当期费用的现金支出。因此，在计算 EVA 时应将所有计提的减值准备从当期利润中剔除，并考虑当期减值准备及其累计金额对投入资本的影响。

5）公允价值变动损益

公允价值变动损益并不是企业当期损益的现金收支，它不受管理者控制，并且不是企业当期资产的实际增减。因此，在计算 EVA 时应将所有公允价值变动损益从当期利润中剔除，并考虑当期公允价值变动收益及其累计金额对投入资本的影响。

6）在建工程

企业的在建工程在转为固定资产前是不发生收益的，因此，在计算 EVA 价值时应将在建工程从企业资本总额中减去。当在建工程转为固定资产开始产生税后净营业利润时，再考虑投资项目的投入资本及资金成本。这种处理方法扩宽了管理者的视野，鼓励其考虑那些长期的投资机会，以提高企业的可持续发展能力。

7）无息流动负债

企业的无息流动负债一般是指短期借款和 1 年内到期长期负债以外的其他流动负债，包括预收账款、应付账款、应付职工薪酬、应交税费、其他应付款等。这些负债不负担资本占用成本，在计算 EVA 时应从资本总额中剔除。

8）递延税项

由于递延所得税项目的存在，企业会计报表上的所得税费用与实际所得税数额不一致，在计算 EVA 时应予以调整。调整的具体方法是将递延税项的贷方余额加入资本总额中，如果是借方余额则从资本总额中扣除，同时将当期递延税项的变化加回到税后净营业利润中。

简化调整项目后，修正 EVA 的计算公式为：

修正 EVA＝修正 NOPAT－修正 EVA 资本占用×调整后的加权资本成本率

修正 NOPAT＝税后净利润＋财务费用＋未予以资本化的研发费用＋营业外支出－营业外收入＋
     计提的各项减值准备之和＋公允价值变动损失或（－公允价值变动收益）＋
     商誉累计摊销额＋递延所得税增加额－递延所得税减少额

修正 EVA 资本占用＝资产总额－在建工程＋各项减值准备之和＋商誉累计摊销额＋
     递延所得税负债余额－递延所得税资产余额＋未予以资本化研发费用累计额±
     公允价值变动损益累计影响额－无息流动负债

修正的 EVA 简化了传统会计调整，大大减少了烦琐的会计调整程序，使其贴合中国上市公司的实际情况，便于操作。而且，修正的 EVA 能更真实地反映上市公司的投资价值及资本成本，能让管理者意识到股权融资并非免费的午餐，对内部人的经营、管理、融资和投资行为形成更好的约束。

第三节 财务分析的本质

在企业管理中,有个悖论就是管理层总是认为财务分析是财务部门的职责,但其分析结果总是不能让管理层满意。财务人员的财务分析为什么不能得到管理层的满意呢?为何引出这个问题,是因为财务分析不管你从什么角度分析,无论是维度、模型还是要素分析,其分析的起点和落脚点均在业务,如果脱离了业务模式,仅从财务数据做出分析,那不是真正的财务分析,仅是统计数据的不同维度加减。

一、财务分析的数据主要来自业务端

财务会产生相应的数据吗?会。但越来越多的企业通过信息化软件实现财务数据的集成管理,说明财务部门产生的数据微乎其微。

既然财务数据源在业务端,那么财务分析就要懂业务,只有了解业务、掌握业务,才能掌握和了解数据之间的逻辑关系和布局,为财务分析建模和结论奠定一定的基础,初学财务者一般都知道分析的原理,但为何总是做不好分析,因为没有深刻认识业务数据对财务数据的重要性,自以为通过财务规则分类、统计、表单输出的数据信息就是财务数据,但真正意义上的业务数据的财务语言描述,在尚未实现业财融合的情况下,只是一堆没有灵魂的数字而已。财务人员需要做的,就是将业务数据注入财务灵魂,使其更加直观、系统地体现业务结果。

二、财务数据的结果应用层面主要是业务部门

对于一个组织来说,大多数领导不重视财务的关键原因是财务直接产生的利润点较少。如果通过一定的筹划实现了成本降低或资金支付,领导往往认为这是财务应尽的职责,且如果以前没有实现,就会认为是财务部门的能力问题,尚未了解清楚国家政策、行业规则。

但业务部门就不一样,财务数据能通过销量增加、市场占有率提升、利润增加、应收降低等因素,很直观地体现出来,这些数据都是财务部门日常管理得出的,且通过财务分析系统化体现出来。领导们一般会认为得出的这些数据都是业务部门存在的问题,既然发现了问题,其业绩是降低了,还是提升幅度缓慢,还是应收占用多,或者存货库存占用异常,均会反馈到业务部门去,在业务部门层面进行改善和提升。对于财务部门来说,财务数据是否为公司管理层决策提供了科学、系统、可靠的数据支持,取决于管理层心情,还有你是否真的抓住了解决问题的牛鼻子。因为每当这时候,业务部门总会说财务部门

有些数据和我们业务的不一样,财务数据口径是否有问题,财务部门提意见未与业务部门进行沟通等。

三、财务分析的目标是业务数据清晰化

财务部门做财务分析的主要目的是让业务数据更加具有清晰化、具体化、系统化、可操作化的过程。对于财务部门来说,如果用业务部门看得懂、听得懂的语言描述业务存在的问题,且听起来不那么刺耳,就需要将财务的语言变成艺术的语言,因为艺术语言是有灵魂的。每个公司财务分析报告的模板、格式、要素不尽相同,但有几个关键要素是必备的,即本期销售收入、成本、费用及利润,同时与上期相比是什么趋势,是增长还是下降,如果具有同行数据的话,对方做得如何?完成这些业绩或造成业绩不佳的主要原因是什么?是否客观吗?哪些区域、哪些内容是影响结局的关键?如果从财务角度来讲,针对存在的问题,对应的责任部门是否制定了相应的改善措施?什么时间完成?责任人是何人?验收标准是什么?绩效指标是否明确?如何予以应用呢?综上所述,不是为了分析数据而分析数据,财务分析的主要目的还是要形成具体、清晰的行动计划。

四、财务分析是历史数据库建设

财务分析数据作为公司资产,是公司数据化资产的重要组成部分,不仅是公司管理的阶段性成果,而且是历史数据库建设的主要工作。对于财务部门来说,不仅需要将财务信息化数据、凭证资料等予以备份、保管,而且需要将历次财务分析的资料作为数据库,作为对市场变化、产品周期、区域变化等在一定历史阶段内的知识储备,也会作为企业战略管理的重要参考数据之一。

数据资产是近年比较流行的名词,尤其是随着无纸化办公、线上办公逐渐成为一种趋势之后,数据资产形成的速度、方式、类型、体量等都比往年更快、更多,那么如何将这些资产有效地管理、利用,这才是需要考虑的问题。尤其是财务部门阶段性所完成分析数据,不仅是数据资产的阶段性总结,而且是提炼和萃取的精华,等于不需要再搜索浩瀚的数据,就可以实现历史数据的应用。

五、财务分析的落脚点是业务工作的起点

每一次的财务分析会议,业务部门总会被领导批得七零八落、狼狈不堪,但不堪过后还得重整旗鼓努力工作,这就是财务分析的落脚地,一旦缺少了这个落脚点,那么财务分析将面临可有可无的境地。由此看来,一份高质量的财务分析报告是非常关键和重

要的。

　　财务分析报告能够使管理层满意,一是必须做到与业务深入沟通,财务汇报要融入业务理解;二是充分做到系统思维,切忌脚痛医脚、头痛医头,犯片面主义的错误;三是做到与汇报对象充分沟通,如果缺少沟通,内容南辕北辙,那么报告做得再好,也是废纸一张。

4-1【案例】
盈余管理——
三泰控股的
案例

第二篇 融 资 篇

 学习目的与要求

本篇主要讲述融资渠道与方式、资本成本与权益融资的回报、资本结构与杠杆效应、融资决策优化理论等。通过本篇的学习,学生应掌握以下内容:

(1) 融资渠道与方式的内涵、资本结构与资本成本。

(2) 融资决策方法与杠杆效应。

(3) 权益融资与债务融资的比较。

 教学重点与难点

融资模式比较、资本结构选择与财务杠杆应用。

 **引文**

《中共中央 国务院关于促进民营经济发展壮大的意见》发布,其中就完善民营企业融资支持政策提出了一系列具体措施,从信贷融资、债券市场融资到上市融资和再融资等多方面支持民营企业发展。

截至2023年7月月末,浙江省民营企业贷款余额为9.1万亿元,比年初增加8 051亿元,同比增长15.81%;民营企业贷款占各项贷款的比重为43.49%。目前"信易贷"在浙江的应用初见成效,已构建完成"省—市—县"三级银企对接服务体系,将9 600余个银行业务网点纳入服务网络,直接支持授信超2万亿元、企业22.7万家,其中个体工商户3.7万家,制造业、批发零售业客户占比近80%,17.2%的客户为从未贷款过的首贷户。

改革创新进一步畅通民营企业股权融资渠道,资本市场一直以来都是支持民营经济发展壮大的重要平台。尤其是近年来,资本市场抓住注册制改革契机,大幅优化发行上市条件,进一步畅通民营企业股权融资渠道。据证监会统计,2019年以来,共有1 254家民营企业成功上市,融资总额达到1.22万亿元,分别占同期上市企业数量和融资规模的

81%和60%。

资料来源:赵展慧.多项融资举措支持民营企业发展[N/OL].人民日报,(2023-09-04)[2024-10-19].https://www.gov.cn/yaowen/liebiao/202309/content_6901813.htm.有删节。

开展质量融资增信工作,拓宽企业融资渠道

2024年6月14日,国家市场监督管理总局会同中国人民银行、国家金融监督管理总局联合发布《关于开展质量融资增信工作更好服务实体经济高质量发展的通知》(以下简称《通知》),进一步增强质量政策与金融政策协同,拓宽质量效益型企业融资渠道。市场监管总局有关负责人表示,将会同有关部门推动构建金融赋能质量发展的长效机制,更好服务实体经济,推进加快建设质量强国、金融强国,培育发展新质生产力。

质量融资增信是指以企业具备的质量能力、资质等质量要素为依据而建立的增信机制,旨在为具有较高质量效益水平的企业提供融资服务。国家市场监管总局副局长田世宏表示,质量融资增信瞄准广大企业和金融机构当前在融资增信上的关注点,找准拓宽质量效益型企业融资增信渠道的突破点,是质量和金融协同联动助力实体经济发展的一项创新举措。

从融资增信供给侧看,帮助金融机构破解了质量信息不对称难题。这项工作的关键是推动质量信息的互通共享和分析评价。通过建立健全质量信息共享互通机制,便于金融机构动态、全面掌握企业的质量信息,帮助金融机构为企业进行精准"质量画像",降低融资风险。

从融资增信需求侧看,加大了对质量效益型企业融资的支持力度。这项工作创新了融资增信的新模式,帮助广大企业,尤其是优质中小微企业,突破传统贷款方式,开辟了通过质量要素融资增信的新路径,从而提高优质企业融资的可得性、便利性。

从融资增信供给和需求适配看,充分发挥了质量与金融工具的组合作用。三部门携手推进这项创新工作,推动质量工作与金融工作的协同配合、互相促进,让质量要素信息架起连接广大企业和各类金融机构的桥梁,让优质企业找得到金融机构,让金融机构对接优质企业,提高金融服务的精准性和满意度。

资料来源:邱海峰.三部门部署开展质量融资增信工作——拓宽质量效益型企业融资渠道[N/OL].人民日报海外版,(2024-06-17)[2024-10-28].https://www.gov.cn/zhengce/202406/content_6957670.htm,有删节.

请思考:

1. 破解质量信息不对称对于拓宽企业融资渠道有什么重要意义?
2. 企业如何提升自身的融资能力?

第五章　资本结构管理

第一节　资　本　成　本

一、资本成本的概念

在现实经济生活中,企业从各种渠道取得和使用资金都不是无偿的,都需要付出代价。企业为筹集和使用资金而付出的代价称为资金成本。从广义上看,企业获得和使用的资金包括短期资金和长期资金。从狭义上看,资金仅指长期资金,即资本。所以,资本成本是指企业获得和使用长期资金付出的代价。

资本成本包括资金筹集费和资金占用费两部分。资金筹集费是指在资金筹集过程中支付的各项费用,如发行股票、债券时支付的发行手续费、评估费、公证费、担保费、广告费等。资金占用费是指占用资金而支付的费用,如股票的股息、银行借款和债券的利息等。

在财务管理中,资本成本是一个非常重要的概念,在筹资决策和投资决策中有着重要的作用。一方面,资本成本的高低是企业筹资决策的重要依据,资本成本的高低直接影响企业的盈利水平,企业总是试图采用低融资成本的融资方式和资本结构;另一方面,资金成本率是企业投资的机会成本率。如果企业投资的收益率不能超过资金成本率,企业就无利可图。所以资金成本率是企业投资收益率的最低标准。

二、个别资本成本

(一)长期借款的资本成本

长期借款的成本包括借款利息及筹资费用两部分。在不考虑货币时间价值的情况下,到期一次还本、每年分次付息偿还方式的长期借款的资本成本计算公式如下:

$$K_l = \frac{I_l \times (1-t)}{L \times (1-F_l)}$$

式中:K_l——长期借款资本成本;

　　　I_l——长期借款年利息;

t——所得税税率；

L——长期借款筹资额；

F_l——长期借款筹资费用率。

上式中，分子 I_t 要乘以 $(1-t)$，是因为利息支出可以计入企业税前的成本费用中，有抵减所得税的作用。如果将上式的分子和分母都除以 L 可得：

$$K_l = \frac{R_l \times (1-t)}{1-F_l}$$

式中：R_l——长期借款利率。

【例 5-1】 某企业向银行借款 500 万元，年利率 10%，3 年到期，每年年末支付利息一次，到期一次还本，筹资费用率为 0.5%，企业所得税税率为 25%。请计算该笔借款的资本成本。

$$K_l = \frac{10\% \times (1-25\%)}{1-0.5\%} = 7.54\%$$

或：

$$K_l = \frac{500 \times 10\% \times (1-25\%)}{500 \times (1-0.5\%)} = 7.54\%$$

在实务中，更精确地计算要考虑货币时间价值。考虑货币时间价值的长期借款成本的计算公式如下：

$$L \times (1-F_l) = \sum_{t=1}^{n} \frac{I_t}{(1+K)^t} + \frac{P}{(1+K)^n}$$
$$K_l = K \times (1-t)$$

式中：P——第 n 年年末应偿还的本金；

K——所得税前长期借款资本成本；

K_l——所得税后的长期借款资本成本。

这里将长期借款的成本定义为用以将借款的利息及本金折算为现值，并使其恰好等于借款实际筹集资金额的折现率。这个折现率尚未考虑支付利息对所得税的影响，税后的借款成本还需要利用所得税税率进行换算。上文的第一个公式反映的是借款实际的现金流入（等式左边）等于借款未来的各年利息与到期本金的现金流出的现值之和（等式右边）；第二个公式反映的是考虑利息抵税作用的借款资本成本与未考虑利息抵税作用的借款资本成本之间的关系。

在运用上述公式计算时，需要先通过第一个公式采用"内插法"计算出税前借款资本成本，再通过第二个公式计算出税后的借款资本成本。

【例 5-2】 承[例 5-1]，考虑货币时间价值的借款资本成本计算如下：

先计算税前借款资本成本：

$$L \times (1-F_l) = \sum_{t=1}^{n} \frac{I_t}{(1+K)^t} + \frac{P}{(1+K)^n}$$

$$500 \times (1-0.5\%) = \sum_{t=1}^{3} \frac{500 \times 10\%}{(1+K)^t} + \frac{500}{(1+K)^n} = 500 \times 10\% \times (A/P, K, 3) + 500 \times (F/P, K, 3)$$

为了算出 K 的大小,需要采用"试误法"。先取 $K=10\%$,查表得到,报酬率为 10%,3 年期的年金现值系数为 2.486 9,3 年期的复利现值系数为 0.751 3,代入上式:

$$500 \times 10\% \times 2.486\ 9 + 500 \times 0.751\ 3 - 500 \times (1-0.5\%) = 2.495(万元)$$

2.495 万元>0,说明 K 的取值偏小,应提高贴现率再试。取 $K=11\%$,查表得到,报酬率为 11%,3 年期的年金现值系数为 2.443 7,3 年期的复利现值系数为 0.731 2,代入上式:

$$500 \times 10\% \times 2.443\ 7 + 500 \times 0.731\ 2 - 500 \times (1-0.5\%) = -9.715(万元)$$

-9.715 万元<0,说明 K 的取值偏大。运用"内插法"求税前借款资本成本:

$$10\% + \frac{2.459}{2.459 - (-9.715)} \times (11\% - 10\%) = 10.2\%$$

再计算税后借款资本成本:

$$K_l = K \times (1-t) = 10.2\% \times (1-25\%) = 7.89\%$$

(二) 债券的资本成本

与长期借款类似,发行债券的成本主要包括债券利息和筹资费用,但筹资费用的具体内容会有所不同。债券的筹资费用主要包括申请发行债券的手续费、债券注册费、印刷费、上市费及推销费用等。

如果债券也采用一次还本、分期付息的方式,在不考虑货币时间价值的情况下,债券资本成本的计算公式为:

$$K_b = \frac{I_b \times (1-t)}{B \times (1-F_b)}$$

式中:K_b——债券资本成本;
  I_b——债券年利息;
  B——债券筹资额;
  F_b——债券筹资费用率。

【例 5-3】 某公司发行总面值为 100 万元的 5 年期债券,票面利率 10%,发行费用率为 5%,企业所得税税率为 25%。请计算该债券的资本成本。

$$K_b = \frac{100 \times 10\% \times (1-25\%)}{100 \times (1-5\%)} = 7.89\%$$

注意,若债券是折价或溢价发行,则应该以实际发行价格作为债券筹资额计算。

若上述债券溢价发行,发行价为 110 万元,则债券的资本成本为:

$$K_b = \frac{100 \times 10\% \times (1-25\%)}{110 \times (1-5\%)} = 7.18\%$$

若上述债券折价发行,发行价为 95 万元,则债券的资本成本为:

$$K_b = \frac{100 \times 10\% \times (1-25\%)}{95 \times (1-5\%)} = 8.31\%$$

如果考虑货币时间价值,债券资本成本的计算方法与长期借款资本成本的计算方法一样,有以下公式:

$$B \times (1-F_b) = \sum_{t=1}^{n} \frac{I_b}{(1+K)^t} + \frac{P}{(1+K)^n}$$

$$K_b = K \times (1-t)$$

式中:K——所得税前的债券资本成本;

K_b——所得税后的债券资本成本。

具体的计算步骤和方法与考虑货币时间价值的借款资本成本的计算步骤和方法相同。需要注意的是,在债券溢价或折价发行的情况下,债券筹资额的取值要选用实际的发行价格。

(三) 优先股的资本成本

优先股的成本包括支付给优先股股东的股利及发行费用。优先股没有到期日,股利通常是固定的,所以优先股股利可以视为一项永续年金。由于优先股股利是从税后利润中支付的,不能抵减所得税,其计算结果就是税后资金成本。优先股资本成本的计算公式为:

$$K_p = \frac{D_p}{P_p \times (1-F_p)}$$

式中:K_p——优先股资本成本;

D_p——优先股每股股利;

P_p——优先股发行价格;

F_p——优先股筹资费用率。

【例 5-4】 某公司按面值发行优先股 200 万元,年股利率为 10%,发行费用率为 2%。请计算该优先股的资本成本。

$$K_p = \frac{200 \times 10\%}{200 \times (1-2\%)} = 10.20\%$$

(四) 普通股的资本成本

发行普通股筹资的成本包括每年支付的股利和发生的筹资费用。企业的发展前景存在不确定性,因此股东对普通股股票的风险报酬要求也难以准确测定。普通股资本成本的计算一般采用股利增长模型法。在假定股票收益以固定的年增长率递增的情况下,普通股资本成本的计算公式为:

$$K_{nc} = \frac{D_1}{P_c \times (1-F_c)} + g$$

式中:K_{nc}——普通股资本成本;

D_1——预计第一年发放的每股股利;

P_c——普通股每股市价;

F_c——普通股筹资费用率;

g——股票收益的年增长率。

【例5-5】 某公司预计明年年初发行普通股,每股市价为20元,发行费用率为5%。本年发放股利1元,预计年增长率为8%。请计算该普通股的资本成本。

$$D_1 = 1 \times (1+8\%) = 1.08(元)$$

$$K_{nc} = \frac{1.08}{20 \times (1-5\%)} + 8\% = 13.68\%$$

(五) 留存收益的资本成本

企业可以将一部分税后利润以盈余公积或未分配利润等形式留存在企业当中,作为生产经营资金使用。这部分资金称为留存收益。留存收益相当于股东把原本可以分得的股利继续投资给了企业。如果留存收益的收益率高于股东将这笔资金投资于其他项目的收益率,企业就应该保留留存收益;否则,不应该保留留存收益。

留存收益资本成本的计算方法较多,主要有以下三种。

1. 股利增长模型法

股利增长模型法与普通股成本的计算方法近似,只是不再需要考虑普通股中的筹资费用。在假定股票收益以固定的年增长率递增的情况下,留存收益资本成本的计算公式如下:

$$K_s = \frac{D_1}{P_c} + g$$

式中:K_s——留存收益资本成本。

【例5-6】 某公司年末留存利润100万元,公司普通股每股市价为20元。本年发行股利1元,预计年增长率为8%。请计算留存收益的成本。

$$D_1 = 1 \times (1+8\%) = 1.08(元)$$
$$K_s = \frac{1.08}{20} \times 100\% + 8\% = 13.4\%$$

2. 资本资产定价模型法

根据资本资产定价模型法，企业股票的期望报酬率等于市场无风险报酬率加上该股票的风险报酬率。企业股东对留存收益会有与股票相同的期望报酬率，则留存收益资本成本的计算公式为：

$$K_s = R_s = R_F + \beta \times (R_M - R_F)$$

式中：R_s——股票期望报酬率；

β——股票的贝塔系数；

R_F——无风险报酬率；

R_M——平均风险股票必要报酬率。

【例5-7】 市场无风险报酬率为8%，平均股票风险报酬率为12%，某公司股票的β值为1.1。请计算该公司的留存收益资本成本。

$$K_s = 8\% + 1.1 \times (12\% - 8\%) = 12.4\%$$

3. 债券收益率加成法

根据债券收益率加成法，留存收益作为投资资金，其风险大于债券的风险，因此投资者对留存收益要求的回报要比债券的高。因此，留存收益的成本可以在公司长期债券利率的基础上加一定的风险补偿率来得到。在这种方法下，留存收益资本成本的计算公式为：

$$K_s = K_b + R_r$$

式中：K_b——债券成本；

R_r——投资者对留存收益比债券多要求的风险补偿率。

上式中，风险补偿率应该取多少，可根据公司股票风险的大小而定。在实践中，风险补偿率的取值主要依靠历史数据和经验获得，不是很精确，但这种方法简便易行，也常被财务人员采用。

三、加权平均资本成本

在现实生活中，企业往往不是单一采用某一种筹资方式，而常常是综合通过多种筹资方式来筹集资金。资金成本对于企业的筹资和投资决策有着重要的意义，但是在企业采用多种筹资方式筹资的情况下，采用单一的资本成本明显不科学，而应该采用加权平均资本成本（weighted average cost of capital，WACC）。加权平均所采用的"权重"是各种资本占总资本的比例。加权平均资本成本的计算公式为：

$$WACC = \sum_{j=1}^{n} K_j \times W_j$$

式中：$WACC$——加权平均资本成本；

　　　K_j——第 j 种资本的个别资本成本；

　　　W_j——第 j 种资本占总资本的比重。

【例 5-8】 某企业账面反映的长期资金共 2 000 万元，其中长期借款 600 万元，长期债券 300 万元，普通股 1 000 万元，留存收益 100 万元；其资本成本分别为 7%、8%、12% 和 12%。请计算加权平均资本成本。

$$WACC = 7\% \times \frac{600}{2\,000} + 8\% \times \frac{300}{2\,000} + 12\% \times \frac{1\,000}{2\,000} + 12\% \times \frac{100}{2\,000} = 9.9\%$$

四、边际资本成本

企业不可能以固定的资本成本筹措无限多的资金。当企业筹集某种资金超过一定额度时，这种资金的成本就会发生变化，企业的加权平均资金成本也会相应发生变化。为了分析企业在不同筹资规模时资本成本的变化，需要引入边际资本成本的概念。

边际资本成本是指资金每新增加一个单位而增加的成本。

【例 5-9】 某公司拥有长期资金 200 万元，其中长期借款 20 万元，长期债券 40 万元，普通股 140 万元。现在公司为满足投资需求，准备筹集新资金。公司财务人员经过分析后认为，应该继续保持目前的资本结构，即长期借款占 10%，长期债券占 20%，普通股占 70%。为了计算边际资本成本，公司财务人员测算出了在不同筹资规模时各种资本成本的变动情况，具体如表 5-1 所示。

表 5-1　　　　　　　　　　　各种资本成本的变动情况

资金种类	目标资本结构	新筹资数额(元)	资本成本
长期借款	10%	0～30 000 30 000～70 000 70 000 以上	4% 5% 6%
长期债券	20%	0～150 000 150 000～300 000 300 000 以上	8% 9% 10%
普通股	70%	0～280 000 280 000～700 000 700 000 以上	10% 11% 12%

边际资本成本的计算应按照以下步骤进行:

(1) 计算筹资突破点。筹资突破点是指在现有资本结构下保持某一资本成本的条件下,可以筹集的资金总额的最高限额。如果筹资额超过筹资突破点,由于某种资本的筹资成本上升,即使现有的资本结构保持不变,总的资本成本也会上升;反之,在筹资突破点以内,资本成本将保持不变。筹资突破点的计算公式为:

$$筹资突破点 = \frac{某一特定成本可筹集到的某种资金总额}{该种资金在资本结构中所占比重}$$

以[例5-9]中的长期借款为例,当资本成本为4%时,取得长期借款的限额为30 000元,因为长期借款在资本结构中占10%,为保证资本结构和边际资本成本不变,企业可筹措的资本总额,则筹资突破点为:

$$\frac{30\ 000}{10\%} = 300\ 000(元)$$

当资本成本为5%时,取得的长期资本的限额为70 000元,则筹资突破点为:

$$\frac{70\ 000}{10\%} = 700\ 000(元)$$

按照同样的方法,可以计算该公司的筹资突破点,其计算结果如表5-2所示。

表5-2　　　　　　　　　　　筹资突破点计算表

资金种类	资本结构	资本成本	新筹资数额(元)	筹资突破点(元)
长期借款	10%	4% 5% 6%	0~30 000 30 000~70 000 70 000 以上	300 000 700 000
长期债券	20%	8% 9% 10%	0~150 000 150 000~300 000 300 000 以上	750 000 1 500 000
普通股	70%	10% 11% 12%	0~280 000 280 000~700 000 700 000 以上	400 000 1 000 000

(2) 计算边际资本成本。根据第一步计算的分界点,可以得出7组筹资总额范围:①0~300 000元。②300 000~400 000元。③400 000~700 000元。④700 000~750 000元。⑤750 000~1 000 000元。⑥1 000 000~1 500 000元。⑦1 500 000元以上。对以上7组筹资总额分别计算加权平均资本成本,即可得到各筹资范围的边际资本成本其计算结果如表5-3所示。

表 5-3　　　　　　　　　　　　　资本边际成本

筹资总额范围	筹资方式	资本结构	资本成本	边际资本成本
0～300 000 元	长期借款 长期债券 普通股	10% 20% 70%	4% 8% 10%	10%×4%＝0.4% 20%×8%＝1.6% 70%×10%＝7.0% 9%
300 000～400 000 元	长期借款 长期债券 普通股	10% 20% 70%	5% 8% 10%	10%×5%＝0.5% 20%×8%＝1.6% 70%×10%＝7.0% 9.1%
400 000～700 000 元	长期借款 长期债券 普通股	10% 20% 70%	5% 8% 11%	10%×5%＝0.5% 20%×8%＝1.6% 70%×11%＝7.7% 9.8%
700 000～750 000 元	长期借款 长期债券 普通股	10% 20% 70%	6% 8% 11%	10%×6%＝0.6% 20%×8%＝1.6% 70%×11%＝7.7% 9.9%
750 000～1 000 000 元	长期借款 长期债券 普通股	10% 20% 70%	6% 9% 11%	10%×6%＝0.6% 20%×9%＝1.8% 70%×11%＝7.7% 10.1%
1 000 000～1 500 000 元	长期借款 长期债券 普通股	10% 20% 70%	6% 9% 12%	10%×6%＝0.6% 20%×9%＝1.8% 70%×12%＝8.4% 10.8%
1 500 000 元以上	长期借款 长期债券 普通股	10% 20% 70%	6% 10% 12%	10%×6%＝0.6% 20%×10%＝2.0% 70%×12%＝8.4% 11.0%

从表 5-3 可以看出，在不同的筹资总额范围内，资本的加权平均成本是不同的，并且随着筹资额的增加不断地上升。

一个项目是否值得投资，要看其投资收益率是否能够超过其占用资本的资本成本率。现实中，一家企业可能有多个可供选择的投资项目，企业该如何对这些项目进行取舍呢？可以通过图 5-1 来说明此类问题的决策方法。

图 5-1 中，资本成本线表示企业不同筹资范围及其对应的资本成本水平，投资机会线表示企业可供选择的各投资项目按投资收益率从高到低排列所需的资金需求量及其对应的投资收益率水平。从图 5-1 可以看出，A、B、C 项目的投资收益率均高于项目投资所需资金对应的资本成本，企业投资这些项目都是有利可图的，但从 D 项目开始，项目的投资收益率均低于所需资金对应的资本成本，企业投资 D、E、F 项目都是得不偿失

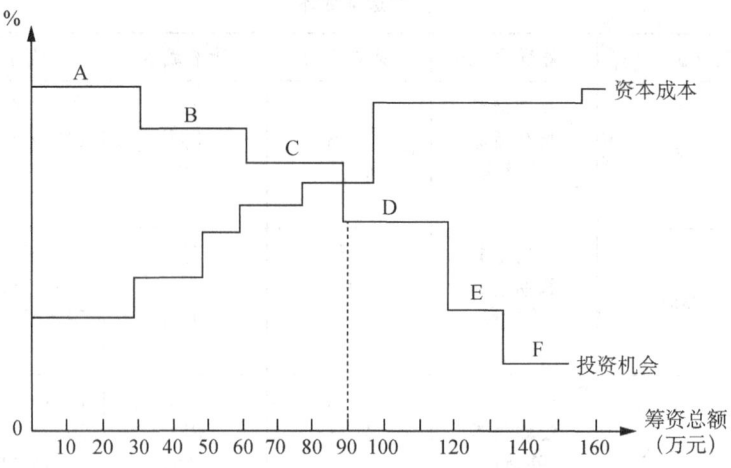

图 5-1 利用边际资本成本进行项目投资决策

的。所以,企业应该选择投资 A、B、C 项目,选择放弃 D、E、F 项目。企业在增加投资时,应该将投资项目的收益率和需要新增筹资额的边际成本相比较,如果前者大于后者,则该投资方案可取;否则,是不可取的。

第二节 杠杆效应

一、本量利的相互关系

(一) 成本按习性分类

成本习性又称成本性态,是指成本的变动与业务量之间的内在关系。成本按其习性可分为以下三类。

1. 固定成本

固定成本是指在一定时期内和一定业务量范围内,成本总额不受业务量增减变动影响的成本。例如,按直线折旧法计算的固定资产折旧;实行计时工资制的管理人员工资;房屋租赁费等。只要业务量在一定的范围内,这些成本的数额就保持不变,为一常数。

2. 变动成本

变动成本是指随业务量增长而正比例增长的成本,如直接材料费、直接人工费和直接水电费等。

3. 混合成本

混合成本介于固定成本和变动成本之间。这些成本虽然随业务量的变动而变动,但不呈同比例变动,不能简单地归入变动成本或固定成本。这类成本可以通过一定的方法分解为固定成本和变动成本两部分。

总之,全部的成本可以分解为固定成本和变动成本两部分,在此基础上,引入收入和利润,就可以确立它们之间的数学关系模型。

(二) 本量利关系分析

1. 盈亏方程式

根据前面成本性态的分析,引入收入和利润,就可以获得本量利之间的一个基本关系式。由于:

$$利润 = 销售收入 - 总成本$$

$$销售收入 = 单价 \times 销量$$

$$总成本 = 变动成本 + 变动成本 = 单位变动成本 \times 产量 + 固定成本$$

假设产量和销量相等,可以得到:

$$利润 = 单价 \times 销量 - 单位变动成本 \times 销量 - 固定成本$$

上述公式称为盈亏方程式。根据该式,可计算盈亏临界点,即企业处于不盈不亏状态时的销售量。根据上式,处于盈亏临界点时,利润为 0,则有:

$$单价 \times 销量 - 单位变动成本 \times 销量 - 固定成本 = 0$$

$$盈亏临界点销售量 = \frac{固定成本}{单价 - 单位变动成本}$$

如果引入边际贡献的概念,可以将盈亏方程式变换为边际贡献方程式。

2. 边际贡献方程式

边际贡献是指销售收入减去变动成本以后的差额。其计算公式如下:

$$边际贡献 = 销售收入 - 变动成本$$

单位产品对应的边际贡献称为单位边际贡献,即:

$$单位边际贡献 = 单价 - 单位变动成本$$

在生产多种产品的情况下,每种产品的边际贡献的计算公式同单一品种产品的计算公式一样,但边际贡献总额需要按下式计算:

$$边际贡献总额 = \sum (各种产品销售收入总额 - 各种产品变动成本总额)$$

将边际贡献的公式代入损益方程式,可以得到:

$$利润 = 销售收入 - 变动成本总额 - 固定成本总额 = 边际贡献 - 固定成本$$

上式就是边际贡献方程式。

边际贡献是衡量经济效益的重要依据,在固定成本一定的条件下,边际贡献的变化量就是利润的变化量。

上面关于成本性态的划分及本量利关系的讨论对于下面各种杠杆的讨论十分重要,

在有关的计算中会用到损益方程式或边际贡献方程式的内容。

(三) 利润的概念

上述通过本量利分析求得的利润，一般称为息税前利润，它是指扣除债务利息和所得税前的利润。在杠杆分析中，除了要计算息税前利润，还要用到税前利润和税后利润。

税前利润又称利润总额，是指息税前利润扣除债务利息后的余额。其计算公式如下：

$$税前利润 = 息税前利润 - 债务利息$$

税后利润又称净利润，是指税前利润扣除所得税后的余额。其计算公式如下：

$$税后利润 = 税前利润 - 所得税 = 税前利润 \times (1 - 所得税税率)$$

二、经营杠杆与经营风险

(一) 经营杠杆

经营杠杆是指在某一固定成本比重的作用下，销售量变动对息税前利润产生的作用。经营杠杆的大小可以用经营杠杆系数(degree of operating leverage，DOL)来表示，它是企业息税前利润变动率与销售量变动率之间的比率。其计算公式如下：

$$DOL = \frac{\frac{\Delta EBIT}{EBIT}}{\frac{\Delta Q}{Q}}$$

式中：DOL——经营杠杆系数；

$\Delta EBIT$——息税前利润变动额；

$EBIT$——变动前息税前利润；

ΔQ——销售量变动额；

Q——变动前销售量。

在实际的计算工作中，为了计算的方便，往往会对上述公式加以简化。

在考虑单一产品的情况下，如果以 P, V, F 分别表示产品销售单价、单位变动成本和总固定成本，则有下面的关系：

$$EBIT = QP - QV - F = Q \times (P - V) - F$$

式中：P——产品销售单价；

V——产品单位变动成本；

F——固定成本。

而 $\Delta EBIT = \Delta Q \times (P-V)$,将这两个公式代入前面的经营杠杆系数的计算公式可得:

$$DOL = \frac{\frac{\Delta EBIT}{EBIT}}{\frac{\Delta Q}{Q}} = \frac{\frac{\Delta Q \times (P-V)}{Q \times (P-V) - F}}{\frac{\Delta Q}{Q}} = \frac{Q \times (P-V)}{Q \times (P-V) - F}$$

当企业生产多种产品时,不能直接采用上述公式计算经营杠杆系数。根据息税前利润、边际贡献和固定成本之间的关系,可以得到多种产品条件下的经营杠杆系数计算公式的变化形式:

$$DOL = \frac{S-VC}{S-VC-F} = \frac{M}{M-F} = \frac{M}{EBIT}$$

式中:S——销售额;

　　　VC——变动成本总额;

　　　M——边际贡献。

该公式既可用于单一产品,又可用于多种产品计算经营杠杆系数。

【例5-10】 某企业生产一种产品,企业总固定成本为40万元,单位售价和单位变动成本分别为8元和4元。

先计算生产该产品的盈亏临界点:

$$盈亏临界点销售量 = \frac{40}{8-4} = 10(万件)$$

再计算企业在销售量分别为50万件、80万件时的经营杠杆系数:

$$DOL_{50} = \frac{50 \times (8-4)}{50 \times (8-4) - 40} = 1.25$$

$$DOL_{80} = \frac{80 \times (8-4)}{80 \times (8-4) - 40} = 1.14$$

采用同样的算法,可以算出企业在各个销售水平时的经营杠杆系数,具体如表5-4所示。

表5-4　　　　　　　　　　各种销售量下的经营杠杆系数

销售量(万件)	营业利润(万元)	经营杠杆系数
2	−40	−0.25
4	−24	−0.67
8	−8	−4.00
10	0	无穷大
12	8	6.00
16	24	2.67

(续表)

销售量(万件)	营业利润(万元)	经营杠杆系数
20	40	2.00
40	120	1.33

根据表5-4的计算结果可以得到以下结论：

(1) 当销售量(额)小于盈亏临界点(10万件)时，经营杠杆系数为负值；当销售量(额)大于盈亏临界点时，经营杠杆系数为正值。越接近盈亏临界点，经营杠杆系数的绝对值越大，即息税前利润对销售水平的敏感度越高。在销售量达到盈亏临界点时，经营杠杆趋于无穷大。

(2) 在固定成本不变的情况下，如果不能改变产品的售价和单位变动成本，则改变经营杠杆系数的方法只能是改变销售数量。也就是说，此时只能通过增加销售数量来降低经营杠杆系数。

(二) 经营风险

经营风险是指企业因经营上的原因而导致利润变动的风险。影响企业经营风险的因素有产品需求、产品售价、产品成本、企业调整价格的能力和固定成本的比重等。从上面对经营杠杆系数的分析可以知道，企业的经营杠杆越大，销售变动对利润的影响就越大。因此，在其他因素不变的情况下，企业固定成本越高，经营杠杆系数越大，经营风险也就越大。应该指出的是，经营杠杆系数的大小只反映了销售量变动对利润变动的影响程度，但经营杠杆本身并不是销售量变动的原因。另外，不同行业之间、同行业的不同企业之间，经营风险也存在差异。

三、财务杠杆与财务风险

(一) 财务杠杆

财务杠杆是指资本结构中债务的运用对普通股每股收益的影响能力。财务杠杆的大小可以用财务杠杆系数(degree of financial leverage, DFL)来表示，它是每股收益的变化率与息税前利润变化率的比率。其计算公式为：

$$DFL = \frac{\frac{\Delta EPS}{EPS}}{\frac{\Delta EBIT}{EBIT}}$$

式中：DFL——财务杠杆系数；

ΔEPS——普通股每股税后利润变动额；

EPS——普通股每股税后利润。

经营杠杆系数的公式可作以下变换：

因为：

$$EPS = \frac{(EBIT - I) \times (1-t)}{N}$$

式中：I——债务利息；

t——所得税税率；

N——普通股股数。

$$\Delta EPS = \frac{\Delta EBIT \times (1-t)}{N}$$

所以：

$$DFL = \frac{\frac{\Delta EPS}{EPS}}{\frac{\Delta EBIT}{EBIT}} = \frac{\frac{\Delta EBIT \times (1-t)}{N}}{\frac{(EBIT-I) \times (1-t)}{N}} = \frac{EBIT}{EBIT - I}$$

即：

$$财务杠杆系数 = \frac{息税前利润}{息税前利润 - 利息}$$

同理，当企业存在优先股时，财务杠杆系数的计算公式为：

$$DFL = \frac{\frac{\Delta EPS}{EPS}}{\frac{\Delta EBIT}{EBIT}} = \frac{\frac{\Delta EBIT \times (1-t)}{N}}{\frac{(EBIT-I) \times (1-t) - D}{N}} = \frac{EBIT}{EBIT - I - \frac{D}{1-t}}$$

式中：D——优先股股利

即：

$$财务杠杆系数 = \frac{息税前利润}{息税前利润 - 利息 - \frac{优先股股利}{1-所得税税率}}$$

【例 5-11】 某公司有甲、乙两种资本结构方案，该公司某 2 年在甲、乙资本结构方案下的利润情况如表 5-5 所示。

表 5-5　　　　　　　甲、乙资本结构方案下的利润情况　　　　　　金额单位：元

年限	项目	甲方案	乙方案
第一年	发行在外的普通股股数（股）	100 000	50 000
	普通股股本（每股面值 10 元）	1 000 000	500 000

(续表)

年限	项目	甲方案	乙方案
第一年	债务总额(利息率6%)	0	500 000
	资金总额	1 000 000	1 000 000
	息税前利润	100 000	100 000
	债务利息	0	30 000
	税前利润	100 000	70 000
	所得税(税率25%)	25 000	17 500
	净利润	75 000	52 500
	每股净利	0.750	1.050
第二年	息税前利润增长率	10%	10%
	增长后的息税前利润	110 000	110 000
	债务利息	0	30 000
	税前利润	110 000	80 000
	所得税(税率25%)	27 500	20 000
	净利润	82 500	60 000
	每股净利	0.825	1.200

由表5-5可知,甲、乙方案的资金总额相等,只是资金结构不同。甲方案的资本来源全是普通股,乙方案则是普通股和债务各占50%。虽然第二年息税前利润的增长都是10%,但甲方案的每股净利只增长了10%(从0.750增长到0.825),乙方案却增长了14.3%(从1.050增长到1.200)。这说明,乙方案中负债的存在,使企业的息税前利润增长时,乙方案每股净利的增长率超过了甲方案,这就是财务杠杆效应。企业存在负债需要支付利息的情况下会产生财务杠杆效应,其原因就在于虽然第二年的息税前利润增长了,但企业借款的利息并未增长。反之,如果公司的息税前利润下降,乙方案每股净利的下降幅度也会超过甲方案,读者可以自己计算验证。

上述杠杆效应的大小可以用财务杠杆系数来衡量。利用前面给出的财务杠杆系数的计算公式,我们可以计算出甲、乙方案第一年的财务杠杆系数:

$$DFL_{甲方案} = \frac{100\,000}{100\,000 - 0} = 1$$

$$DFL_{乙方案} = \frac{100\,000}{100\,000 - 30\,000} = 1.43$$

利用同样的方法,我们可以计算出甲、乙方案第二年的财务杠杆系数分别为1和1.38。

(二) 财务风险

财务风险是指企业负债筹资带来的风险,包括企业可能丧失偿债能力和每股收益变动性的增加。在其他条件不变的情况下,企业负债的比率越高,财务杠杆系数越大,财务风险也就越大。不过,跟经营杠杆与经营风险的关系类似,财务杠杆不等同于财务风险。财务杠杆实际上是一把"双刃剑",一方面,当企业息税前利润增加时,它可以扩大每股收益的增长幅度;另一方面,当企业息税前利润减少时,它也会加大每股收益的降低幅度。也就是说,企业的财务决策者在确定企业负债的水平时,必须认识负债可能带来的杠杆利益和相应的财务风险,从而在这种利益和风险之间作出合理的权衡。

四、复合杠杆与复合风险

(一) 复合杠杆

复合杠杆又称组合杠杆或总杠杆,是指由经营杠杆和财务杠杆共同作用形成的总杠杆。只要企业存在固定成本,就存在经营杠杆;只要企业存在债务,就存在财务杠杆。两种杠杆的共同作用就形成了复合杠杆。复合杠杆的大小可以用复合杠杆系数(degree of combined leverage,DCL)来衡量,它是经营杠杆与财务杠杆的乘积,是指普通股每股收益的变动率与销售量变动率的比率。用公式表示为:

$$DCL = DOL \times DFL = \frac{\frac{\Delta EBIT}{EBIT}}{\frac{\Delta Q}{Q}} \times \frac{\frac{\Delta EPS}{EPS}}{\frac{\Delta EBIT}{EBIT}} = \frac{\frac{\Delta EPS}{EPS}}{\frac{\Delta Q}{Q}}$$

复合杠杆系数的计算公式可以作以下变换:

$$DCL = DOL \times DFL = \frac{M}{EBIT} \times \frac{EBIT}{EBIT - I - \frac{D}{1-t}} = \frac{M}{EBIT - I - \frac{D}{1-t}}$$

【例 5-12】 某公司本年度只经营一种产品,单位售价为 250 元,单位变动成本为 100 元,固定成本总额为 60 万元,债务筹资的年利息总额为 40 万元,年产品销售数量为 10 000 台。请计算该公司的复合杠杆系数。

$$M = Q \times (P - V) = 10\ 000 \times (250 - 100) = 1\ 500\ 000(元)$$
$$EBIT = M - FC = 1\ 500\ 000 - 600\ 000 = 900\ 000(元)$$
$$DCL = \frac{M}{EBIT - I} = \frac{1\ 500\ 000}{900\ 000 - 400\ 000} = 3$$

或:

$$DOL = \frac{M}{EBIT} = \frac{1\ 500\ 000}{900\ 000} = 1.67$$
$$DFL = \frac{EBIT}{EBIT - I} = \frac{900\ 000}{900\ 000 - 400\ 000} = 1.8$$
$$DCL = DOL \times DFL = 1.67 \times 1.8 = 3$$

（二）复合风险

复合风险是指企业运用经营杠杆和财务杠杆共同带来的风险。复合杠杆系数反映了企业每股收益变动率随企业销售变动率变动的倍数，这种放大作用是经营杠杆和财务杠杆共同作用的结果，体现了复合风险的大小。改变复合杠杆的大小，就可以改变企业税后利润随销售变动的程度，而复合杠杆的大小可以通过多种的经营杠杆和财务杠杆的组合来获得。所以，熟练掌握经营杠杆、财务杠杆与复合杠杆之间的关系，对于合理选择经营杠杆和财务杠杆的组合方式，正确估计企业面临的税后利润变动风险有着重要的意义。

5-1【案例】万达股份的"轻"资产模式

5-2【案例】牧原股份的"重"资产模式

第三节　资本结构理论

一、资本结构原理

资本结构是指企业长期资金来源的构成和比率关系。短期资金的数量是经常变化的，在整个资金中所占比重不稳定，因此作为营运资金管理专门讨论，不列入资本结构管理的范畴。通常情况下，企业的资本由长期债务和权益资本构成，资本结构就是指长期债务资本和权益资本各占多大比例。

关于资本结构与企业价值的关系，许多财务学者进行了大量的研究，提出了不同的理论，但实际情况相当复杂，至今仍无定论。下面，我们介绍几种典型的理论。

（一）净收入理论

净收入理论认为，由于企业的债务成本低于权益成本，负债越多，企业的加权平均资本成本就越低。根据公式：$V = \dfrac{EBIT \times (1-t)}{K_w}$，负债越多，企业的综合资金成本 K_w 越低，企业的价值 V 就越大。当企业的负债达到100%时，企业的资本成本最低，企业价值达到最大值。净收入理论如图5-2所示。

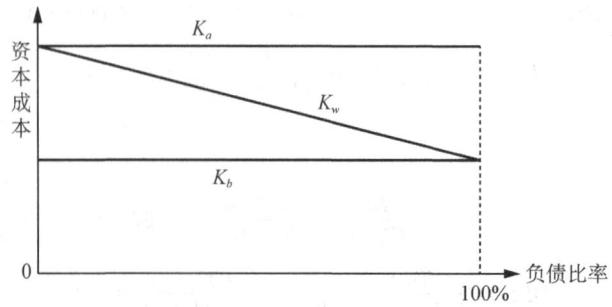

图5-2　净收入理论示意图

根据净收入理论,企业应尽可能多负债,以获得最大的企业价值。

(二) 净运营收入理论

净运营收入理论认为,企业增加负债时,即使债务成本是不变的,但会增加权益的风险,使权益的成本提高。权益成本的增加抵消了负债的较低成本的好处,从而使企业的加权平均成本保持不变。也就是说负债增加不会降低企业的加权平均资本成本,企业的总价值也保持不变。

根据净运营收入理论,企业的资本结构将不会影响企业的资本成本,企业的价值也不会因为资本结构的改变而改变,企业的资本结构也就无关紧要了。净运营收入理论如图 5-3 所示。

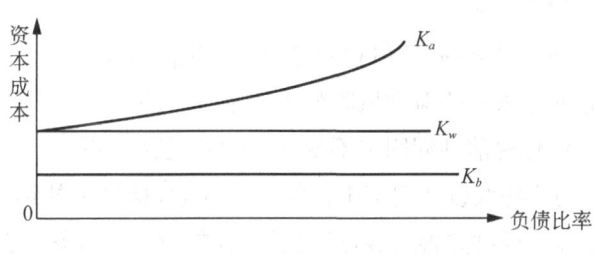

图 5-3 净运营收入理论示意图

(三) 传统理论

传统理论认为,负债变动对企业价值的影响介于净收入理论和净营运收入理论之间。这种理论认为,在一定的程度内,企业利用财务杠杆不会导致企业权益资本大的上升,企业债务低成本的好处大于权益资本上升的坏处,所以企业的加权资本成本得以降低,企业总价值上升。但是,当企业利用财务杠杆超过一定的程度,股东会认为购买股票的风险程度很高,权益资本的成本会明显上升,此时,债务的低成本将不足以抵消权益资本的上升,企业加权平均资本成本上升。之后,债务的成本也会上升,从而使加权平均资本成本更快上升。所以,随着负债比例的提高,企业加权平均资本成本会经历一个先降低,后上升的过程,由下降转为上升的转折点,就是加权平均资本成本的最低点,这时的负债比例就是最佳的负债比率。传统理论如图 5-4 所示。

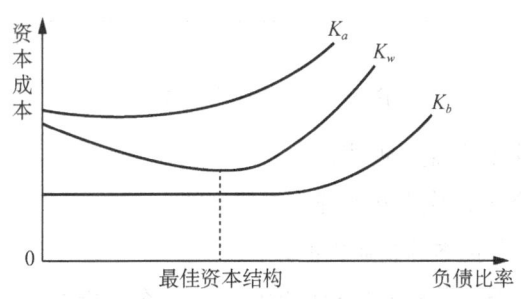

图 5-4 传统理论示意图

二、MM 理论和权衡理论

MM 理论是由两位美国学者莫迪格利尼(Modigliani)和米勒(Miller)于 1958 年提出的。虽然这一理论的一些假设条件与实际不符,但其成果在理论上有重大的意义。该理论为研究企业的资本结构提供了重要的方法,成为资本结构现代理论的核心内容。

早期的 MM 理论在一系列严格的假设条件下证明了债务利息可以在税前扣除,因此企业负债比率越高,企业的价值就会越大。

早期 MM 理论的主要假设如下:

(1) 资本市场是完全的。即在市场上不存在交易费用,信息对所有的投资者都是免费的。

(2) 不存在个人和企业所得税。

(3) 所有债务都是无风险的,负债利率可视为无风险利率。

(4) 投资者对企业未来的收益和风险的预期是一致的。

(5) 投资者预期的息税前利润固定不变,企业的增长率为零。

然而,MM 理论的这些假设在现实中常常并不成立,推导出的结论也不完全符合现实情况。此后,MM 理论经过完善发展,形成了税收屏障——财务危机成本的权衡理论。权衡理论认为,企业债务增加后,企业承担的风险增大,企业的价值降低,即产生财务危机成本。实践证明,企业财务危机成本的增加并不与负债的比例增加呈简单的正比例关系。在负债比例增加时,起初财务危机成本的增加并不显著,但突破某个界限后,财务危机成本会加速增加。权衡理论示意图如图 5-5 所示。

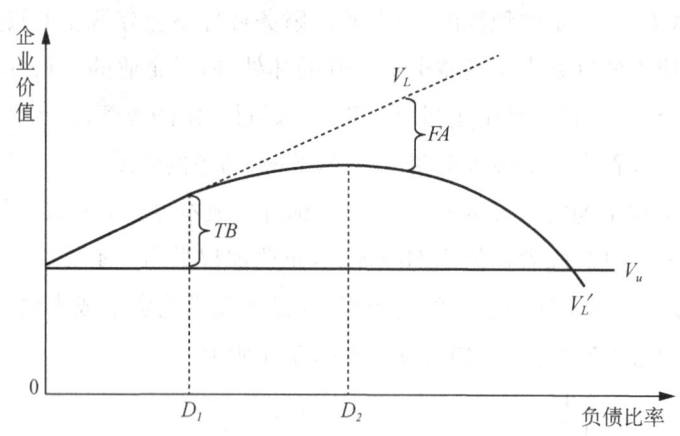

图 5-5 权衡理论示意图

图中:TB——债务利息免税现值;

FA——财务危机成本和代理成本的现值;

V_u——无债务资本的企业价值;

V_L——没有财务危机成本和代理成本时的企业价值;

V_L'——实际的企业价值。

从图 5-5 可以看出,在税收屏障和财务危机成本的共同作用下,随着负债比例的增大,企业价值呈先增大后减小的变化过程。企业价值最大处(图 5-5 中 D_2 点)对应的负债比例就是企业最佳的负债比例水平,即最佳资本结构。

三、啄食顺序理论

从理论上看,权衡理论对最优资本结构的论述较为科学。依据权衡理论,企业在负债率较低的情况下适当增加负债是有利的。也就是说,即使在企业盈利充足的情况下,企业也应该采用债务融资的方式,以享有税盾效应带来的好处。然而,从现实情况来看,许多盈利充足的大型企业,虽然具有很强的负债能力,财务危机的风险很低,但是它们却与权衡理论的预期不同,会更多采用内部留存利润融资,而不是增加负债融资。这是为什么呢?啄食顺序理论也许可以在一定程度上回答这一问题。

资本结构的啄食顺序理论认为,如果需要筹资,企业倾向于先采用内部筹资,如果需要外部筹资,公司将先选择债权筹资,再选择其他外部股权筹资。

为何企业更倾向于使用内部融资呢?答案并不难找到。一方面,企业通过发售债券和股票可能会受到一定的限制,并且往往筹资成本较为高昂,所以相对而言,使用企业的利润留存是更便捷、成本更低的融资方式。

另一方面,从信号传递的角度考虑,企业的经理层相对企业外部人员更了解企业的真实情况。作为内部人,企业管理层能获知很多不为公众所知的信息,对企业的现状和未来发展比外部人员要了解得多。如果企业管理层认为目前公司的股票被低估了,就不会发行股票来筹资,因为以低估的价格出售股票不合算,而会选择发行债券来筹资。所以,企业发行债券筹资实际上传递了企业内部人认为企业股价被低估的信息,因而不会传导任何可能对股价不利的信息,这对维持股价的稳定有利。实际上,如果企业尝试发行新股票,可能会向投资人传递企业的股票被高估的信号,这常常会引起市场消极的反应。

因此,企业就会遵循这样一个融资的顺序:首先,进行内部融资;其次,在需要的情况下进行债券融资;最后,考虑进行股权融资。

综上所述,按照啄食顺序理论,不存在明显的目标资本结构,企业只有在有外部融资需要时才会考虑增加负债。显然,权衡理论与啄食顺序理论的观点并不一致,那么哪种观点才是正确的呢?对此,学者们并没有达成一致。也许可以这样理解这两种理论的关系,权衡理论是一种理论上的最优资本结构,是企业从长远来看优化的方向,但是从短期来看,企业会更多考虑融资便利性和市场反应等更为迫切和实际的问题。

第四节 资本结构优化决策

一、EBIT—EPS 平衡分析

每股股票税后收益的提高往往是股东所追求的,所以我们在考虑企业的负债比例时,可以将是否提高每股收益(earnings per share, EPS)作为判断企业资本结构是否合理的标准。

根据财务杠杆的原理,随着企业息税前利润(earnings before interest and tax, EBIT)的增加,高负债资本结构下每股收益的增长速度会超过低负债资本结构下每股收益的增长速度。所以,在某个 EBIT 水平达到之前,低负债资本结构下的 EPS 会超过高负债资本结构下的 EPS;而超过这个 EBIT 水平之后,高负债资本结构下的 EPS 则会超过低负债资本结构下的 EPS。也就是说,存在一个 EBIT 水平,在这一水平时,高负债资本结构和低负债资本结构的每股收益相同。这个 EBIT 水平就称为每股收益无差别点(用 $\overline{EBIT}$ 表示)。

每股收益的计算公式为:

$$EPS = \frac{(EBIT - I) \times (1-t) - D}{N}$$

如果用 EPS_1 和 EPS_2 分别表示两个不同融资方案的每股收益,那么在每股收益无差别点上,有 $EPS_1 = EPS_2$。即:

$$\frac{(\overline{EBIT} - I_1) \times (1-t) - D_1}{N_1} = \frac{(\overline{EBIT} - I_2) \times (1-t) - D_2}{N_2}$$

将两种资本结构对应的利息数额、优先股股利、普通股股数和所得税税率代入上式,就可以得到使两种筹资方式的 EPS 相等的息税前利润水平($\overline{EBIT}$),即每股收益无差别点。

【例5-13】 假设某企业原来的资本结构情况为:债务资本 400 万元,债务年利息 40 万元,普通股资本 600 万元(10 万股)。由于业务需要,企业需融资 600 万元,融资后,企业的年息税前利润将达到 200 万元,企业的所得税税率为 25%。为了筹集所需的 600 万元,企业可以选用的融资方案有两个:

方案1:全部采用发行普通股方式,增发 10 万股,每股 60 元;
方案2:全部采用借入长期债务方式,年利率 10%,年利息 60 万元。
将上述资料的数据代入计算公式,得到:

$$\frac{(\overline{EBIT} - 40) \times (1 - 25\%)}{10 + 10} = \frac{(\overline{EBIT} - 100) \times (1 - 25\%)}{10}$$

解上列等式可得：$\overline{EBIT}=160$ 万元，此时的 EPS 为 3.60 元。
$EBIT$—EPS 平衡分析如图 5-6 所示。

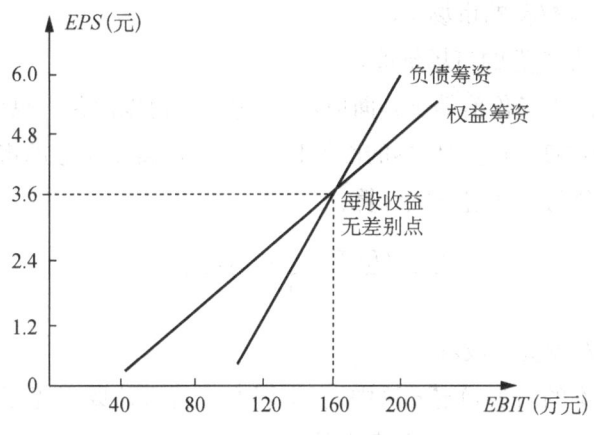

图 5-6　$EBIT$—EPS 平衡分析示意图

从图 5-6 可以看出，当企业的息税前利润高于无差别点水平 160 万元时，运用债务筹资能够获得更高的每股收益；当企业的息税前利润低于 160 万元时，运用权益筹资可以获得更高的每股收益。［例 5-13］中企业融资后的息税前利润可以达到 200 万元，因此该企业应采用债务融资的方案，即方案 2。

为何当企业的息税前利润高于或低于无差别点水平时，［例 5-13］中的两个方案的优劣对比会产生反转呢？这可以用财务杠杆的原理来解释。方案 1 和方案 2 的关键差异其实在于方案 2 的负债较高，财务杠杆大于方案 1。根据财务杠杆的原理，财务杠杆是把"双刃剑"，在息税前利润增长时，财务杠杆会加大每股收益的增长，在息税前利润降低时，财务杠杆也会加大每股收益的降低。所以，当企业实现的息税前利润高于无差别点水平时，财务杠杆大的方案 2 更有利，可以使每股收益增长更多；反之，当息税前利润低于无差别点水平时，则财务杠杆低的方案 2 更有利，可以使每股收益降低更少。

二、风险—收益均衡分析

在 $EBIT$—EPS 均衡分析中，我们通常将每股收益的大小作为评判筹资方式优劣的标准。但是，仅从每股收益的大小考虑是有缺陷的。每股收益的增长并不一定对应着股价的增长，因为在每股收益增长的同时，每股股票承担的风险也增加了。如果每股收益增长时，由于风险的增加，股票的价格却下降了，那么企业的价值也会降低。所以，从企业价值最大的标准出发，最佳的资本结构应是使企业总价值最大的资本结构，而不一定是使每股收益最大的资本结构。

企业的总价值等于企业权益的总价值与债券的总价值之和。用公式表示为：

$$V = S + B$$

式中：V——企业市场总价值；

S——企业权益的市场价值；

B——企业债券的市场价值。

假设企业债券的市场价值等于其面值，计算过程就得以简化。只要我们计算出企业权益的市场价值，再将其与企业债券的面值相加，就可以得到企业的市场价值。

权益的市场价值可以通过下式计算：

$$S = \frac{(EBIT - I) \times (1 - t)}{K_S}$$

式中：K_S——权益资本成本。

在权益资本成本的诸多确定方法中，资本资产定价方法既考虑了股票的预期收益，又考虑了股票的风险，用于计算权益资本的成本较为合理。

$$K_S = R_F + \beta \times (R_M - R_F)$$

在此基础上，我们还可以计算企业的加权平均资本成本。其计算方法是：用债券价值和股票价值占企业市场价值的比例作为权重，分别乘以两种资本的个别资本成本，再求和后获得。

$$K_W = K_b \times \frac{B}{V} \times (1 - t) + K_S \times \frac{S}{V}$$

式中：K_b——税前债务资本成本。

【例5-13】 某公司无债务，年息税前利润为600万元，股票账面价值为2 000万元，企业所得税税率为30%。该公司计划改变现有的资本结构，准备用发行债券回购部分股票的方法进行调整。为此，公司向咨询机构咨询了债务规模对债务资本成本和权益资本成本的影响的情况，在市场无风险报酬率R_F为10%，股票平均风险报酬率R_M为16%的情况下，影响情况如表5-6所示。

表5-6　　　　　　不同债券规模下企业的债务资本成本和权益资本成本

债券的市场价值B(万元)	税前债务资本成本K_b	股票β值	权益资本成本K_s
0	0	1.10	16.60%
200	10.00%	1.20	17.20%
400	10.00%	1.25	17.50%
600	12.00%	1.30	17.80%
800	12.00%	1.35	18.10%
1 000	14.00%	1.60	19.60%
1 200	16.00%	2.20	23.20%

根据上述资料,运用前面的公式,可以计算出不同负债规模下公司市场价值和综合资金成本,如表 5-7 所示。

以企业发行 200 万元债券的情况为例,表 5-7 中数据的计算过程如下:

(1) 从表 5-6 可以得到,发行债券的税前资本成本 K_b 为 10%。

(2) 从表 5-6 可以得到,权益资本成本 K_s 为 17.2%。其计算过程为:

$$K_S = R_F + \beta \times (R_M - R_F) = 10\% + 1.2 \times (16\% - 10\%) = 17.2\%$$

(3) 计算股票的市场价值 S:

$$S = \frac{(EBIT - I) \times (1-t)}{K_S} = \frac{(600 - 200 \times 10\%) \times (1 - 30\%)}{17.2\%} = 2\,360(万元)$$

(4) 计算公司的市场价值 V:

$$V = B + S = 200 + 2\,360 = 2\,560(万元)$$

(5) 计算公司的加权平均资本成本 K_w:

$$K_W = K_b \times \left(\frac{B}{V}\right) \times (1-t) + K_S \times \left(\frac{S}{V}\right)$$

$$= 10.00\% \times \frac{200}{2\,560} \times (1 - 30\%) + 17.20\% \times \frac{2\,360}{2\,560} = 16.4\%$$

表 5-7 不同负债规模下的公司价值和资本成本 金额单位:万元

债券的市场价 B	股票的市场价 S	公司的市场价值 V	税前债务资本成本 K_b	权益资本成本 K_s	加权平均资本成本 K_w
0	2 530	2 530		16.60%	16.60%
200	2 360	2 560	10.00%	17.20%	16.40%
400	2 240	2 640	10.00%	17.50%	15.90%
600	2 076	2 676	12.00%	17.80%	15.70%
800	1 949	2 749	12.00%	18.10%	15.30%
1 000	1 643	2 643	14.00%	19.60%	15.90%
1 200	1 231	2 431	16.00%	23.20%	17.30%

根据表 5-7 中的计算结果,在企业增加负债的过程中,开始是资本成本逐步降低,企业总价值逐步上升;但当企业负债规模超过 800 万元以后,企业资本成本反而降低,企业总价值下降。所以,企业在负债 800 万元时,企业总价值达到最大,该点对应的资本结构就是企业的最佳资本结构。

第六章 权益融资与投资回报

第一节 权益融资

权益资本是企业所有者投入企业生产经营过程中的自有资本,它是企业得以创立、存在和发展的资本。简言之,权益资本是企业独立自主地开展生产经营活动的物质条件。由于企业在不同发展阶段的自身情况和所具有的风险特征不同,企业在不同情况和条件下对权益筹资方式的选择也存在很大的区别。下面将介绍几种主要的权益筹资方式的基本原理、方法及其优缺点。

一、私募股权筹资

在企业的早期发展阶段,企业规模小、实力弱,较难获得银行贷款,而且银行贷款要求抵押担保,收取利息,附加限制性契约条款,并可能在企业还款困难时取消贷款,给贷款企业造成财务危机,因此处于这一发展阶段的企业往往不能通过常规的银行信贷获得资金。同时,由于企业发展不成熟、风险较高,往往难以得到一般股权投资人的青睐。在这种情况下,通过私募股权筹资(private equity financing)是一个可行的方法。私募股权筹资是指融资人通过协商、招标等非社会公开方式,向特定投资人出售股权进行的融资。私募融资过程中的特定投资人通常为私募股权基金。

私募股权筹资具有以下特点:

(1) 在资金的来源上,主要通过非公开方式面向少数机构投资者或个人等潜在的投资者募集,融资活动是通过私下与投资者协商进行的。在投资方式上以私募形式进行,交易内容和细节由双方私下协商,无须对外披露。

(2) 所融资金通常不需要偿还,由投资方承担投资风险。

(3) 投资方不同程度地参与企业管理,提供增值服务,将投资方的优势与企业结合,为企业发展带来科学的管理模式、丰富的资本市场运作经验,以及市场渠道、品牌资源和产品创新能力等。

(4) 投资方一般对企业后续发展的资金需求也会予以支持,帮助企业更快发展。

(5) 投资期限较长,一般可达3~5年或更长。

(6) 融资企业需出让部分股权,但是投资人的目的并不是获得企业的控制权,也不是经营企业,而是通过投资和提供增值服务,将企业做大,然后通过股票上市或股权转让等方式实现高收入。

(7) 融资企业在资金使用上受到一定限制,并且盈利要分给投资方。

私募股权筹资是一种股权融资行为,投资人要承担被投资企业的风险。投资具有很高的风险,所以私募股权投资人不仅提供资金上的支持,而且能改善被投资企业的治理结构、财务制度及信息透明度等,推动被投资企业上市,这样才能获取高额回报以补偿投资的高风险。所以,股权投资公司给被投资企业带来的不仅仅是大量的资金,还有卓有成效的管理和理念上的帮助。如果被投资企业发展顺利,能够实现股票上市或高价股权转让,投融资双方就能实现双赢的结果。

二、发行普通股筹资

股票是股份公司为筹集自有资本而发行的有价证券,是持股人拥有公司股份的入股凭证。股东作为出资人按投入公司的资本额享有所有者的资本收益、公司重大决策和选择管理者等权利,并以其所持股份为限对公司承担责任。

(一) 股票的分类

股票可以从以下几个角度进行分类。

1. 按股东权利和义务的不同分类

股票按股东权利和义务的不同分类,可分为普通股和优先股。

普通股是公司发行的无特别权力的股份,它是公司最基本的股票。通常情况下,股份有限公司只发行普通股。

普通股股东具有以下权利:①参与管理权和投票权。普通股股东出席或委托代理人出席股东大会,并依公司章程规定行使表决权。②股利分配请求权。③公司剩余财产分配权。④优先认股权。公司增发新股时,普通股股东有权按照其持股比例优先认购同样比例的新股。⑤股份转让权。股东持有的股份可以自由转让,但必须符合《公司法》及其他法规和公司章程规定的条件和程序。同时,普通股股东也基于其资格,对公司负有义务。我国《公司法》规定了股东具有遵守公司章程、缴纳股款、对公司负有有限责任、不得退股等义务。

优先股是公司发行的优先于普通股股东分得股利和公司剩余财产的股票。优先股的股息预先确定,其分配顺序在普通股之前。

2. 按票面是否标明金额分类

股票按票面是否标明金额分类,可分为有面额股票和无面额股票。

有面额股票是公司发行的票面标有金额的股票。票面总金额直接代表公司注册资本的多少,按票面总金额即可直接计入股本中,而超过面额部分则体现为资本公积。持有这种股票的股东,对公司享有权利和承担义务的大小,以其所拥有的全部股票的票面金额之和占公司发行在外股票总面额的比例大小来确定。我国《公司法》规定,股票应当标明票面金额。

无面额股票不标明票面金额,只在股票上载明占公司股本总额的比例或股份数。这种股票能直接代表股份,从而直接体现其实际价值。但它不能直接反映股本溢价,不利于会计核算。

3. 按票面是否记名分类

股票按票面是否记名分类,可分为记名股票和无记名股票。

记名股票是在股票票面记载股东的姓名或名称的股票,股东姓名或名称要记入公司的股东名册。按照我国《公司法》规定,公司向发起人、法人发行的股票,是记名股票;向社会公众发行的股票,可以是记名股票,也可以是无记名股票。记名股票一律用股东本名,其转让、继承要办理过户手续。

无记名股票是在股票票面上不记载股东的姓名或名称的股票,股东姓名或名称也不记入公司的股东名册。公司只记股票数量、编号及发行日期。公司向社会公众发行的股票是无记名股票。无记名股票的转让、继承,无须办理过户手续。

4. 按投资主体分类

股票按投资主体分类,可分为国家股、法人股、个人股和外资股。

国家股是有权代表国家投资的部门或机构以国有资产向公司投入而形成的股份,它由国务院授权的部门或机构持有,并向公司委派股权代表。

法人股是企业法人依法以其可支配的资产向公司投入而形成的股份,或具有法人资格的事业单位和社会团体以国家允许用于经营的资产向公司投入而形成的股份。

个人股是社会人士或本公司职工以个人合法财产投入公司而形成的股份。

外资股是外国及中国香港、中国澳门、中国台湾地区投资者购买的人民币特种股票。

5. 按股票发行时间分类

股票按发行时间分类,可分为始发股和新股。

始发股是公司设立时发行的股票,它是公司成立的基础;新股则是公司在增资时发行的股票。这两种股票的发行条件、目的与发行价格不同,但体现的股东权利和义务是一致。

除了上述分类,在实际中我国还按是否有外商投资把股票分为A种股票和B种股票。A种股票是指非外国和中国香港、中国澳门、中国台湾地区的投资者买卖的,以人民币标明票面价值并以人民币认购和交易的股票;B种股票是以人民币标明面值但以外币认购交易的股票,原来专门供外国和中国香港、中国澳门、中国台湾地区的投资者买卖,现已对境内投资者开放。另外,我国企业在符合一定条件的情况下,还可以在境外市场发行股票,如H股、N股和S股。H种股票在中国香港上市;N种股票在美国纽约上市;S

股在新加坡上市。

(二) 股票的发行

股份有限公司在设立时要发行股票,而且公司设立之后,为了扩大经营、改善资本结构,也会增资发行新股。股份的发行,实行公开、公平、公正的原则,必须同股同权、同股同利。同次发行的股票,每股的发行条件和价格应当相同,任何单位或个人认购的股份,每股应支付相同的价款。同时,发行股票还应接受国务院证券委员会和中国证券监督管理委员会的管理和监督,应执行的股票发行管理规定主要包括股票发行条件、发行程序和方式、销售方式和发行价格等。

1. 股票的发行条件

股票的发行分为经批准拟成立的股份有限公司为募集资本而发行股票的设立发行和已成立的股份有限公司为扩充资本而发行股票的增资发行两种。

股份有限公司公开发行股票,应当符合《公司法》规定的条件和经国务院批准的国务院证券监督管理机构规定的其他条件,向国务院证券监督管理机构报送募股申请和相关文件;上市公司非公开发行新股,应当符合经国务院批准的国务院证券监督管理机构规定的条件,并报国务院证券监督管理机构核准。

2. 股票的发行程序

根据国际惯例,各国股票的发行都有严格的法定程序,任何未经法定程序发行的股票都不发生效力。设立发行股票与增资发行股票的程序有所不同,以下仅介绍公开发行股票的基本程序:

(1) 公司作出发行股票的决议,做好发行的准备工作,编写必要的文件资料,获取有关的证明材料。

(2) 提出发行股票的申请,并经有关机构审核批准。

(3) 签订承销协议,公告招股说明书。

(4) 招股认股、缴纳股款、交割股票。

(5) 改组董事会、监事会。

3. 股票的发行与销售方式

公司发行股票筹资,应根据具体情况,正确地选择适宜的股票发行与销售方式。

1) 股票的发行方式

股票的发行方式即公司通过何种途径发行股票,通常有以下两类:

(1) 公开间接发行,是指股份有限公司通过中介机构,公开向社会公众发行股票。我国规定股份公司采用募集设立和发行新股,向社会公开发行股票,须由证券经营机构承销,这种做法就属于股票的公开间接发行。这种方式发行范围广,发行对象多,易于足额募集资本;股票的变现力强,流动性好;有助于提高发行股票公司的知名度和扩大影响力。这种方式的不足之处主要是手续繁杂,发行成本高。

(2) 不公开直接发行,是指股份有限公司不公开对外发行股票,只向少数特定的对象直接发行,不需经中介机构承销。我国股份有限公司采用发起设立方式和以不向社会公开募集的方式发行新股,即属于股票的不公开直接发行。这种方式发行成本较低,资金结构的弹性较大,手续简单。但发行范围小,发行的风险较大,股票的变现性差。

2) 股票的销售方式

股票的销售方式是指股份有限公司向社会公开发行股票时所采用股票销售方法,主要有以下两类:

(1) 自销方式,即股票发行公司自己直接将股票销售给认购者,而不经过证券经营机构承销。此种方式可节省发行费用,但筹资时间较长,发行公司要承担全部发行风险,只适宜于知名度较高、信誉较好、实力较强的公司采用。

(2) 承销方式,即股票发行公司将股票销售业务委托给证券经营机构代理。我国《公司法》规定,股份有限公司向社会公开发行股票,必须与依法设立的证券经营机构签订承销协议,由证券经营机构承销。

股票发行的承销方式可分为包销和代销两种。采用包销方式时,证券承销机构买进股票发行公司公开发行的全部股票,然后将新购股票转销给社会上的投资者。在规定的募股期限内,若实际招募股份数达不到预定发行股份数,剩余部分由证券承销机构全部承购。包销方式可及时筹足资本而不承担发行风险,但由于以略低的价格售给承销商会损失部分溢价,提高了实际发行费用;代销方式是由证券经营机构替股票发行公司代销股票,并由此获取一定佣金,但不承担股款未募足的风险。

4. 股票的发行价格

股票发行价格通常由发行公司根据股票面额、股票行情和其他有关因素决定,一般有以下三种:

(1) 平价发行,即以股票的面额为发行价格,一般在初次发行或股东内部分摊增资的情况下采用。

(2) 时价,即以股票在流通市场上买卖的实际价格为基准确定发行价格。

(3) 中间价,即以时价和面额的中间值确定发行价格。

发行价格高于面额,为溢价发行;反之,则为折价发行。如果采用溢价发行,所获的溢价款列入公司的资本公积。我国《公司法》规定,股票发行可以平价也可以溢价发行,但不得折价发行。

(三) 普通股筹资的优缺点

1. 普通股筹资的优点

发行普通股筹资是股份有限公司筹集资金的一种基本方式,其主要有以下几个优点:

(1) 没有固定的负担。普通股的股利支付与否,以及支付多少,由公司的盈亏状况、股利分配政策及经营需要而定。因此,公司的财务机动性就会大大增强,有利于公司应对市场的变化。

(2) 没有偿还期。发行普通股股票筹措的资金,即普通股股本是公司永久性资本,除非公司清算时偿还,否则无须偿还。免除了公司到期还本的后顾之忧。

(3) 筹资风险小。发行普通股股票筹资既没有偿还期限,也没有固定的股利负担,所以这种筹资方式的风险最小。

(4) 增强了公司的信誉,有利于公司的再筹资。发行普通股股票所筹资金为公司的权益资本,而权益资本的多少可以反映公司资金实力的大小。扩大企业的自有资本,债权人的风险相对减少,提高了公司筹措债务的信誉。

(5) 筹资限制少,易吸收资金。利用普通股筹资不像利用优先股筹资或债券筹资有很多限制条件,而且能带来更高的预期收益。在通货膨胀时期,不动产升值时普通股股票也随之升值,从而可一定程度地抵消通货膨胀的影响,这就给普通股股东提供了消除通货膨胀影响的保值方法,增强了普通股对投资者的吸引力。

2. 普通股筹资的缺点

发行普通股筹资也有不利之处,主要表现在以下几个方面:

(1) 资本成本较高。投资者购买普通股股票没有取得固定收益的保证,也不能向公司撤回投资,分配利润和破产清偿的顺序都排在最后。因此,普通股股东的投资风险最高,相应地,要求的投资报酬也就较高;普通股股利在净利润中支付,而不是税前支付;普通股股票的发行成本也较高。

(2) 可能分散公司的控制权。根据普通股股东的权利,普通股股东有经营管理权。以发行普通股股票筹资会增加新股东,从而可能分散公司的控制权。所以,小型公司或新设立公司对增发股票往往特别慎重,以防止分散股份而影响老股东对公司的控制权。另外,由于新的普通股筹资会增加新股东,而新股东分享公司未发行新股前积累的盈余,这可能降低普通股的每股利润,从而引发股价的下跌。

(3) 分散企业管理者的注意力。股价的高低对企业的管理者有重大的影响。股价的易变性往往会分散企业管理者的注意力,甚至会影响他们的创新性和开拓性。

三、留存收益

留存收益是指公司历年实现利润中提取或形成的留存于公司内部的积累,包括盈余公积和未分配利润,是公司权益资金的一部分。

留存收益筹资的优点如下:

(1) 留存收益属于公司的权益资本。留存收益增加了公司的权益资本,可以增强公司的实力,为公司发展提供基础。从长远的眼光看,公司可持续性成长速度取决于内部积累的能力,表现为由留存收益推动的股东权益增长率。

（2）留存收益操作方便。公司通过留存收益满足公司发展资金的需要无须额外的筹资费用和寻求外部投资人支持。

留存收益筹资的缺点如下：

（1）筹资数量有限。留存收益的数量受到的限制因素较多，如公司可供留存利润的实现情况、股东对于股利分配的意见等都对公司实际可以留存的利润水平有影响，有一定的不确定性。

（2）资金成本相对较高。和普通股的资金成本相比，留存收益的资金成本只是没有筹资费用而已，几乎接近普通股的成本，比债务筹资的成本高。

总之，虽然有一定的局限性，留存收益仍然是公司最便捷的资金来源，也是公司得以发展的重要支撑，是公司基本的筹资方式之一。

6-1【案例】吉祥航空IPO上市

第二节 股利政策与利润分配

股利政策是现代公司理财活动的三大核心内容之一。一方面，它是公司投融资活动的逻辑延续，是其理财行为的必然结果；另一方面，恰当的股利分配政策不仅可以树立良好的公司形象，而且可以激发广大投资者对持续投资公司的热情，从而使公司获得长期稳定的发展机会。因此，股利政策的研究一直是国内外学术界研究的热点问题之一。

1961年，美国财务学家米勒（Miller）和经济学家莫迪格里安尼（Modigliani）提出了股利政策无关论的观点。西方学术界的许多学者从不同的角度、运用不同的方法对公司股利政策进行了研究，但有关股利与股价的关联性及其对股东财富的影响等问题，至今还没有实质性的统一认识，因此被称为股利之谜。虽然如此，他们也提出了很多有价值的理论和观点。

我国证券市场发展时间较短，有关股利分配政策的理论和实践尚处于摸索阶段。

一、股利政策内容与趋势

股利政策的内容主要包括以下五个方面：

（1）股利支付率的高低政策，即确定每股实际分配盈余与可分解盈余的高低。

（2）股利支付具体形式的选择，即确定合适的分红形式：无论是现金股利、股票股利，还是通过回购股东的股票发放现金给股东。

（3）股利支付率增长政策，即确定公司未来股利的增长速度，它将制约着某一时期股利支付率的高低。

（4）选择什么样的股利发放策略，是采取稳定增长股利政策，还是剩余股利政策或固定股利政策。

(5) 股利发放程序的策划,如发放频率、股利宣告日、登记日、除息日和发放日的确定。

从发达国家的情况看,上市公司通常都有比较稳定的股利政策。在这些政策的指导下,股利发放在总量和增长率两个方面都是比较稳定的,股利支付形式虽然有现金股利和股票股利两种,但一般以现金股利为主。

我国上市公司一般都没有稳定的股利政策,随意性比较大,分配形式多样化,而且呈现出不稳定的现象。这与我国在税收、上市公司的治理结构及资本市场的成熟度等方面不无关联。另外,我国的股利政策受政策法规的影响很大,往往一个法规的提出会引起股利政策的大幅度变化。

当今社会是一个信息社会,信息渗透到人们生活的每个角落。证券市场尤其如此,证券价格是市场上各种信息综合作用的结果。股利政策是众多信息中的一种。由于信息不对称,公司经营者力图通过股利政策传递公司的发展信息,投资者通过分析股利政策中隐含的信息来研究公司的真实价值,这就是股利信号传递理论的观点。由于我国的资本市场与西方市场还存在很大差距,这些差异在一定程度上限制了西方股利理论在我国的应用,但我们仍然可以借鉴西方的研究方法,结合我国的具体国情进行理论和实务研究。在上市公司股利分配的形式中,现金股利是最重要的一种方式,也是最有代表性的一种方式,因而对现金股利政策进行研究将有助于我们对上市公司的股利政策形成合理的认识。

二、股利政策

股利政策是公司投资决策、筹资决策的逻辑延续,是其理财行为的必然结果。股利政策是以公司的发展为目标,以股价稳定为核心,在平衡企业内外部相关集团利益的基础上,对于净利润在提取了各种公积金后如何分配而采取的基本态度和方针。

(一) 股利的特征

股利是股份公司依照法定的原则和程序从其可分配利润中支付给股东的一种财产报酬,是投资者实现投资收益的基本手段之一。严格意义上,股利具有以下四个显著特征:

(1) 股利是公司股东的投资所得,而不是投资收回。一方面,投资者购买股票是因为股票具有高于其他投资方式的报酬率。它们获取收益的途径有两种:一是低价买进、高价卖出,以获取资本利得;二是长期持有股票收取股利。如果股利仅仅是投资收回,那么采取第二种方式的投资者便无利可图,他们转而寻求资本利得,于是整个股票市场就变成了投机市场。另一方面,股利是从累积的盈余中向股东所做的支付,是税后利润的分配;而投资收回只是资本的分配,不是股利。

(2) 股利只能源于公司过去和现在盈余的累积。现代公司制要求股东按所持有的股份对公司的债务负有限责任,当公司盈利时也可按所持股份获得投资报酬。但所获得的投资回报必须来自公司过去和现在盈余的累积,因为如果不对公司利润分配做一些限制的话,有可能出现股东大会决定公司利润分配方案时损害少数股东的利益,或片面追求股利最大化而忽略公司的长远发展及其利益相关者的长期利益的情况。例如,我国《公司法》规定,公司的利润只有依法进行弥补以前年度亏损、提取盈余公积等相应的分配之后才可以向股东支付。

(3) 股利支付必须遵循相关法律原则的规定。股利支付涉及股东、债权人和管理者等多方面相关者的利益,因此大部分国家公司的股利支付行为是受法律限制的。在实行授权资本制的美国,并不存在统一的公司法,有些州遵循传统法,还有些州沿用了公司法。传统法主要以公司的财务状况为标准来限制股利分配,如对公司进行偿债能力测试,如果公司资不抵债,则不能进行股利分配。示范公司法对传统法做了修订,并适用于所有类型的分配。也就是要求所有类型的分配结束后,公司必须能够偿还到期债务,并且公司的总资产必须超过总负债。我国实行实收资本制,公司的股利分配主要受以下限制:①股利分配必须贯彻同股同利原则。②股利分配必须贯彻资本维持原则。③公司无力偿债时,不得支付股利。④公司破产清算期间不得分配股利。

(4) 股利的支付有多种形式。股利支付较为常见的形式有三种:资产式股利、债权式股利和股权式股利。

(二) 股利政策无关论

美国经济学家莫迪格利安尼(Modigliani)和财务学家米勒(Miller)(以下简称莫一米或MM)于1961年在《美国经济评论》上的一篇开创性论文"资本成本、公司财务和投资理论"中,立足于完善资本市场,从不确定性角度提出了资本成本和资本结构不相关理论,即股利政策无关论或MM理论。MM理论指出,公司的价值仅仅取决于其投资决策,和股利支付率的高低没有关系。这一观点建立在关于资本市场的一系列严格假设之上,这些假设包括:①个人和企业所得税不存在。②没有股票发行和交易成本。③公司的投资决策与股利政策彼此独立无关。④市场上存在对称的信息,所有交易者同等而无成本地了解价格信息及其他一切关于股票性质的信息。⑤财务杠杆对资金成本没有影响。⑥公司存在完美契约,不存在代理成本。⑦存在完美的市场。

根据莫迪格利安尼和米勒的分析,在严格假设的条件下,任何特定股利的影响都会恰好被其他形式的融资行为抵消,公司价值完全被视其投资决策与获利能力而定,与公司的股利政策无关。

如果股利确实是无关的,那么公司将使用大量的时间去研究股东并不关心的问题。这一命题有着许多深刻的含义,其中之一是公司价值并不随股利政策的变化而变化,但这并不意味着股票价格不会受影响。实际情况是,分配股利越多,股票价格下降越多,流通中的股票就越多。从长期来看,股利政策和股票报酬无关。

股利无关命题成立的条件表面上是很苛刻的,但其包含的重要信息是,一个投资于劣等项目的公司不可能通过支付较高的股利来恢复在投资者心目中的形象。

由于股利政策无关论是在一系列严格假设下推导出来的,在现实世界中要把这些假设放松,从而产生了不同的理论和假说。

(三) 股利政策相关论

1. "一鸟在手"理论

"一鸟在手"理论(bird-in-the-hand theory)源于谚语"双鸟在林,不如一鸟在手"。该理论是流传最广泛和最持久的股利理论。其初期表现为股利重要理论,后经威廉姆斯(Williams)、林特勒(Lintner)、华特(Walter)和戈登(Gordon)等人发展为"一鸟在手"理论。其中代表人物是戈登。戈登针对股利政策无关论中假设投资者对资本利得和股利收入要求相同的回报率提出了异议。他认为,在投资者的心目中,由保留盈余投资而来的资本利得的不确定性要高于股利支付的不确定性,而股利的支付可以消除投资者心中对企业盈利能力的不确定性,故投资者将偏好股利而不是资本利得。这是因为现实中的市场是不完善的,由于各种不确定因素的存在,股票行情经常波动,使某些投资者不愿按照经常波动的价格出售股票,取得具有不确定性的资本投资收益。

戈登根据一系列假设条件,通过数学分析论证而得出著名的戈登模型。其假设包括:①无外来资金用于再投资,留存收益是企业扩大再生产的唯一财源。②企业的再投资收益率保持不变。③企业的资本成本即贴现率不变。④企业持续经营,即 $t \to \infty$。⑤没有税收。⑥企业的股利增长率保持不变。⑦企业的资本成本与股利增长率的关系不变,即 $k > r \times b$。⑧企业的股利支付率($1-b$)永恒不变。在以上假设的基础上可导出股票的价值为:

$$v = \frac{D}{k - r \times b} = \frac{E \times (1-b)}{k - r \times b}$$

式中:v——公司股票价值;

D——每股现金股利;

E——每股净利润;

b——股利支付率;

k——必要报酬率;

r——股利增长率。

由于投资者对资本利得和股利收入要求的风险报酬不同,根据上述公式分析可知:当公司采取较高的股利支付率(即 b 较小)时,就会降低投资者的风险,投资者可要求较低的必要报酬率(即 k 较小),公司的股票价值上升(即 v 变大);相反,当公司采取较低的股利支付率或延付股利时(即 b 较大),则会增加投资者的风险,投资者必然要求较高的必要报酬率(即 k 较大),以作为负担额外风险的补偿,从而导致公司股票价值下降(即 v 变小)。由此可见,"一鸟在手"理论认为:①股票价格与股利支付率成正比。②权益资本成本与股利支付率成反比。

"一鸟在手"理论是实务界普遍持有的观点,财务学者试图从理论上给出证明,但经验常识未必是科学的。例如,该理论很难解释投资者在收到现金股利后又购买公司新发行的普通股现象,实际上混淆了投资决策和股利决策对股票价格的影响。

2. 代理成本假说

股利政策的代理成本假说(agency cost hypothesis)是 20 世纪 70 年代后期才发展起来的。它建立在詹森(Jensen)和麦克林(Meckling)在 1976 年发表的经典文献中提出的代理理论的基础上。在这一领域具有代表性的学者是约瑟夫(Rozeff)和伊斯特布鲁克(Easterbrook)。

代理成本假说放松了 MM 理论中关于公司经营者和股东之间利益完全一致的假设。考虑经营者与股东之间的利益冲突时,不可避免地要考虑委托代理问题。在企业所有权与经营权分离、信息不对称的情况下,委托人与代理人都追求自身效用的最大化,但两者的效用函数并不一致。因此,委托人必须设计出一个满足参与约束和激励相容约束的契约。但这种契约的制订与执行是有成本的,即代理成本。詹森和麦克林将代理成本分为:委托人激励和监督代理人,使其为自己的利益尽力的监督成本;代理人保证不侵害委托人利益,否则给予补偿的担保成本;代理人的行动与使委托人效用最大化的行动存在差异,因此造成委托人利益受损的剩余损失。

正如约瑟夫、伊斯特布鲁克及詹森指出,股利支付可以有效降低代理成本。一方面,提高股利支付水平可以降低管理者控制现金流量,从而增加管理者任意分配资源的难度,管理者能控制的现金流量越少,就越难采取不利于股东利益的行为。另一方面,高股利支付水平将迫使管理者寻求外部负债或权益融资,使公司必然接受更多的监督和检查,如来自债权人、证券监督机构等的监督和检查,这将促使管理者的行为与股东的利益相一致。

3. 信号假说

信息不对称是信息经济学研究的一个基本命题。非对称信息是指某些参与人拥有,但另一些参与人不拥有的信息。信息不对称的两个典型后果是逆向选择和道德风险。在股份有限公司制度下,广大的股东不直接参与对公司的日常经营管理,而是委托经理人员进行经营管理。经理人员与公司外部投资者之间存在着信息不对称,经理人员占有更多的有关公司前景方面的内部信息,不对称信息会导致逆向选择问题,使帕累托的最优交易不能实现。但是,如果拥有私人信息的一方(管理者)有办法将其私人信息传递给没有信息的一方(投资者),或者后者有办法诱使前者揭示其私人信息,交易的帕累托改进就可以出现。

在这种情况下,企业经理人员就有动机通过适当的方法向市场传递有关信号,向外部投资者表明企业的真实价值,以此影响投资者的决策。股利是管理当局向外界传递其掌握的内部信息的一种手段,如果他们预计到公司的发展前景良好,就会通过增加股利的方式将这一信息及时告诉股东和潜在的投资者;相反,如果预计公司的发展前景不太好,他们往往维持甚至降低现有股利水平,向股东和潜在投资者发出利淡信号。因此,股利能够传递公司未来盈利能力的信息,从而使股利对股票价格有一定的影响:当公司支付的股利水平上升时,公司的股价会上升;当公司支付的股利水平下降时,公司的股价也会下降。

林特(Linter)被认为是最早的股利信号传递理论的实证研究者。通过对美国600家上市公司财务经理进行问卷调查的基础上,他设计了一个公司分配行为的理论模型,并提供了有关的实证证据。认为上市公司,至少规模较大的上市公司,一般会保持一个长期的、较稳定的目标股利支付率。公司的股利变化与长期的可持续的收益水平是一致的。公司的管理层相当重视股利水平的变化,只有管理层确信公司收益水平的提高能够支付长期增加的股利时,才会增加股利,同时公司的管理者也不会轻易削减股利。法玛(Fama)、费希尔(Fisher)、詹森(Jesen)和罗尔(Roll)通过研究股票拆细对股票价格的影响证明了股利政策具有信息传递效果,从此掀起了股利政策信号传递理论的实证研究热潮。在实证研究中,大部分学者的研究结果证实股利政策确实具有信号传递作用。另一方面,巴塔恰亚(Bhattacharya)率先在股利政策研究中建立了股利显示信号模型,模型假设股东拥有不为投资者所知的有关企业价值的私有信息,而股利政策的存在有助于降低这种信息不对称程度。其后米勒(Miller)与罗克(Rock)、约翰(John)和威廉姆斯(Williams)、库玛(Kumar)、约翰(John)和朗(Lang)等相继建立了进行股利分配研究的理论模型。

第三节　股利政策的选择

一、支持低股利政策的理由

在考虑税赋因素,并对股利和资本利得征收不同税率的假设下,布伦南(Brennan)创立了股价与股利关系的静态模型。该模型得出,股利支付水平高的股票比支付水平低的股票有更高的税前收益,即股利政策不仅与股价相关,而且由于税赋的影响,企业应采取低股利政策。

奥尔巴克(Auerbach)经过严密的数学推导,提出税赋资本化假设,这种观点的主要前提是,企业将现金分配给股东的唯一途径是支付应税股利,企业的市场价值等于企业预期支付的税后股利的现值。因此,未来股利所承担的税赋被资本划入股票价值,股东对于企业留存收益或支付股利是不加区分的。按这种观点,提高股利税负将导致企业权益的市场价值的直接下降。

对于投资者来说,目标就是在特定的风险下使税后收益最大化。引进个人所得税以后,情况就变得不同了。许多西方国家的个人所得税依据收入的高低分为多档边际税率,股利收入与资本利得的税率不同。以美国为例,1986年税制改革以前,个人投资者股利收入作为普通收入,最高税率为70%(1981年调整为50%),而资本利得按普通收入的40%进行征税。后来又经多次税制改革,但资本利得税率都较低,并且可以通过继续持有股票来延缓资本利得的取得,从而实现递延纳税。因此,在其他条件不变的情况下,投资者会偏好资本利得,反对派发现金股利。最早从事这方面研究的是法勒(Farrar)和塞尔文(Selwyn),在其他条件一致的情况下,他们推出投资者的资本利得收益率与股利所得收益率之比的表达式为:

$$\frac{r_q}{r_d} = \frac{[(EBIT - rB_c) \times (1-\tau_c) - r \times B_p] \times (1-\tau_g) + r \times B_p \times (\tau_p - \tau_g)}{[(EBIT - rB_c) \times (1-\tau_c) - r \times B_p] \times (1-\tau_p)}$$

式中:$EBIT$——息税前利润;

R_q——投资者的税后资本利得收益率;

r_d——投资者的税后股利所得收益率;

r——公司及个人债务的利率;

τ_c——企业所得税;

τ_p——个人的股利所得税;

τ_g——个人的资本利得税;

B_c——公司债务;

B_p——个人债务。

在股利所得税率大于资本利得税率的情况下,上式结果必然大于1,即投资者的税后资本利得收益率必然大于税后股利所得收益率。

一般而言,税赋对股利政策的影响是反向的,由于股利所得税率高于资本利得税率,而且资本利得税可以递延至股东实际出售股票时。因此,投资者可能喜欢公司少支付股利,将几年的盈余留下来用于投资,而为了获得较高的预期资本利得,投资者愿意接受较低的普通股必要报酬率。因此,在股利所得税率比资本利得税率高的情况下,只有采取低股利支付率政策,公司才有可能使其价值最大化。

二、支持高股利政策的理由

按税法规定,股利应缴纳个人所得税,这就意味着公司可能尽可能地降低股利,这是低股利政策的主要理由。但是,即使在股利所得税很高的情况下,公司仍然向股东发放高额股利的原因是什么。

事实表明大多数投资者是偏爱现期收入的,如退休人员和其他靠固定收入生活的人。虽然，偏爱高额现金流量，但持有低股利股票的投资者可以轻易地出行交易换取现金，进而实现高额股利的目标。因为在无交易成本的市场里，现期股利高的股利政策并不利于股东。在现实生活中，出售低股利股票将发生佣金和其他交易费用，而投资于高股利股票则不会发生这些直接费用。同时，出售股票还会耗费股东的时间。

偏爱高股利政策的另一个理由是利用高股利消除不确定性。投资者通过估计未来的股利并以贴现来确定股票价格，而估计远期股利比近期股利的不确定性更高。贴现率与股利的不确定性之间呈正相关关系。因此，现在支付较少股利的而未来支付较多股利的公司股票价格会下降。

三、既支持高股利政策又支持低股利政策的理由

在现实经济生活中，由于个人所得税的差异和交易成本的存在，投资者对股利的偏好有所不同。例如，有的投资者的边际税率很高，有的投资者的边际税率很低，如养老基金等，这会影响投资者对股利的偏好，边际税率高的投资者会选择低股利支付率或不支付股利的股票，而边际税率低的投资者会喜欢高股利支付率的股票。股票交易成本的高低也会影响投资者对股利的选择，如果股票交易成本很高，投资者可能会喜欢发放现金股利的公司。因此，如果公司股利支付的水平能与投资者对股利的偏好相吻合，该公司会将偏好其股利政策的投资者吸引过来。这就是所谓的客户效应。

最先提出客户效应概念的是米勒和莫迪格里安尼，但他们并未对此做出深刻阐述。对追随者效应专文进行系统研究的应首选埃而顿（Elton）和格鲁勃（Gruer），他们通过除息日股价行为测试，论证了除息日股价下跌幅度与税率之间的关系。他们认为如果不存在套利行为，则不管做何种选择，股利税后收益与资本利得税后收益必然相等：

$$P_B - t_C \times (P_B - P_C) = P_A - t_C \times (P_A - P_C) + D \times (1 - t_0)$$

式中：P_B——除息日前的股票价格；

P_A——除息日后的股票价格；

P_C——当初的股票购买价格；

t_C——资本利得税率；

t_0——股利所得税率；

D——股利额。

整理上式可得：

$$\frac{P_B - P_A}{D} = \frac{1 - t_0}{1 - t_C}$$

此后吸引了众多学者的参与。舍夫林(Shefrin)和斯塔曼(Staman)以自我控制理论为基础,解释了为什么投资者会偏好现金股利或股票股利。他们的理论不是以效用最大化的古典经济学为基石,而是以行为理论为前提。舍夫林和斯塔曼两个人认为,人的行为不是完全理性的,而是有限理性的,有些事情即使会带来不利后果,人们还是不能自我控制。因此,对于不同的投资者而言,即使收到的现金相等,而采用现金股利还是股票回购,其影响是不同的,即实质重于形式。他们推断老年人比较需要定期现金收益以供晚年生活,而年轻的投资者很难自我控制消费,因此会选择股利收益率较低的投资组合,以强迫自我储蓄。

客户效应理论使人相信股利政策的重要性。但除非市场难以满足特定投资者对某种股利政策的需求,否则股利政策并不重要。顾客效应理论仅仅起到了警告公司不要频繁改变其股利政策的作用。如果公司的投资策略已确定,股利的支付水平也是无所谓的,股利政策只有当它会导致股东转向别的公司时才显得重要。

6-2【案例】
佛山照明的
高股利分配
政策

第七章 长期债务融资与混合融资

第一节 长期债务融资

长期债务是指偿还期在1年以上的债务。企业利用长期负债方式筹集资金能降低财务风险,保证生产经营资金的需要。其筹资方式主要有长期借款、长期债券、融资租赁等。

一、长期借款筹资

长期借款是指企业向银行等金融机构及其他单位借入的,期限在1年以上的各种借款。

(一)长期借款的种类

长期借款按照不同的标准,可以有多种的分类。

1. 按提供贷款的机构单位分类

长期借款按提供贷款的机构单位分类,可分为政策性银行贷款、商业性银行贷款和非银行金融机构贷款等。

(1)政策性银行贷款是指执行国家政策性贷款业务的银行向企业发放的贷款。通常为长期贷款,一般贷给国有企业。

(2)商业性银行贷款是指各商业银行向工商企业提供的贷款,主要是为满足企业生产经营的资金需要。

(3)非银行金融机构贷款一般较商业银行贷款的期限要长,要求的利率较高,对借款企业的信用和担保品的选择也比较严格。

2. 按贷款有无抵押品分类

长期借款按贷款有无抵押品分类,可分为抵押贷款和信用贷款。

(1)抵押贷款是指以特定的抵押品为担保的贷款。作为贷款的抵押品可以是不动产、机器设备等实物资产和股票、债券等有价证券,它们必须能够在市场上出售。如果贷款到期,借款企业不愿或不能偿还时,银行可取消企业对抵押品的赎回权并有权处理抵押品。

(2) 信用贷款是指无抵押品作担保的贷款,即凭借款企业的信用或其保证人的信用而发放的贷款,一般是贷给那些资信良好的企业。

3. 按贷款用途分类

长期借款按贷款用途分类,可分为固定资产贷款、大修理贷款、技术改造贷款等。

(二) 长期借款的程序

现以银行长期借款为例,介绍企业申请取得长期借款的基本程序。

1. 提出借款申请

企业申请借款必须符合借款原则和贷款条件。

金融部门对贷款规定的原则是:按计划发放、择优扶持、有物资保证、按期归还。

企业申请贷款一般应具备的条件为:①借款企业实行独立核算、自负盈亏、具有法人资格。②借款企业经营方向和业务范围符合国家政策,借款用途属于银行贷款办法规定的范围。③借款企业具有一定的物资和财产保证,担保单位具有相应的经济实力。④借款企业具有偿还贷款本金的能力。⑤借款企业财务管理和经济核算制度健全,资金使用效益及企业经济效益良好。⑥借款企业在银行开立有账户,办理结算。

企业提出的借款申请,应说明借款原因和借款金额、使用时间和使用计划、归还期限和归还计划等。

2. 银行审核申请

银行针对企业的申请,按照贷款条件,对借款企业进行调查,依据审批权限核定企业申请的贷款金额和用款计划。审核的内容包括:①企业的财务状况。②企业的信用情况。③企业的盈利稳定性。④企业的发展前景。⑤借款用途和期限。⑥借款的担保品等。

3. 签订借款合同

经银行审核,借款申请获批准后,银行与借款企业双方可进一步协商贷款的具体条件,签订正式的借款合同。借款合同是规定借贷当事人双方权利和义务的契约,是双方在平等协商的基础上签订的。借款合同依法签订后,即具有法律约束力,当事人双方必须严格遵守合同条款,履行合同规定的义务。

借款合同必须采用书面形式。借款申请书、有关借款的凭证、协议书和当事人双方同意修改借款合同的有关书面材料,也是借款合同的组成部分。

1) 借款合同的基本条款

借款合同应具备下列基本条款:贷款种类、借款用途、借款金额、借款利率、借款期限、还款资金来源及还款方式、保证条款及违约责任等。其中,保证条款是规定借款方申请借款应具有银行规定比例的自有资金,并有适销适用的财产物资作贷款的保证,借款方无力偿还贷款时,贷款方有权处理作为贷款保证的财产物资,必要时还可规定保证人。

保证人必须具有足够代偿借款的财产,借款方不履行合同时,由保证人连带承担偿还本息的责任。

2) 借款合同的限制条款

长期贷款的风险较高,因此除基本条款外,银行对借款企业都有一些限制性的条款,具体可归纳为以下三类:

(1) 一般性限制条款,主要包括:持有一定的现金及其他流动资产,保持合理的流动性及还款能力;限制现金股利的支付;限制资本支出的规模;限制借入其他长期债务等。

(2) 例行性限制条款,多数贷款合同都有这类条款,一般包括:定期向银行报送财务报表;不能出售太多的资产;债务到期要及时偿付;禁止应收账款的出售或贴现;违约的处罚办法等。

(3) 特殊性限制条款,这类条款只在特殊的情况下生效,主要有:借款专款专用;不准企业投资于短期内不能收回资金的项目;限制企业高级职员的薪金和奖金总额;要求企业主要领导人在合同有效期间担任领导职务;要求企业主要领导人购买人身保险等。

上列限制条款是国外通行的做法。目前,我国借款合同对这方面的规定还不够严格、具体。随着市场经济的发展,贷款业务的增加及其风险的加大,这种限制条款也会逐渐增多。

4. 企业取得借款

借款合同签订后,企业可在核定的贷款指标范围内,根据用款计划和实际需要,一次或分次将贷款转入企业的存款结算户,以便支用。

5. 企业归还借款

贷款到期时,借款企业应依据贷款合同的规定按期清偿贷款本金与利息或续签合同。一般而言,归还贷款的方式主要以下几种:

(1) 到期一次还本付息还款法。即借款人在贷款期内不是分期偿还本息,而是贷款到期后一次性归还本金和利息在这种方式下,还贷集中,借款企业需于贷款到期日前做好准备,以保证全部清偿到期贷款。

(2) 分期付息,到期还本还款法。即在借款期内每年付息,到期一次性地归还本金。对借款企业来讲,平时支付利息的压力不大,但到期偿还本金的压力较大。有时,银行会要求企业建立偿债基金。

(3) 等额本息还款法。即在到期日之前定期每期偿还相同的金额,至贷款到期日还清全部本息。这种方式实际上是一种普通年金,其中,本金可视作年金现值 P,利率即贴现率 i,贷款期限即年限 n。则每年还款额即年金值 A,其计算公式如下:

$$A = \frac{P}{(P/A, i, n)}$$

【例 7-1】 某企业从建行取得 300 万元的贷款,期限 5 年,利率 8%,按年度定期等额偿还本息。请该企业计算每年还款额。

$$A = \frac{300}{(P/A, 8\%, 5)} = \frac{300}{3.9927} = 75.1(万元)$$

即该企业每年应偿还本息约 75.1 万元。

该企业每年还本付息的情况如表 7-1 所示。

表 7-1　　　　　　　　等额本息还款法偿还本息计算表　　　　　　　单位：万元

年限 n	本金 $B=300\div 5$	利息 $I=P_{n-1}\times 8\%$	每年还本付息额 $B+I$	未还本金 $P=P_{n-1}-B$
0				300.0
1	51.1	24.0	75.1	248.9
2	55.2	19.9	75.1	193.6
3	59.6	15.5	75.1	134.0
4	64.4	10.7	75.1	69.6
5	69.6	5.6	75.1	—
合计	300.0	75.7	375.7	—

(4) 等额本金还款法。即每期等额地归还本金，利息则按每期期初的本金计算。

【例 7-2】 承[例 7-1]，如果贷款采用按年度等额还本、余额计息的方式归还。请计算每年还本付息额。

该企业每年还本付息的情况如表 7-2 所示。

表 7-2　　　　　　　　等额本金还款法偿还本息计算表　　　　　　　单位：万元

年限 n	本金 $B=300\div 5$	利息 $I=P_{n-1}\times 8\%$	每年还本付息额 $B+I$	未还本金 $P=P_{n-1}-B$
0				300.0
1	60.0	24.0	84.0	240.0
2	60.0	19.2	79.2	180.0
3	60.0	14.4	74.4	120.0
4	60.0	9.6	69.6	60.0
5	60.0	4.8	64.8	—
合计	300.0	72.0	372.0	—

等额本息还款法和等额本金还款法，对于银行而言，可以减少因借款企业到期无力偿还借款所带来的风险；而对于借款企业而言，不能一直全额占用借款的本金。

贷款企业如因暂时财务困难，需延期归还贷款时，应向银行提交延期还贷计划，经审查核实，续签合同，按计划归还贷款。逾期期间银行一般按逾期贷款计收利息。

(三)长期借款筹资的优缺点

长期借款作为一种筹资方式,对筹资企业来说兼有利与弊。

1. 长期借款筹资的优点

(1)借款成本较低。利用长期借款筹资,利息可在税前支付,可减少企业实际负担的利息费用,因此比股票筹资的成本要低得多;与债券相比,借款利率一般低于债券利率;此外,借款是在借款企业与银行之间直接商定的,因而大大减少了交易成本。

(2)有利于股东保持其控制权。长期借款只是一种长期债务,债权人无权参与经营管理,故长期借款筹资不会引起控制权的转移或股东权益的稀释。

(3)借款筹资较快。发行各种证券筹集长期资金,需做好发行前的各种工作,发行也需一定时间,因此耗时较长;而长期借款一般所需时间较短,可以迅速获得资金。

(4)借款弹性较大。在借款之前,借款企业与银行直接商定贷款的时间、数额和利率。在借款期间,如果企业财务状况发生某些变化,亦可与银行再协商,变更借款数量及条件。因此,借款筹资对企业具有较大的灵活性。

(5)利用借款筹资,利息可以在所得税前支付,因此可以发挥财务杠杆的作用。

2. 长期借款筹资的缺点

(1)风险高。企业借入长期借款,有还本付息的法律义务,给企业带来较大的财务风险。

(2)限制条款较多。可能会影响企业以后的筹资和投资活动。

(3)筹资数量有限。一般不能像债券、股票那样一次筹集大笔资金。

二、长期债券筹资

债券是债务人为筹集资金而发行的,承诺按期向债权人支付利息和偿还本金的一种有价证券。企业发行的债券一般称为企业债券。

(一)债券的种类

1. 记名债券与不记名债券

记名债券是指券面上记有持有人姓名的债券。这种债券只偿付给券面上的记名人,如果要转让,可以通过债券持有人背书并向发行公司登记后进行。无记名债券是指券面上不载明持有人姓名的债券,还本付息仅以债券为凭据,谁持有债券,谁就可以获得本息的支付。不记名债券的转让比较简单,债券持有人向转让对方交付债券后即告生效。

2. 有担保债券与无担保债券

有担保债券是指有特定财产作为担保品的债券。无担保债券是指在发行时没有抵押品担保,完全凭企业的信誉而发行的债券。

3. 固定利率债券与浮动利率债券

固定利率债券的利率在发行债券时即已确定并载于债券票面。浮动利率债券的利率水平在发行债券之初不固定,而是定期根据某种基本利率加以调整确定。

4. 一次到期债券与分次到期债券

一次到期债券是指发行企业于债券到期日一次偿还全部本金。分次到期债券可分两种情况,一种是对发行的债券设计分批到期偿还;另一种是对同一债券的本金分次偿还,于债券到期全部还清本金。发行这类债券可以分散企业的还本负担。

5. 可转换公司债券与非可转换公司债券

可转换公司债是指根据公司债募集办法的规定,债券持有人可以将其转换为发行公司的股票。发行可转换公司债的公司,应规定转换办法,有义务按规定的办法将债券持有人持有的可转换债券换购为公司的股票,而债券持有人有权选择将债券转换或不转换为股票。本章讨论的债券均为非可转换公司债券。

(二) 债券的发行

1. 债券的发行方式

债券的发行方式通常分为公募发行和私募发行两种。

(1) 公募发行。公募发行是以不特定的多数人为募集对象而公开发行债券。它有直接公募与间接公募之分。债券发行人不通过中介机构直接向公众公开募集,即直接公募;经由中介机构公开发行,即间接公募。

(2) 私募发行。私募发行是指向特定的少数投资者发行债券。"特定的"投资者一般是指与发行者有某种关系的对象,概括起来大致可归为两类:一类是个人投资者,一般为本企业的职工;另一类是机构投资者。

2. 债券的发行价格

根据债券发行时的实际价格与债券面值的关系,债券的发行价格通常有三种情况,即等价发行、溢价发行和折价发行。等价发行又称面值发行,是指按债券的面值发行债券;溢价发行是指按高于债券面值的价格发行债券;折价发行是指以低于债券票面金额的价格发行债券。

(1) 在按期付息、到期一次还本,且不考虑发行费用的情况下,债券发行价格的计算公式为:

$$P = M \times (P/F, k, n) + M \times i \times (P/A, k, n)$$

式中:P——债券发行价格;

M——债券票面金额;

n——债券期限;

k——市场利率;

i——票面利率。

(2) 不计复利、到期一次还本付息的情况下,债券发行价格的计算公式为:

$$P = M \times (1 + i \times n) \times (P/F, k, n)$$

【例7-3】 某公司发行面值为10 000元,利率为10%,期限为10年,每年年末付息的债券。分别确定下列情况下的发行价格:

(1) 市场利率为10%。

(2) 市场利率为12%。

(3) 市场利率为8%。

根据公式可得:

(1) 市场利率为10%时债券的发行价格。

$$P = 10\ 000 \times (P/F, 10\%, 10) + 10\ 000 \times 10\% \times (P/A, 10\%, 10)$$
$$= 10\ 000 \times 0.385\ 5 + 1\ 000 \times 6.144\ 6 \approx 10\ 000(元)$$

(2) 市场利率为12%时债券的发行价格。

$$P = 10\ 000 \times (P/F, 12\%, 10) + 10\ 000 \times 10\% \times (P/A, 12\%, 10)$$
$$= 10\ 000 \times 0.322\ 0 + 1\ 000 \times 5.650\ 2 \approx 8\ 870.2(元)$$

(3) 市场利率为8%时债券的发行价格。

$$P = 10\ 000 \times (P/F, 8\%, 10) + 10\ 000 \times 10\% \times (P/A, 8\%, 10)$$
$$= 10\ 000 \times 0.463\ 2 + 1\ 000 \times 6.710\ 1 \approx 11\ 342.1(元)$$

可见,债券存在溢价发行和折价发行,主要原因在于资金市场上的利息率经常变化。债券在印制到正式发行之间,如果市场利率发生变化,就无法调整票面利率,只能通过改变发行价格调整其收益。在市场利率高于票面利率时,通常采取折价发行,折价可视作今后少付利息而提前付给投资者的补偿;当市场利率低于票面利率时,通常采取溢价发行,溢价可视作以后多支付利息而提前向投资者取得的补偿。

(三) 债券的付息方式

债券的付息方式是指发行者在债券规定的期间,一次或分次向债券持有人支付约定利息的方式。债券的付息方式有一次性付息和分期付息两种方式。

1. 一次性付息

一次性付息有两种形式,一是利随本清,即在债券到期时利息连同本金一次支付给债券持有人;二是利息预扣,即投资者在购买债券时就获得利息,以后只获得本金,此种情况下,投资者购买债券时只需交付发行价格与利息之间的差额。

2. 分期付息

分期付息有按年、半年和季度付息三种具体方式。分期付息对筹资者和投资者双方都有好处:对筹资者可以减轻集中付息的压力,各期平均分担利息支付;对投资者每年都可获得一定的现金利息收入,便于安排现金收支。

(四)债券的偿还

企业在发行债券时,应在发行章程中规定债券的还本方式及转换为股票的办法,还本方式还应载明于债券的票面。

债券的偿还方式一般有偿还本金、债券替换和转换股票。我国目前的企业债券大多采用还本方式。

偿还本金又可分为期满还本、期中还本和滞后还本。期满还本是指在债券到期时一次偿还全部本金的方式;期中还本是指在债券到期之前偿还本金的方式;滞后还本是指发行企业在发行债券时就规定投资者有权在债券到期后按原有利率继续持有债券,直到一个或几个指定日期才偿还本金的方式。这一规定对筹资和投资双方都有好处,一方面,筹资者可省去发新债的麻烦;另一方面,投资者能够灵活调剂资金运用结构。

债券替换是指利用另一种到期较迟的债券替换到期或到期较早的债券。一般是用新发债券兑换到期或未到期的旧债券。

(五)债券的评级

投资人购买企业发行的债券会面临企业可能不能正常还本付息的风险。投资人通常通过查询债券的信用评级来了解债券的违约风险程度。债券公司公开发行债券通常要由债券评信机构评定等级。债券的信用等级表示债券质量的优劣,反映债券还本付息能力的强弱和债券投资风险的高低。信用等级越高,债券的风险就越小;信用等级越低,债券的风险就越大。

国际上流行的是3等9级,依次为:AAA级、AA级、A级、BBB级、BB级、B级、CCC级、CC级、C级。

(六)债券筹资的优缺点

1. 债券筹资的优点

(1)资金成本较低。与股票相比,发行债券的发行成本较少,债券利息在税前支付,可以有效降低企业的筹资成本。

(2)不丧失企业控制权。与股票的情况不同,发行债券不改变企业现有的股东持股比例,也不影响企业的股权筹资总额;债券持有人也无权参与发行企业的管理决策。发行债券筹资,企业的所有者不会损失其对企业的控制权。

(3)成本支出的有限性。无论企业的盈利有多少,企业都只需要支付给债券持有人约定的利息,债券持有人无权分享更多的利润。

(4)债券具有分配上的优先权。债券持有人有按期收取利息的权利,其收入在企业分配的顺序要优先于股东,而且当发行公司破产清算时,债券持有人的清偿也优先于优先股股东和普通股股东。这使债权投资的风险小于股票,要求的报酬一般也低于股票。

(5) 可使股东获得财务杠杆收益。当企业的资产收益率高于债券利息率时,发行债券筹资可以提高权益资本收益率,使企业所有者获得资产收益率超过债券利息率部分的杠杆收益。这与发行优先股票筹资和长期借款筹资是一致的。

2. 债券筹资的缺点

(1) 财务风险高。债券有固定的到期日,并定期支付利息,要承担按期还本、付息的义务,财务上缺乏灵活性。尤其在企业营业不景气时,仍需向债券持有人付息还本,这会给企业带来财务困难,甚至导致破产。

(2) 限制条件严格。发行债券的限制条件比借款、股票多且严格,可能会影响企业资金的顺利筹集;随着债务的增加,也会影响以后的筹资能力。

(3) 筹资数量限额。利用债券筹资的数量,通常受国家法规的一定额度限制。

三、融资租赁筹资

(一) 融资租赁的含义

融资租赁又称财务租赁,是指由租赁公司(出租人)按承租人的要求出资购买设备,在较长的合同期内提供承租人使用的信用业务。它与租赁资产所有权相关的风险与收益在租赁业务发生时,由出租方转移至承租方的租赁方式。这不同于经营租赁,经营租赁的租赁期限较短,租赁资产所有权相关的风险与收益在租赁期内是不发生转移的。

一般借贷的对象是资金,而融资租赁的对象是实物。融资租赁是集融资与融物、贸易与技术更新于一体的新型金融产业。由于融资与融物相结合的特点,出现问题时租赁公司可以回收、处理租赁物,在办理融资时对企业资信和担保的要求不高。所以,融资租赁不仅适合大型企业融资,而且非常适合中小企业融资。

(二) 融资租赁的类别

1. 直接租赁

直接租赁是指承租人直接向出租人租入所需要的资产,并付出租金的租赁。直接租赁是融资租赁中最为普遍的一种,是融资租赁的典型形式。直接租赁的出租人主要有制造厂商、租赁公司等。除制造厂商外,其他出租人的经营活动,都是先向制造厂商或销售商买进租赁物,再将所购入的租赁物租给承租人。

2. 售后租回

售后租回是指承租人将其拥有主权的资产出售给出租人,然后向出租人以融资租赁的方式租回该项资产并向出租人支付租金的租赁。承租人采用售后回租的融资租赁方式,既可以通过出售资产获得现金,满足其对现金的需要,又保留了该项资产的使用权。

3. 杠杆租赁

杠杆租赁涉及三方,即出租人、承租人、贷款人。出租人只出购买资产所需的部分资金(如30%),作为自己的投资;另外,以该资产作为担保向贷款人借入其余资金(如70%),然后以融资租赁的方式将资产租赁给承租人。在这种方式中,出租人也是借款人,同时拥有资产的所有权。

杠杆租赁的租赁物一般是价值较大的技术密集型的设备。承租人用相对较小的资金支付就能获得资产的使用权;出租人在资金不足的情况下通过贷款得到资产的所有权,再以融资租赁的方式将资产出租给承租人,并收取租金;贷款人贷款给出租人得到利息,同时由于贷款以租赁物作为担保,贷款人的风险并不大。由此可见,杠杆租赁对三方都有利。

(三) 融资租赁的程序

不同的租赁业务,其具体的程序各不相同。本章只介绍融资租赁的基本程序。

1. 选择出租人

企业决定采用融资租赁方式融资后,应开始选择出租人。先要对各个从事租赁业务的金融机构的经营范围、业务能力、资信情况及与其他金融机构的关系等情况进行调查,取得各个从事租赁业务的金融机构的融资条件和租赁费率等资料,并进行比较,择优选定出租人。

2. 办理租赁委托

企业选定某个从事租赁业务的金融机构作为出租人后,便可向该金融机构提出申请,办理租赁委托。办理租赁委托,需要由承租人填写"租赁委托申请书",说明所需租赁物的具体要求。并向其提供有关企业财务状况和经营情况的文件资料,如资产负债表、利润表、现金流量表及其他有关资料等。

3. 签订购货协议

由承租人(或者,出租人或承租人与出租人共同)选定租赁物的制造商或销售商,与其进行技术与商务谈判,签订购货协议。

4. 签订租赁合同

租赁合同由承租人与出租人签订。租赁合同被用来明确双方的权利与义务,它是租赁业务的最重要的文件,具有法律效力。

5. 办理验货及投保

承租人收到租赁物后,要按照购货协议中的有关条款进行验收,验收合格后,签发租赁物收据及验收合格证并提交出租人,出租人据此向制造商或销售商付款。同时,承租人到保险公司办理投保。

6. 交付租金

承租人在租赁期内按租赁合同规定的租金数额、支付日期、支付方式,向出租人交付租金。

7. 处理租赁期满的租赁物

融资租赁合同期满,承租人有权根据需要对租赁物进行留购,以取得资产所有权、续租或退租。

(四) 租金的计算

在融资租赁方式下,租金的数额和支付方式对企业未来财务状况具有直接影响,也是企业进行租赁融资决策的重要依据。

1. 租金的构成

融资租赁的租金包括设备价款和利息两部分,其中租息又可分为租赁公司的融资成本、租赁手续费等。

(1) 设备价款。它是租金的主要内容,由买价、运杂费及途中保险费等构成。

(2) 融资成本。出租人为购买租赁设备所筹资金的成本,即设备租赁期间的利息。

(3) 租赁手续费。它包括出租人承办租赁物的营业费用及一定的利润。

2. 租金的支付方式

租金的支付方式有许多,采用何种方式关系租金的计算。租金的支付方式一般由租赁双方商定,会采取一种大家都能接受的方式。

(1) 租金的支付方式按支付期的长短分类,分为年付、半年付、季付、月付等方式。

(2) 租金的支付方式按支付时间的先后分类,分为先付租金和后付租金。先付租金是指在每期期初支付租金;后付租金是指在每期期末支付租金。

(3) 租金的支付方式按每期支付租金数额分类,分为等额支付和不等额支付。

3. 各期租金的计算

我国的融资租赁实务大多采用等额年金法计算各期租金。

等额年金法是运用年金现值的计算原理计算每次应付租金的方法。在这种方法下,通常以利息率作为贴现率。

(1) 后付租金的计算。承租人与出租人商定的租金支付方式,大多为后付等额租金,即普通年金。其计算公式为:

$$A = \frac{P}{(P/A, i, n)}$$

【例 7-4】 某公司 20×4 年 1 月 1 日从一租赁公司以融资租赁的方式租入设备一台,价款 50 000 元,租期 8 年。双方商定采用 18% 的贴现率,约定每年年末等额支付租金。试计算公司每年应付多少租金。

$$A = \frac{50\,000}{(P/A, 18\%, 8)} = \frac{50\,000}{4.077\,6} = 12\,262.11(元)$$

即该公司每年年末应等额支付租金约 12 262.11 元。

(2) 先付年金的计算。根据即付年金的现值公式,可得出先付等额租金的计算公式:

$$A = \frac{P}{(P/A, i, n-1)+1}$$

【例7-5】 承[例7-4],如果该公司与租赁公司商定每年年初支付等额租金,则该租金额为多少?

$$A = \frac{50\,000}{(P/A, 18\%, 8-1)+1} = \frac{50\,000}{3.811\,5+1} = 10\,391.77(元)$$

若采用先付等额租金方式,该企业每年年初应等额支付约 10 391.77 元的租金。

(五) 融资租赁筹资的优缺点

融资租赁是一种融资和融物相结合的筹资方式,它有着自身的优点,也有其弊端。

1. 融资租赁筹资的优点

对于承租企业而言,融资租赁筹资方式的优点主要有:

(1) 财务风险小。租金在整个租期内分摊,不需要在到期时归还大量本金,可适当降低不能偿付的风险。

(2) 税收负担轻。租金在税前扣除,而且融资租赁的固定资产被视同自有资产提取折旧,具有抵免所得税的作用。

(3) 设备淘汰风险小。随着科学技术的进步,更新、更好、效率更高的设备不断出现,购买资产发生的陈旧、过时、老化的风险很大。采用融资租赁方式取得资产,租赁期一般为资产有效寿命期的75%,不用像自己购买资产一样在整个期间承担风险。而且,大多数租赁协议都规定由出租人承担资产陈旧、过时、老化的风险。

(4) 限制条款少。无论是债券合同还是借款合同,都订有保护性条款,即对债务人的限制性契约条款。而这些限制性契约条款对企业的约束相当严格,有些甚至相当苛刻。采用融资租赁方式筹资,可以避免这些限制。

2. 融资租赁筹资的缺点

对于承租企业而言,融资租赁筹资方式的主要缺点是资金成本较高。出租人是通过租金获取报酬的,因此租金总额比租赁物价值要高。而且一般来说,融资租赁的利率较债券或借款的利率都要高得多。所以,融资租赁筹资的资金成本较高。

第二节 混合融资

混合融资是指兼具股权与债务双重特性的长期筹资,通常包括发行优先股、发行可转换债券和发行认股权证等形式。

一、优先股筹资

优先股是相对于普通股而言,有某些特定优先权利的股票。在一般情况下,优先股股东没有表决权。但当公司研究与优先股有关的事宜,如把一般优先股改为可转换优先股,或推迟优先股股利支付等问题时,优先股股东有权参加表决。

优先股股票虽属于自有资金,实际上却是一种介于发行普通股股票与发行公司债券之间的筹集长期资金的筹资方式。一方面,它的股息从税后利润中支付,通常没有到期日和固定的股息支付业务,与普通股的特征相似;另一方面,它股息固定对于盈利的分配和剩余财产的分配具有优先权,与债券的特征相似。

(一) 优先股股东的权利

优先股股东的优先权利主要表现在以下两个方面:

(1) 优先分配股利权。这是优先股的最主要特征,优先股的股利即股息,是按优先股股票的面值和事先确定的、固定的股息率支付的。其金额固定,而且必须在支付普通股利之前支付,就像支付债券利息一样。

(2) 优先分配剩余财产权。当公司清算时,优先股股东对资产要求权的顺序排在债权人之后、普通股股东之前。其金额以其股票面值加上未付清的股利为限。

(二) 优先股筹资的优缺点

1. 优先股筹资的优点

(1) 没有偿还期。发行优先股筹集的资金是公司的权益资本,没有到期日,不用偿还本金,企业可以长期使用。

(2) 股利固定,又有一定弹性。一般而言,优先股都采用固定股利,但对固定股利的支付并不构成公司的法律义务。如果公司财务状况不好,可以暂时不支付优先股股利,优先股股东也不能像债权人那样迫使公司破产。

(3) 不会分散公司的控制权。由于优先股股东在一般情况下没有表决权,优先股股东无权过问公司的经营管理,但在涉及优先股股票所保障的股东权益时,优先股股东可发表意见并享有相应的表决权,发行优先股筹资不会分散公司的控制权。

(4) 有利于公司增强公司的信誉。发行优先股所筹资金,是公司的权益资本,可增强公司的资金实力,提升公司的信誉,提高公司举债筹资的能力。

2. 优先股筹资的缺点

(1) 资本成本较高。优先股筹资的资本成本一般虽低于普通股筹资的资本成本,但股利是在税后利润中支付,因此资本成本高于债券筹资或银行借款筹资的资本成本。

(2) 财务负担重。发行优先股筹资时,公司有固定支付股利的义务,且优先股股利必须在所得税税后利润中支付。

(3) 使用限制多。发行优先股通常有很多限制条件,如对普通股股利支付的限制等。

二、可转换债券筹资

可转换证券是指可以转换为普通股股票的证券,它主要包括可转换债券和可转换优先股。可转换债券和可转换优先股有很多共同之处,但可转换债券的应用比较广泛,所以以下重点介绍可转换债券。

(一) 可转换证券的要素

可转换债券是一种特殊的债券,是一种根据债券持有者的意愿可以转化为预先确定的股份的公司债券。它除了具备一般公司债券的要素,还有自己特定的要素和条件。

1. 基准股票

可转换债券对股票的转换性,实际上是一种股票期权或股票选择权,它的基准就是可转换成的股票。基准股票一般是发行可转换债券的公司已经发行在外的普通股股票。

2. 转换价格

可转换债券发行时,即明确了以怎样的价格转换成普通股。这个价格即可转换债券的转换价格,它是指将可转换债券转换为普通股的每股普通股价格。

3. 转换比率

转换比率是可转换公司债券在实际转换时,一个单位的债券能转换成股票的数量。这个比例一般在债券发行时明确规定。

可转换债券的面值、转换价格、转换比率之间存在下列关系:

$$转换比率 = \frac{债券面值}{转换价格}$$

【例7-6】 某公司发行期限为10年的可转换债券,面值为1 000元。规定在10年内可以按每股25元的价格将债券转换为公司的股票。请计算该可转换债券的转换比率。

因为债券面值为1 000元,转换价格为25元,则:

$$转换比率 = \frac{1\,000}{25} = 40(股/张)$$

4. 转换期

转换期是指在何时可转换债券的持有人可以将手持的债券转换成股票,它可以与债券的期限相同,也可以短于债券的期限。短于债券期限的转换期又有递延转换期和有限转换期,前者是指可转换债券只能发行一定时间之后才能够行使转换权;后者是指只能在一定时间内行使转换权,超过这段时间转换权失效。

5. 赎回条款

可转换公司债券中的一个重要条件就是有关赎回的附加条款,这是为了避免金融市场利率下降时公司承担较高利率的风险,同时还迫使投资者行使其转换权。赎回条款具体包括不可赎回期、赎回期、赎回价格和赎回条件等。一般赎回期安排在不可赎回期之后,不可赎回期结束后进入可转换债券的赎回期;赎回价格一般高于可转换债券的面值,两者之差即赎回溢价,它随债券到期日的临近而减少;赎回条件分为无条件赎回和有条件赎回两种。

6. 回售条款

回售条款是指可转换债券发行公司的股票价格达到某种恶劣程度时,债券持有人有权按照约定的价格将可转换债券卖给发行公司的有关规定。回售条款具体包括回售时间、回售价格等。设置回售条款,是为了保护债券投资人的利益,避免他们遭受过大的损失。

7. 强制性转换条件

强制性转换条件是指在某些条件具备后,债券持有人必须将可转换债券转换成股票,无权要求偿还债券本金的规定,目的是保证可转换债券顺利转换成股票,实现公司扩大权益筹资的意图。

(二) 可转换债券筹资的优缺点

可转换债券是一种新型的金融工具。公司利用得当将对其发展起到十分积极的作用。但运用不当,也会给公司造成极大的被动。

1. 可转换债券筹资的优点

(1) 筹资成本低。可转换债券具有双重价值的选择权,这种选择权所具有的市场价值可使发行公司以低于一般非转换债券的利息率发行,能以较低的成本筹集资金。

(2) 便于资金的筹措。可转换债券不仅使投资者获得了固定利息,而且向其提供了转换为股权投资的选择权,因而能吸引投资者投资,便于企业资金的筹集。

(3) 减少筹资中的利益冲突。一是可转换债券的持有人是公司的潜在股东,与公司的利益冲突较小;二是可转换债券的持有者中有相当一部分会在日后将其转换为普通股,所以发行可转换债券不会过大地增加公司的偿债压力,其他债权人较少反对。

(4) 有利于稳定股价。一些公司认为目前其股价太低,为避免直接发行股票遭受损失,通过发行可转换债券变相发行普通股。一是不至于因发行新股而降低股价;二是即使可转换债券转换成股票,因其转换期较长,对公司的股价影响也不大。

2. 可转换债券筹资的缺点

(1) 财务风险较大。发行可转换债券时,若转换价格和转换比率制定不合理,或者导致可转换债券持有人集中转换,使股权过于稀释;或者导致可转换债券的转换比例不足,使发行公司面临偿还本息的巨大压力。两方面皆不利于公司从事正常的生产经营活动。

(2) 资本结构不稳定。发行可转换债券后,公司在未来一段时期内的资本结构会受可转换股票的影响,处于不稳定状态。而且,为不损害可转换债券持有者这部分潜在股东的利益,公司在资本变动和利润分配等方面还受诸多限制。

(3) 股价上扬风险增大。当公司普通股股价急涨时,公司却只能以较低的固定转换价格换出股票,一是降低公司股权筹资额;二是使实际筹资成本高于发行非转换债券的成本,失去降低筹资成本的优势。

三、权证筹资

权证是一种有价证券,是一种金融衍生产品,也是一种具有高风险的投资。投资者付出权利金购买权证后,有权利(而非义务)在某一特定期间(或特定时点)按约定价格向发行人购买或出售标的证券。其中,发行人是指上市公司或证券公司等机构;权利金是指购买权证时支付的价款;标的证券可以是个股、基金、债券、一篮子股票或其他证券,它是发行人承诺按约定条件向权证持有人购买或出售的证券。

权证的交易实质上是一种期权的买卖。权证与所有期权一样,是一种权利而非责任,赋予持有者在预定的"到期日"以预定的"行使价"购买或沽出"相关资产"的权利,行使与否由权证持有人自主决定。因此,权证认购者需要支付权证的购买价格。权证的发行人可以获得出售权证的收入,但在权证持有人按规定提出履约要求之时,负有提供履约的义务,不得拒绝,需要承担标的证券价格变动带来的风险。

权证按照买卖方向分类,可分为认购权证和认沽权证。

以标的证券为股票的认股权证为例,认购权证给予持有权证的投资者在行权期内以事先约定的价格向权证发行人购买一定量的某个股票的权利。权证持有者有权利而无义务。届时公司股票价格上涨,超过认购权证所规定的认购价格,权证持有者按认购价格购买股票,赚取市场价格和认购价格之间的差价;若届时市场价格比约定的认购价格还低,权证持有者可放弃认购。从内容上看,认购权证实质上是一种买入期权。认沽权证给予持有权证的投资者在行权期内按事先约定的价格把某个股票卖给权证发行人的权利,权证发行人必须以事先约定的价格买入股票,权证持有人可卖出股票的数量由持有认沽权证的数量决定。从内容上看,认沽权证实质上就是一种卖出期权。

认购权证可以与股票或债券同时发行,可以提高投资者认购股票或债券的积极性。同时,如果到时投资者据此认购新股,还能增加发行公司的资金来源。通过发行权证,发行者可以获取一定的发行收入,但要同时承受股市波动给它带来的风险。

第三篇 投 资 篇

 学习目的与要求

本篇主要讲述投资分析与回报、投资模式与评价、投资决策优化理论等。通过本篇的学习,学生应掌握以下内容:
(1) 投资模式与评价方法。
(2) 投资决策方法与指标计算。
(3) 投资组合理论与决策方法。

 教学重点与难点

投资模式比较、长期投资与短期投资决策、证券投资模型与应用。

 **引文**

近几年,制造业的竞争愈发激烈,但出现了一些特殊的指标现象,表现出企业的经济增加值持续保持正值,说明其为股东创造了财富,但衡量企业价值创造效率的经济增加值动量指标却出现了持续下降的现象。在充满竞争的行业环境中,如何评价企业为股东创造价值的能力呢?

经济增加值代表考虑了资本成本的企业实际为股东创造的财富增量,但使用经济增加值对企业价值进行分析时,难以避免会受到企业规模、所处行业、企业经营阶段等因素影响,忘记了企业价值创造效率。2009 年 Bennett Stewart 提出了经济增加值动量关注企业价值创造效率变化。

在以企业价值最大化为核心的企业投资与管理目标下,股东不仅要关注企业当期的价值创造总量,而且要关注价值创造效率的变化,以了解未来企业创造价值的潜力。

 **思政课堂**

高质量发展是新时代的硬道理

  推动高质量发展是我们当前和今后一个时期确定发展思路、制定经济政策、实施宏观调控的根本要求。习近平总书记指出,我们要坚持以推动高质量发展为主题,把实施扩大内需战略同深化供给侧结构性改革有机结合起来,增强国内大循环内生动力和可靠性,提升国际循环质量和水平,加快建设现代化经济体系,着力提高全要素生产率,着力提升产业链供应链韧性和安全水平,着力推进城乡融合和区域协调发展,推动经济实现质的有效提升和量的合理增长;高质量发展不只是一个经济要求,而是对经济社会发展方方面面的总要求;不是只对经济发达地区的要求,而是所有地区发展都必须贯彻的要求;不是一时一事的要求,而是必须长期坚持的要求;各地区要结合实际情况,因地制宜、扬长补短,走出适合本地区实际的高质量发展之路;必须加快形成推动高质量发展的指标体系、政策体系、标准体系、统计体系、绩效评价、政绩考核,创建和完善制度环境,推动我国经济在实现高质量发展上不断取得新进展等。这些重要论述,深刻回答了怎样推动高质量发展的重大问题。

  发展新质生产力是推动高质量发展的内在要求和重要着力点。习近平总书记指出,党的二十大后,党中央从推动高质量发展全局出发,明确提出加快发展新质生产力;高质量发展需要新的生产力理论来指导,而新质生产力已经在实践中形成并展示出对高质量发展的强劲推动力、支撑力,需要我们从理论上进行总结、概括,用以指导新的发展实践;概括地说,新质生产力是创新起主导作用,摆脱传统经济增长方式、生产力发展路径,具有高科技、高效能、高质量特征,符合新发展理念的先进生产力质态;新质生产力的显著特点是创新,既包括技术和业态模式层面的创新,又包括管理和制度层面的创新;绿色发展是高质量发展的底色,新质生产力本身就是绿色生产力等。这些重要论述,深刻回答了如何以生产力发展的新飞跃推动高质量发展取得新进展新突破的重大问题。

  资料来源:王慧.高质量发展是新时代的硬道理[EB/OL].求是,(2024-06-15)[2024-10-28]. http://www.qstheory.cn/dukan/qs/2024-06/15/c_1130162890.htm?s_trans=7833948967_&s_channel=4,有删节.

  请思考:
  1. 如何理解"高质量发展是全面建设社会主义现代化国家的首要任务"?
  2. 高质量发展对企业的投资活动有怎样的指导意义?

第八章　证券投资管理

第一节　证券投资与证券估值

一、证券的含义及价值

证券是指由筹资者发行的、票面载有一定金额的、代表所有权或债权的凭证。证券是一种金融资产,使用比较广泛的有股票和债券。企业将资金用于购买金融资产,称为证券投资。证券投资属于间接投资,投资的资金转移到筹资者手中,然后投入生产活动中使用,以获取收益。企业在进行证券投资时,必须对证券的投资价值进行评价,从证券市场上选择合适的证券进行投资。

证券的价值有不同的含义和用法。

1. 账面价值

证券的账面价值是一个会计学的概念,是指公司资产负债表上所列示的资产价值。它是依据历史成本对证券进行记录的价值,如企业优先股的账面价值为发行时投资者实际缴纳的股金,也是企业实收的优先股股本金额。

2. 市场价值

证券的市场价值即证券在交易市场上的价格,是指证券在市场上买卖双方进行竞价后产生的双方均能接受的价格。例如,某日宝钢股份股票的收盘价为 4.35 元,即当日的市场价值,它是大量买卖者在股票交易所竞价所产生的结果。

3. 清算价值

证券的清算价值是指企业在破产清理时出售证券所能变现的数额。企业在破产清理时,必须变卖资产以获取现金用于偿还债务。

4. 内在价值

证券的内在价值又称公正价值或投资价值,是指预期未来现金流量的水平、持续的时间和风险等条件确定的情况下,投资者认为可以接受的合理价格。它是将预期未来的现金流量以投资者可以接受的最低收益率进行折现所得到的现值。通常,确定了证券的内在价值后,可将它与市场价格进行比较,若内在价值高于市场价格,则认为该证券被低估了;反之,则高估了。

二、证券的种类

证券可按不同的标准进行不同的分类。

1. 按证券的发行主体分类

证券按发行主体的分类,可分为政府证券、金融证券和企业证券。政府证券是指由中央政府或地方政府为筹集资金而发行的证券。金融证券是指由银行或其他金融机构为筹措资金而发行的证券。企业证券又称公司证券,是指工商企业为筹集资金而发行的证券。发行主体不同,证券的风险也不同,政府证券的风险较小,金融证券次之,企业证券的风险较大。

2. 按证券的期限分类

证券按期限的长短分类,可分为短期证券和长期证券。短期证券是指期限短于1年(含1年)的证券,如国库券、商业票据等。长期证券是指期限长于1年的证券,如股票、债券等。一般而言,投资短期证券的风险小,变现能力强,但收益率较低;投资长期证券的风险大,变现能力较弱,但收益率一般较高。

3. 按证券体现的权益关系分类

证券按体现的权益关系分类,可分为所有权证券和债权证券。所有权证券是指证券的持有人,即证券发行单位的所有者。所有者证券的持有人对发行单位拥有一定的管理和控制权,股票是典型的所有权证券。债权证券是指证券的持有人为发行单位的债权人。债权证券的持有人对发行单位一般无管理和控制权,债券及短期票据均为债权证券。当发行单位破产时,债权证券有优先清偿权,而所有权证券在最后清偿,所以所有权证券比债权证券承担更大的风险。

三、证券评价的方法及程序

与资本投资决策评价一样,证券投资的价值也应等于其未来预期现金流量的现值。这种将证券未来流入现金流折现来对证券估价的方法称为现金流折现估值方法(discounted cash flow,DCF),它是金融资产估价的基本方法。因此,证券价值的大小受以下三个因素的影响:①预期未来现金流量的大小与时间。②未来现金流量的风险。③投资者所要求的收益率。前两项是证券内在的特征,第三项是证券投资者希望达到的最低收益标准。

证券估价的基本模型可用数学公式表示为:

$$V = \sum_{t=1}^{n} \frac{CF_t}{(1+i)^t}$$

式中:V——证券的内在价值;

CF_t——第 t 期收到的现金净流量；

i——投资者要求的收益率；

n——净现金流量发生的期限。

根据评价模型,证券估价的主要程序如下：

(1) 估计该项证券未来各期净现金流量的水平(CF_t)。

(2) 根据投资者对该项证券投资未来现金流量风险的预期及对风险的态度,确定证券投资所要求的最低收益率(i)。

(3) 用投资者要求的最低收益率把未来预期现金流量折合为现值之和,即证券的内在价值(V)。

第二节 固定收益证券投资决策

一、固定收益证券概述

1. 固定收益证券的概念

固定收益证券是指能够提供固定或根据固定公式计算现金流的证券。例如,公司债券的发行人承诺每年向债券持有人支付固定的利息。

有些债券的利率是浮动的,但也有明确的计算方法。例如,某公司债券规定按国库券利率上浮两个百分点计算并支付利息。固定收益证券是公司筹资的重要形式。固定收益证券的收益与发行人的财务状况相关程度低,除非发行人破产或违约,证券持有人将按规定数额取得收益。固定收益证券又称债务证券,它能反映持券人可以在特定的时间内取得固定的收益并预先知道取得收益的数量和时间,如固定利率债券、优先股股票等,承诺在将来支付固定的现金数量。

固定收益的证券投资是指投资于票面载明面值和固定收益率的证券,如投资于国债、短期融资券和可转让存单等,通常按期获取金额固定的利息并收回本金。固定收益类证券的投资回报不是"固定"的,和股票投资类似,投资者的投资收益由两部分组成：①持有期间的利息收入及利息的再投资收入(与此对应,股票持有期间的收入为分红)。②持有期间结束后,投资者所能获得的价格。如果是"自然"结束——债券到期,债券持有人获得本金；如果是"非自然"结束,如发行人回赎债券或发行人无法支付到期债务,则债券持有人的收入因当时市场情况、司法安排和公司契约而定。另外,如果投资者选择在到期之前卖出债券,则市场成交价格即投资者的最终收入。这两部分的收益会因外部因素的变化而波动。

2. 固定收益证券的分类及风险

固定收益证券是一大类重要金融工具的总称,其主要代表有国债、公司债券、资产抵押证券等。固定收益证券包含了违约风险、利率风险、流动性风险、税收风险和购买力风险。各类风险的回避是固定收益证券被不断创新的根本原因。虽然，同为固定收益证券，但是不同的产品结构和属性决定了它们不同的风险和收益。

按照我国已有的固定收益证券的品种，可以把他们简单地分为四类：①信用风险可以忽略的债券，包括国债、央行票据、金融债和有担保企业债。②无担保企业债，包括短期融资券和普通无担保企业债。③混合融资证券，包括可转换债券和分离型可转换债券。④结构化产品，包括信贷证券化，专项资产管理计划和不良贷款证券化。通过比较可以发现，影响我国现有固定收益证券收益和风险的因素主要有三类：市场利率、标的证券和信用利差。

3. 固定收益证券的现状及未来发展

固定收益证券能提供固定数额或根据固定公式计算出的现金流。例如，公司债券的发行人将承诺每年向债券持有人支付一笔固定数额的利息。其他的浮动收益债券则承诺以当时的市场利率为基础支付利息。例如，某一债券可能以高于美国国库券利率两个百分点的利率支付利息。除非借款人被宣布破产，这类证券的收益支付将按一定数额或公式进行，因此固定收益证券的投资收益与债券发行人的财务状况相关程度最低。

然而，固定收益证券的期限及支付条款却是多种多样的。作为一个极端，货币市场中交易的是短期的、高流动性的，并且通常是极低风险的固定收益证券，如国库券及银行大额存单等。与此相反，固定收益证券资本市场中交易的是长期债券，如政府、公司等发行的长期债券。这些债券有的非常安全，只有极小的违约风险（如政府债券），有的相对风险较大（如高收益债券或垃圾债券）。这些债券在向投资者支付利息及在发行者破产情况下对投资者的保护方面，同样具有很大的差异性。

我国市场上的固定收益类产品主要有国债、中央银行票据、企业债、结构化产品和可转换债券。从存量来看，国债和中央银行票据构成了我国固定收益类证券的主体，可转债、结构化产品及无担保企业债也正在快速发展。

二、固定收益证券投资风险

（一）市场风险

债券价格的涨跌与市场利率的升降成反比例关系。利率上升的时候，债券价格便下滑。这种与市场利率相关的风险被称为市场风险或利率风险（market risk）。最为常用的衡量市场风险的指标为久期（duration），它衡量 1% 利率变化所能导致的债券价格变动。

一般来说，期限越长的债券，久期越长，市场风险也就越大（久期还受票面利率、到期收益率等其他因素的影响）。例如，市场利率上调了 1%，1 年期的短期债券价格可能下降了 1%，而 5 年期的债券价格可能下降了 4.5%。

(二) 再投资风险

再投资风险(reinvestment risk)是指债券的未来收入(包括利息收入、到期时收到的本金等),用于再投资所能实现的收益率,可能会低于当初购买该债券时的收益率。再投资风险在利率下降期间比较显著,因为利息收入不得不按照当前较低的利息率进行投资。

例如,5年期债券利率为10%,1年期短期债券利率8%。为了降低市场风险(万一市场利率大幅上扬,5年期的债券价格与1年期的债券相比会显著下降),投资者选择了购买1年期短期债券并打算1年后将投资收益用于再投资。不幸的是,1年之后,在短期债券到期收回本金时,市场利率降低到5%,这时就很难找到收益率为10%的投资机会,而如果当初投资5年期债券,持有到期,投资者可以获得10%的年平均收益。

从上面的例子,不难看出市场风险和再投资风险是相反的。当市场利率上升时,债券价格下降,但是已获收入的再投资收益却上升;当市场利率下调时,债券价格上升,但再投资收益却下降。市场风险主要是指利率上涨的风险,而再投资风险主要是指利率下降的风险。

(三) 信用风险

债券的信用风险(credit risk)有两个方面:一方面,债券发行人可能违约的风险;另一方面,由于市场对发行人违约风险预期的增强或债券的信用等级被下调导致的债券价格下降的风险。信用等级是衡量违约风险的主要市场工具。例如,当某公司违约风险升高时,投资人将不愿意按之前的市场价格买入该公司的债券,只有提升债券的投资回报率才能吸引投资人购入,因此,债券债权人不得不以更低的价格出售债券。

(四) 流动性风险

就债券而言,流动性(liquidity)是指投资者能够迅速、大量地买卖债券,但不过多地影响债券的市场价格。不少人在理解流动性时,过分地强调"速度",而忽略了对"市场价格"的影响。理论上说,任何有价值的资产都可以在瞬间被买卖——当价格降到趋近于零。如果只看重资产变现速度,就会得出大多数资产流动性都很强的错误结论。

例如,一个投资者愿意以票面价格的95%出售信用等级为AAA的学生贷款拍卖标价证券,但市场上最高出价为票面价格的50%。从信用等级来看,该债券的信用风险几乎为零,但是它的流动性如何?如果价格定在票面价格的95%,没有任何买家,流动性为零;如果价格定在50%或以下,立刻会有很多买家,流动性非常好。实际上,没有人会认为该债券的流动性很强,因为它是以大幅降价为代价的。

（五）回赎风险

不少债券含有可回赎条款（call provision）——债券发行人有权在债券到期之前部分或全部偿还债务。一些债券虽然没有明确的可回赎条款，但却有隐性的回赎条款。例如，所有的按揭证券都含有该条款，当抵押贷款人提前偿还本金和利息后，该证券将自动被回赎。该条款给投资者带来诸多的不利。例如，债券发行人通常在市场利率较低的时候回赎债券，因为此时发行新债券的利率会较低。而在利率低的市场条件下，投资者的再投资收益就会较低。另外，投资者不确定债券发行人何时回赎债券，这就给投资者的投资计划带来了困难。

三、债券价值的评估模型

企业在进行债券投资时，必须估计债券的价值，通常将债券的估价称为债券的内在价值或投资价值，即最高可以投资的价格。债券的投资价值高于市场价格，企业才能投资；反之，则不应投资。债券的估价通常采用现金流折现方法，评估债券价值的模型应根据债券的类型确定。

（一）分期付息、到期还本债券的估价模型

西方国家发行的长期债券，多为分期付息、到期还本的形式。对此类债券进行估价，是将未来各期所得到的利息和归还的本金按市场利率折合成现值，其估价模型为：

$$V_b = \sum_{t=1}^{n} \frac{I}{(1+i)^t} + \frac{M}{(1+i)^n}$$
$$= I \times (P/A, i, n) + M \times (P/F, i, n)$$

式中：V_b——债券的内在价值；

I——债券的年利息；

M——债券的到期还本额或出售价格；

i——市场利率或要求的最低投资收益率；

n——债券的投资期。

【例 8-1】 某债券面值为 1 000 元，票面利率为 9%，期限为 8 年，每年付息一次，到期还本，该债券已发行 3 年。当前市场利率为 12%，该债券的市场价格为 850 元，企业是否可以投资？

$$V_b = 1\,000 \times 9\% \times (P/A, 12\%, 5) + 1\,000 \times (P/F, 12\%, 5)$$
$$= 90 \times 3.604\,8 + 1\,000 \times 0.567\,4 = 891.832(元)$$

因为 891.832 元＞850 元，企业可以投资。

(二) 一次还本付息且不计复利的债券估价模型

我国发行的债券,多为到期一次还本付息、不计复利的债券,其估价模型为:

$$V_b = \frac{M \times (1 + r \times n)}{(1 + i)^n}$$
$$= M \times (1 + r \times n) \times (P/F, i, n)$$

式中:r——债券的票面利率。

【例 8-2】 顺同公司购买一金融债券,该债券面值为 1 500 元,期限为 3 年,到期一次还本付息,票面利率 8%,不计复利。若当前同类债券的市场利率为 10%,该债券投资价格可计算如下:

$$V_b = 1\,500 \times (1 + 8\% \times 3) \times (P/F, 10\%, 3) = 1\,500 \times 1.24 \times 0.751\,3 = 1\,397.42(元)$$

该债券的市场价格低于 1 397.42 元时,公司才能购买。

若一次还本付息的债券以复利计息,则估计模型为:

$$V_b = \frac{M \times (1 + r)^n}{(1 + i)^n}$$
$$= M \times (F/P, r, n) \times (P/F, i, n)$$

[例 8-2]中的金融债券,若以复利计息,则其投资价值为:

$$V_b = 1\,500 \times (F/P, 8\%, 3) \times (P/F, 10\%, 3) = 1\,500 \times 1.259\,7 \times 0.751\,3 = 1\,419.62(元)$$

(三) 贴现发行的债券估价模型

贴现发行的债券又称无息债券。发行无息债券的企业,不支付利息,而以低于债券面值的价格折价出售,到期按面值偿还。面值与售价之间的差额,即投资者的收益。对贴现发行的债券进行估价,是直接将债券的面值折合成现值,其估价模型为:

$$V_b = \frac{M}{(1 + i)^n} = M \times (P/F, i, n)$$

【例 8-3】 某企业发行 3 年期的贴现债券,面值为 1 000 元,现以 760 元出售,当前市场利率为 10%。可计算该债券的投资价值:

$$V_b = 1\,000 \times (P/F, 10\%, 3) = 1\,000 \times 0.751\,3 = 751.3(元)$$

751.3 元<760 元,该债券不应投资。

四、债券投资收益率的计算

企业投资购买债券主要是为了获得稳定的投资收益,不同的债券,投资者要求的收益率是不同的。投资者最关心的是当前证券市场价格所揭示的收益率。当前的证券市场价格反映了投资者能共同接受的预期收益率。以当前的债券市场价格替代债券估价模型中的债券内在价值计算出折现率,即市场对该债券的预期收益率。其计算公式如下:

$$P_b = \sum_{t=1}^{n} \frac{I}{(1+R)^t} + \frac{M}{(1+R)^n}$$
$$= I \times (P/A, i, n) + M \times (P/F, i, n)$$

式中:P_b——债券的市场价格;

R——债券投资收益率;

其余符号同估价模型。

采用逐次测试法,当计算出的内在价值等于市场价格时,可以计算出债券投资收益率。

【例 8-4】 东方公司于 20×1 年 5 月 1 日以 950 元购入一张面值为 1 000 元的债券,其票面利率为 10%,每年 4 月 30 日支付一次利息,公司在 20×4 年 5 月 1 日以 980 元将其出售,则该债券的投资收益率计算如下:

以 $i=10\%$ 计算其内在价值:

$$V_b = 1\,000 \times 10\% \times (P/A, 10\%, 3) + 980 \times (P/F, 10\%, 3)$$
$$= 100 \times 2.486\,9 + 980 \times 0.751\,3 = 984.96(元) > 950\,元$$

以 $i=12\%$ 计算其内在价值:

$$V_b = 1\,000 \times 10\% \times (P/A, 12\%, 3) + 980 \times (P/F, 12\%, 3)$$
$$= 100 \times 2.401\,8 + 980 \times 0.711\,8 = 937.74(元) < 950\,元$$

用内插法计算投资收益率:

$$R = 10\% + \frac{984.96 - 950}{984.96 - 937.74} \times (12\% - 10\%) = 11.48\%$$

东方公司投资该债券的收益率为 11.48%。

五、债券价值的特征

债券价值的大小与市场利率、到期日和还本付息方式等有关,常用的分期付息、到期还本债券的主要特征如下:

(1) 债券价值与市场利率的变动呈反向关系。市场利率上升,债券价值下跌;反之,债券价值上升。

【例 8-5】 某债券面值为 1 000 元,票面利率为 8%,5 年到期。每年付息一次,到期

还本。当市场利率不同时,分别计算其价值。计算公式如下:

$$V_b = 1\,000 \times 8\% \times (P/A, i, 5) + 1\,000 \times (P/F, i, 5)$$

不同市场利率下的债券价值如表 8-1 所示。

表 8-1　　　　　　　　　　　不同市场利率下的债券价值

市场利率	利息(元)	年金现值系数	债券面值(元)	复利现值系数	债券价值(元)
4%	80	4.451 8	1 000	0.821 9	1 178.04
6%	80	4.212 4	1 000	0.747 3	1 084.29
8%	80	3.992 7	1 000	0.680 6	1 000.02
10%	80	3.790 8	1 000	0.620 9	924.16
12%	80	3.604 8	1 000	0.567 4	855.78

由表 8-1 可知,债券价值是不确定的。若当前市场利率发生了变化,则债券价值也随之而波动。市场利率下降,会导致债券价值上升,从而使债券投资者增加收益;市场利率上升,会导致债券价值下降,从而使债券投资者遭受损失。未来的市场利率与相应的债券价值无法确定,所以,当市场利率变化时,债券投资者将面临债券价值变化的风险,这个风险即债券的利率风险。

(2) 当市场利率高于债券票面利率时,债券的市场价值会低于债券面值;当市场利率低于债券票面利率时,债券的市场价值会高于债券面值。

从表 8-1 中可以得出以下关系:

当市场利率=债券票面利率(8%=8%)时,债券价值=债券面值(1 000 元=1 000 元)。

当市场利率>债券票面利率(10%>8%)时,债券价值<债券面值(924.16 元<1 000 元),该债券为折价债券。

当市场利率<债券票面利率(6%<8%)时,债券价值>债券面值(1 084.29 元>1 000 元),该债券为溢价债券。

(3) 当债券接近到期日时,债券价值趋向其面值。

【例 8-6】　承[例 8-5],计算在不同期限下的债券价值,其结果如表 8-2 所示。

表 8-2　　　　　　　　　　不同期限下的债券价值　　　　　　　　金额单位:元

市场利率	债券到期年限(年)					
	5	4	3	2	1	0
4%	1 178.04	1 145.19	1 111.01	1 075.49	1 038.42	1 000.00
8%	1 000.00	1 000.00	1 000.00	1 000.00	1 000.00	1 000.00
12%	855.78	878.48	903.94	932.41	964.33	1 000.00

由表 8-2 可知,债券接近到期日时,溢价债券的市场价值将下降。[例 8-6]中,当市

场利率为4%时,债券价值将从离到期日还有5年时的1 178.04元降至离到期日只有1年时的1 038.42元。同样,债券接近到期日时,折价债券的市场价值将上升。[例8-6]中,当市场利率为12%时,债券价值将从离到期日还有5年时的855.78元升至离到期日只有1年时的964.33元。

随着经济环境的变动,市场利率会起伏不定,债券价值会随之变动,无法固定下来。但不管市场利率如何变动,债券价值都会随着到期日的逐渐来临而趋近其面值。

(4) 长期债券的利率风险大于短期债券,短期债券的再投资风险大于长期债券。

由表8-2可知,5年期债券的市场价值对利率的敏感性要大于2年期债券。当市场利率从8%上升到12%时,5年期债券的价值从1 000元下降到855.78元,下降幅度为14.42%,而2年期的债券只下降到932.41元,下降幅度为6.76%。长期债券的利率风险大于短期债券的原因是投资者购买了票面利率为8%的5年期债券后,若市场利率上升至12%,则该债券的投资者在今后5年中都将被锁定在8%的低收益率上。如果投资者购买的是相同票面利率的短期债券,如2年期的债券,则他只需将债券持满2年便可以收回资金,然后可以再购买利率为12%的债券。

反之,购买短期债券而非长期债券会有再投资风险。[例8-6]中,若投资者购买了票面利率为8%的2年期债券,当市场利率降为4%时,债券到期后,投资者就无法再以同样的价格购买票面利率为8%的债券,与一开始就购买长期债券的投资者相比,将每年少获得利息40元。

第三节 非固定收益证券投资决策

一、股票投资

(一) 股票投资的概念及目的

1. 股票投资的概念

股票是股份公司为筹集自有资金而发行的有价证券,是持股人拥有公司股份的基本入股凭证。企业购买其他企业发行的股票,称为股票投资。

2. 股票投资的目的

企业进行股票投资的目的:一是获利,二是控股。

获利是企业股票投资的短期目的,企业购买股票后可定期获得股利,并在未来出售股票获取资本利得。为了减少风险,企业应采取分散投资的方法以降低投资风险。

控股是企业股票投资的长期目的,企业可通过大量购买某一企业的股票来控制该企业。为了达到控股的目的,企业应采用集中所有资金购买同一股票的方法。企业控股的目的不是取得近期利益,而是取得长期利益。

(二) 股利和资本利得

投资人进行股票投资的收益有股利和资本利得。

股利包括股息和红利,是股份公司从其税后利润中分配给股东的收益,也是股东所有权在分配上的体现。股利收入是投资人进行长期股票投资的主要报酬。

资本利得是投资者购入股票后,当股票市价上涨后,出售股票所取得的出售价与购买价之间的差额。资本利得是投资人进行短期投机活动的主要报酬。

(三) 股票的价格及价值

1. 股票的价格

股票的价格是指股票的市场价格,即股票在市场交易中所反映的价格。公司发行股票时,要规定股票的面值,当股票发行后上市买卖,股票价格就与原来的面值分离。这时的价格主要由预期股利和当时的市场利率决定,此外,股票价格还受经济环境变化和投资者心理等复杂因素影响,变动很大。股市上的价格有开盘价、最高价、最低价和收盘价之分,进行股票评价时主要使用收盘价。

2. 股票的价值

从投资者的角度看,股票的价值又称股票的内在价值,是指股票的投资价值。股票的投资价值大小取决于在预期的未来获得的现金流入量的现值,包括各期预期股利收入和出售股票时所得的售价收入的现值之和。股票的投资价值反映股票的真实价值。投资者应将股票的投资价值与其市场价格进行比较,以确定是否进行股票投资。

二、股票现金流折现估价模型

股票现金流折现估值模型认为股票的价值是股票未来取得的现金流入折现的现值。股票带来的现金流入包括股利收益和股票价格上涨带来的资本收益。在普通股估价中,应考虑两种类型的收益,即股利增长和股票价格增长。以下根据股票的特征,介绍股票的估价模型。

(一) 短期持有的股票估价模型

短期持有的股票估价模型是指企业购买股票以后,会持有一段时间后,再将其转让出去的股票估价模型。在这种方法下,普通股价值等于持股期间所得股利的现值加上最终转让该股票时出售的价值。其估价模型如下:

$$V = \sum_{t=1}^{n} \frac{D_t}{(1+R_S)^t} + \frac{V_n}{(1+R_S)^n}$$
$$= \sum_{t=1}^{n} D_t \times (P/F, R_S, t) + V_n \times (P/F, R_S, n)$$

式中:V——股票的内在价值;

d_t——第 t 年的股利;

V_n——股票的出售价格;

R_S——市场利率或要求的最低投资收益率;

n——股票的投资期。

【例8-7】 东方公司考虑于20×1年6月1日购买A股票,该股票预计在20×2年、20×3年和20×4年的5月30日每股可分别获得现金股利0.5元、0.6元和0.8元,东方公司预计在20×4可以每股6元的价格出售股票。公司要求的投资收益率为16%,则A股票的投资价值为:

$$V = 0.5 \times (P/F, 16\%, 1) + 0.6 \times (P/F, 16\%, 2) + (0.8+6) \times (P/F, 16\%, 3)$$
$$= 0.5 \times 0.8621 + 0.6 \times 0.7432 + (0.8+6) \times 0.6407 = 5.23(元)$$

(二) 长期持有的股票估价模型

企业长期持有股票,只能获得定期的股利,将未来各期的股利折合成现值,即股票的投资价值。长期持有的股票估价模型为:

$$V = \sum_{t=1}^{\infty} \frac{D_t}{(1+R_S)^t}$$

如果股票每年发放的现金股利是无规律的,则无法估计股票的投资价值;如果股利的发放有一定的规律,可用简化公式来计算。

1. 股利固定不变的股票估价模型

某些股票的股利额是固定的,如优先股及采用固定股利政策的普通股,每期发放的股利可以看作永续年金,用永续年金求现值的方法,计算其投资价值。

$$V = \frac{D}{R_S}$$

式中:D——每期固定的股利额。

【例8-8】 市场上B股票的售价为16元,每年发放2.3元的固定股利,现某公司希望购买B股票,公司的期望投资收益率为15%,是否应购买?

$$V = \frac{2.3}{0.15} = 15.33(元)$$

因售价16元大于投资价值15.33元,不应购买。

2. 股利固定增长的股票估价模型

对于成长型的普通股票,其股利往往是增长的,若每期发放的股利是固定增长的,假设股利的增长率为 g,并满足固定增长率 g 小于企业要求的必要收益率 k。则股票的投资价值可用下述模型计算：

$$V = \frac{D_0 \times (1+g)}{R_S - g} = \frac{D_1}{R_S - g}$$

式中：D_0——第 0 年的股利；

D_1——第 1 年的股利。

该模型可推导如下：

$$V = \frac{D_0 \times (1+g)}{1+R_S} + \frac{D_0 \times (1+g)^2}{(1+R_S)^2} + \cdots + \frac{D_0 \times (1+g)^n}{(1+R_S)^n}$$

将上式左右两边同时乘以 $\frac{1+R_S}{1+g}$，得：

$$V \frac{1+R_S}{1+g} = D_0 + \frac{D_0 \times (1+g)}{1+R_S} + \frac{D_0 \times (1+g)^2}{(1+R_S)^2} + \cdots + \frac{D_0 \times (1+g)^{n-1}}{(1+R_S)^{n-1}}$$

以第二式减去第一式，得：

$$V \times \frac{1+R_S}{1+g} - V = D_0 - \frac{D_0 \times (1+g)^n}{(1+R_S)^n}$$

当 $R_S > g$ 时，$n \to \infty$，$\frac{D_0 \times (1+g)^n}{(1+R_S)^n} \to 0$，则有：

$$V \times \frac{1+R_S-1-g}{1+g} = D_0$$

可得：

$$V = \frac{D_0 \times (1+g)}{R_S - g} = \frac{D_1}{R_S - g}$$

【例 8-9】 东方公司希望购买 C 股票，公司要求的股票投资收益率不能低于 10%，C 股票上年年末每股股利为 0.54 元，预计以后每年以 4% 的速度增长，则该股票的投资价值为：

$$V = \frac{0.54 \times (1+4\%)}{10\% - 4\%} = 9.36(元)$$

三、股票投资的预期收益率

以股票当前的市场价格替代前面股票估价模型中的股票投资价格，计算其贴现率，即股票投资的预期收益率，它能反映股票投资者按市场价格购买股票后预期可以得到的收益率。

(一) 股利固定不变的股票预期收益率

优先股或股利固定的普通股的预期收益率可用股票当前的市场价格 P 替代股利固定不变的股票估价模型公式中的 V，求出贴现率 R_S，即预期的收益率。

$$R_S = \frac{D}{P} \times 100\%$$

【例 8-10】 某种优先股目前的市价为 60 元，每年支付固定股利 4.26 元，则投资该优先股的预期收益率为：

$$R_S = \frac{4.26}{60} \times 100\% = 7.1\%$$

(二) 股利固定增长的股票预期收益率

同上，用股票当前的市场价格 P 替代股利固定增长的股票估价模型公式中的 V，求出贴现率 K_S，即可反映以市场价格购入普通股后，预期能得到的收益率。

$$R_S = \frac{D_1}{P} \times 100\% + g$$

【例 8-11】 市场上某公司发行的股票价格为 64 元，上年发放股利每股 2.34 元，预计该股票的股利，将以每年 5% 的年增长率增长，则投资该股票的预期收益率为：

$$R_S = \frac{2.34 \times (1+5\%)}{32} \times 100\% + 5\% = 12.68\%$$

股票的预期收益率反映了投资者购买股票的边际收益率，若预期收益率高于投资者所要求的最低投资收益率，投资者就愿意购买这种股票。

四、股票投资的风险与收益

股票是一种变动收益证券，其主要特征是收益的不稳定性，特别是普通股投资，其收益往往是不固定的。股份有限公司要根据公司的收益情况，决定股利的分配政策，而股利的大小，又会影响市场上股价的变动，形成股票投资的风险。因此，在估计股票价值时，必须与风险相联系。

(一) 股票投资的风险

股票是一种高风险的投资项目，尽管投资股票的潜在收益较高，但风险也是最大的。股票投资的风险可分为非系统性风险和系统性风险，由于两种风险的特征不同，规避风险的方法也不同。

1. 非系统性风险

非系统性风险又称可分散风险或公司特别风险,是指由于发行股票的公司因生产经营不好、现金短缺、竞争失败或破产清算等原因,使股票价格下跌、股利减少而给投资者带来的风险。

非系统性风险可以通过证券的多样化方法来消除,如购买多种股票,有的股票价格下降,而有的股票价格上升,即可分散风险。也可以同时投资多种证券,如同时购买股票和债券,因为债券的风险较小,组成证券组合后可降低风险。

证券组合理论认为,若干种证券组成的投资组合,其收益是这些证券收益的加权平均数,但其风险不是这些证券风险的加权平均,故证券组合能降低风险。

证券组合是否能分散风险,可根据组成证券组合的证券之间的相关关系确定。当两种股票组成证券组合时,如果两种股票的股价变动完全呈正相关,则不能分散任何非系统性风险,如果两种股票的股价变动完全负相关,则可以完全分散非系统性风险。例如,现有 A、B、C 三种股票,分别组成 AB 组合和 AC 组合,它们历年的股价如表 8-3 所示。

表 8-3　　　　A、B、C 三种股票及 AB 组合、AC 组合的历年股价　　　　单位:元

项目	A 股票	B 股票	C 股票	AB 组合	AC 组合
20×3 年	50	60	70	110	120
20×4 年	60	70	60	130	120
20×5 年	70	80	50	150	120
20×6 年	40	50	80	90	120
平均市价	55	65	65	120	120
标准差	11.18	11.18	11.18	22.36	0

由表 8-3 可知,当 A、B 股票组合时,两种股票的股价变动是同方向的,并且变动的幅度相同,A 股票的股价上升,B 股票的股价也上升;反之亦然。两种股票组合后,风险一点也没有降低。而 A、C 股票组合时,两种股票的股价变动是反方向的,并且变动的幅度相同,A 股票的股价上升,C 股票的股价也下降;反之亦然。两种股票组合后,风险完全被消除了。

证券组合是否能分散风险,可根据相关系数 r 确定,当 $r=1$ 时,两种股票完全正相关,不能消除任何风险;当 $r=-1$ 时,两种股票完全负相关,能完全消除非系统性风险。

股票一般都是正相关,在两种股票之间,相关系数 r 为 0.5~0.7。将两种股票组合起来,能降低风险,但不能消除全部非系统性风险,当股票的种类增加时,风险将会较大幅度地降低;当股票的种类达到一定的程度时,可基本消除非系统性风险。

2. 系统性风险

系统性风险又称不可分散风险或市场风险,是指由企业外部因素变动所带来的风险,如宏观经济的变化,国家财政、税收、货币等政策的变化等。其特点是,它对所有的证券都带来

影响,所以无法用证券组合的方法来消除,如当通货膨胀时,所有的证券价值均会下降。

系统性风险对各种证券的影响程度是不同的,衡量证券受系统性风险影响的程度,可用风险系数 β 来反映。

$$\beta = \frac{某种证券的风险报酬率}{证券市场所有证券平均风险报酬率}$$

单个股票的 β 系数一般由专门的投资服务机构定期计算公布。

通常,把整个证券市场的平均风险定义为 $\beta=1$,则有:

$\beta>1$,说明该股票的风险大于市场平均风险;

$\beta=1$,说明该股票的风险等于市场平均风险;

$\beta<1$,说明该股票的风险小于市场平均风险;

$\beta=0$,说明该股票无市场风险。

如果,某股票的 $\beta=2$,反映该股票的风险是市场平均风险的两倍;某股票的 $\beta=0.5$,反映该股票的风险是市场平均风险的一半。

证券组合的综合 β 系数可用加权平均的方法计算,即以组合中每个证券的 β 系数与其资金在组合中所占比重的乘积之和反映。计算公式如下:

$$\beta_p = \sum_{i=1}^{n} \beta_i \times W_i$$

式中: β_p ——证券组合的综合 β 系数;

β_i ——第 i 个证券的 β 系数;

W_i ——第 i 个证券的资金比重。

【例 8-12】 明达公司证券投资组合中有 A、B、C 三种股票,所占比重分别为 30%、40%和 30%,其 β 系数分别为 0.8、1 和 1.5,则证券组合的综合风险系数为:

$$\beta_p = 30\% \times 0.8 + 40\% \times 1 + 30\% \times 1.5 = 1.09$$

(二)股票投资的风险收益

投资者进行股票投资,会被要求对承担的风险进行补偿,股票的风险越大,要求补偿的收益也越大。但股票投资的系统性风险,可以通过证券组合的方式来消除,因此,需要补偿的只是因承担系统性风险而要增加的收益。股票投资的风险收益可用下式计算:

$$K_i = \beta_i \times (R_M - R_F)$$

式中: K_i ——第 i 种股票的风险收益率;

β_i ——第 i 种股票的风险系数;

R_M ——市场股票的平均收益率;

R_F ——无风险收益率。

若采用证券投资组合,则 β_i 即证券投资组合的综合风险系数。

【例 8-13】 承[例 8-12],明达公司持有 A、B、C 三种股票组成的证券组合,其 β 系数和证券比重同[例 8-12],若证券市场的股票平均收益率为 9%,无风险收益率为 4%,则:

$$K_A = 0.8 \times (9\% - 4\%) = 4\%$$
$$K_B = 1 \times (9\% - 4\%) = 5\%$$
$$K_C = 1.5 \times (9\% - 4\%) = 7.5\%$$

证券组合的风险收益率:

$$K_P = 1.09 \times (9\% - 4\%) = 5.45\%$$
$$或: = 4\% \times 30\% + 5\% \times 40\% + 7.5\% \times 30 = 5.45\%$$

(三) 股票投资的风险与收益的关系

进行股票投资或证券组合投资时,应考虑风险与收益率的关系,西方财务管理学者创建了许多模型论述风险与收益的关系,使用最为广泛的是美国斯坦福大学威廉·夏普教授提出的资本资产定价模型(capital asset pricing model,CAPM),该模型被公认为金融市场现代价格理论的主体,揭示了在均衡状态下证券风险与收益之间的经济本质,反映为了补偿某一特定程度的风险,投资者应该获得的收益率。其形式如下:

$$R_i = R_F + \beta_i \times (R_M - R_F)$$

式中: R_i——证券投资的必要收益率。

即证券投资的必要收益率等于无风险收益率加上风险收益率。

证券组合的必要收益率可以用综合 β 系数按上式计算,也可以用各种股票的必要收益率加权平均来计算,其形式如下:

$$R_P = R_F + \beta_P \times (R_M - R_F)$$

式中: R_P——证券组合的必要收益率。

【例 8-14】 承[例 8-12],明达公司投资 A、B、C 股票及证券组合的必要收益率可分别计算如下:

$$R_A = 4\% + 0.8 \times (9\% - 4\%) = 8\%$$
$$R_B = 4\% + 1 \times (9\% - 4\%) = 9\%$$
$$R_C = 4\% + 1.5 \times (9\% - 4\%) = 11.5\%$$

证券组合的必要收益率:

$$R_P = 4\% + 1.09 \times (9\% - 4\%) = 9.45\%$$
$$或: = 8\% \times 30\% + 9\% \times 40\% + 11.5\% \times 30 = 9.45\%$$

根据资本资产定价模型确定了企业股票投资的必要收益率,企业在进行证券投资时,应将股票预期的投资收益率与计算出的必要投资收益率进行比较,当预期的投资收益率大于计算出的必要投资收益率时,企业可以投资;反之,则不应投资。

确定了股票投资的必要投资收益率后,可用这一必要收益率对股票进行估价,因充分考虑了投资风险,股票价值的评估较为正确。

【例 8-15】 市场上 A 股票为固定成长股,其 β 系数为 1.2,预计第一年后每股股利为 4 元,以后每年增长 5%,若目前市场上国库券的利率为 4%,市场股票平均收益率为 8%,求 A 股票的价值。

先计算投资 A 股票的必要收益率:

$$R_A = 4\% + 1.2 \times (8\% - 4\%) = 8.8\%$$

A 股票的投资价值:

$$V = \frac{4}{8.8\% - 5\%} = 105.26(元)$$

五、股票相对价值估价模型

股票现金流折现估值模型在概念上很健全,但在应用时会遇到较多的技术性问题,如每年股利的预计和合理折现率的确定都相当困难。因此,在现实中应用广泛的是一类相对容易的估价方法,就是相对价值法。这类方法的假设前提是存在一个支配企业市场价值的主要变量(如净利润等),同类企业的情况应该具有较高的相似度,同类各企业市场价值与该变量的比值是可以比较的。这类股票估价方法的模型很多,较为常见的有市盈率法、市净率法等。

(一) 市盈率法

市盈率(P/E ratio)是一家公司股票的每股市价与每股盈利的比率。其计算公式如下:

市盈率 = 每股市价 ÷ 每股盈利

市盈率法的假设是同类型公司具备盈利能力的可比性,因此一家公司的股价可以用该公司的每股盈利乘以其同类型公司的平均市盈率进行估计。

【例 8-16】 A 银行某年的每股盈利为 0.8 元,市场上相似银行的平均市盈率为 10.3 倍,用市盈率法对 A 银行的股票进行估价。

A 银行股票的每股市价的估计值为:

每股市价 = 每股盈利 × 市盈率 = 0.8 × 10.3 = 8.24(元)

第八章 证券投资管理

市盈率模型具有显著的优点:计算市盈率的数据容易取得,并且计算简单;市盈率把股票价格和公司的盈利联系起来,反映了股票的盈利能力。

市盈率模型也有其局限性:如果公司利润为负值,市盈率就失去了意义;每股盈利是一个会计指标,容易受到会计核算方法等多方因素的影响;市盈率指标的计算以公司上一期的盈利水平为依据,忽略了对公司未来盈利状况的预测;市盈率指标对业绩较稳定的公司参考价值较大,但对业绩不稳定的公司,则容易产生判断偏差。

(二) 市净率法

市净率(P/B ratio)又称市账率,是指每股市价与每股净资产的比率。其计算公式如下:

$$市盈率 = 每股市价 \div 每股净资产$$

市净率法与市盈率法的原理相似,均假设同类型公司具有可比性。但若遇上企业出现亏损,市盈率法就难以应用,而市净率仍然可以计算使用,市净率指标就极具参考价值了。

股票相对价值估价模型在数据的获得和计算的难易程度上比现金流折现模型具有显著的优势,因而在现实中得到广泛的应用。但是,由于各个公司的特殊性,相对价值估价模型"同类型公司可比"的前提假设并不一定符合事实;还有估价所采用的会计数据资料也容易受到一些因素的影响。所以,在使用相对价值估价模型时应该关注这些可能影响估价结果的因素,并对估价结果进行必要的修正。

第四节 证券投资组合管理

一、证券投资组合管理的概念

证券投资组合管理是指投资者对各种证券资产的选择而形成的投资组合。证券投资组合管理又称证券组合管理,是指对投资进行计划、分析、调整和控制,从而将投资资金分配给若干不同的证券资产,如股票、债券及证券衍生产品,形成合理的资产组合,以期实现资产收益最大化和风险最小化的经济行为。其基本前提是:投资是有风险的,而且各类投资的风险不完全相关;投资者一般是风险厌恶型的。

二、证券投资组合管理的特征及目的

1. 证券投资组合管理的特征

证券投资组合管理主要有以下几个特征:

(1) 对投资者所有资金管理。证券投资组合管理的直接对象是证券,但实质上是对

投资者所有资金的管理。

（2）证券投资组合管理以实现资产收益最大化为目的。证券投资组合管理的目的是要在风险一定的条件下实现资产收益最大化，或者要在资产收益一定的条件下实现风险的最小化。

（3）证券投资组合管理依据多方面的变动趋势。证券投资组合管理总是在一定的环境中进行的，因此必须依据证券市场、衍生金融市场和整个经济、社会发展变动的趋势，对投资组合进行有效配置，并使其对环境具有良好的适应性。

（4）证券投资组合管理包括多种具体管理活动。证券投资组合管理是指各种具体管理活动的概括，具体包括计划、分析、决策、调整和评估等内容。

（5）证券投资组合管理投资组合采用多种方法。证券投资组合管理因投资者拥有的资源不同、面临的经济环境和市场环境不同，加上管理者的心理状态、行为风格等存在差异，投资组合管理存在多种不同的风格，可以采取多种不同的方法。

2. 证券投资组合管理的目的

证券投资组合管理的目的主要是：最大限度地降低投资风险，将风险控制在投资者可以承受的范围内。证券组合可以最大限度地降低风险，是指那些合理有效的证券投资组合；有效的证券组合管理可以提高投资的收益。一个有效的证券资产组合可以在一定的风险条件下实现收益的最大化，或在一定的收益水平上使投资风险最小化；随着资本市场的发展，证券组合管理具有越来越重要的意义。随着证券投资组合管理专职人员及机构的增多，证券投资组合管理也成为一种专门的行业。

三、证券投资组合的构建与调整

（一）证券投资组合的构建

证券投资组合构建是实施证券组合管理的核心步骤，直接决定组合效益和风险的高低。证券投资组合的构建过程如下：

（1）界定证券组合的范围。大多数投资者的证券组合主要是债券、股票。但近年来，国际上的投资组合已出现综合化和国际化的趋势。

（2）分析判断各个证券和资产的类型的预期回报率及风险。在分析比较各证券及资产投资收益和风险的基础上，选择何种证券进行组合要与投资者的目标相适应。

（3）确定各种证券资产在证券资产组合中的权重。这是构建证券组合的关键性步骤。

（二）证券投资组合的调整

证券市场是复杂多变的，每种证券的预期收益和风险，都要受到多种内外因素变动的影响。为了适合既定的投资组合目标要求，必须选择恰当时机，对证券组合中的具体证券品种做出必要的调整变换,包括增加有利于提高证券组合效益或降低证券组合风险的证券品种;剔除对提高证券组合效益或降低证券组合风险不利的证券品种。

四、证券投资组合的管理形式

(一)传统证券投资组合管理

重点放在决定投资者本身的限制条件问题上,根据投资者对证券投资收益的需求,从经常收入和资本增值方面来研究如何进行证券组合,以满足投资者的目的,且其分析着眼点大都是个体证券,即依据对个体证券资产投资收益和风险的分析和比较,在投资者可支配资源的范围内,选择那些个体投资收益较高而风险较低的证券资产,从而构成一个证券资产组合。这种管理从总体上看还只是个体证券投资管理的外延扩张,没有质的变化。

(二)现代证券投资组合管理

从实现证券资产组合总体的预期收益最大化或风险最小化出发,不仅关心个体证券资产的预期收益和风险,而且重视所选证券资产投资收益和风险的相互关系,即依据对证券资产组合总体收益和风险的分析评价,在投资者可支配资源的范围内,选择那些能使证券资产组合总体投资收益最大化或风险最小化的证券资产,从而构成一个证券资产组合。这种管理已不再是个体证券投资管理的简单外延,其出发点、目标及分析手段等都不同于对个体证券的投资分析。值得指出的是,不能简单地将传统的证券投资组合管理等于过时的,而把现代的证券投资组合管理说成是唯一科学的。一方面,现代组合方法不可能完全替代传统的组合管理方法;另一方面,传统的组合管理也可以借鉴许多现代证券组合管理的思想、技术方法及其他学科的方法来加以改进,从而增加其适用性。

五、证券投资组合的资产业绩评估

证券投资组合的资产业绩评估是证券组合管理的最后一环。证券组合资产业绩评估是对整个证券资产组合收益与风险的评价。评价的对象是证券组合整体,而不是组合中的某个或某几个证券资产;评价的内容不仅包括收益的高低,而且包括风险的大小。

第九章 项目投资管理

第一节 项目投资与企业价值

一、项目投资与企业价值的关系

项目创造价值是指通过实施特定项目所产生的经济效益,这些效益包括收入、利润提高、成本降低及市场份额增加等。项目创造价值是企业发展的关键因素,因为它可以为企业带来更多的机会和竞争优势。在融资企业贷款方面,银行通常会对项目的潜力进行评估,以确定其创造价值的能力。

项目投资与企业价值的关系更加密切。企业价值是指企业作为一个整体所拥有的价值。它是通过评估企业的资产、负债、现金流及未来的盈利能力来确定的。项目创造价值是企业价值的重要组成部分,因为它可以为企业带来利润。当一个企业拥有多个项目时,这些项目的创造价值累加将直接影响企业的总体价值。

了解项目创造价值与企业价值之间的紧密联系非常重要,需要评估项目的潜力和可行性,以确定项目是否能够产生足够的价值来支持融资需求;需要了解项目对企业整体价值的贡献,以确保融资对企业的长期发展有积极影响。

随着市场经济的发展,企业面临着日益激烈的竞争环境,在这样的背景下,项目投资成为企业发展的关键一环。在项目投资中,企业需要对投资项目进行全面的评估和预测,以确保投资决策的科学性和准确性。

二、项目投资决策的种类

企业在经营过程中,要扩大经营规模,维持较强的竞争力,必须不断发掘新的投资构想,提出不同的投资方案,再经投资决策程序进行决策,找出最佳投资方案。由于生产经营的要求不同,企业的投资决策可分为以下几种类型。

(一)重置型投资决策

重置型投资决策是指企业为提高技术水平和经济效益而进行的固定资产更新、技改造和其他措施工程的投资决策。例如,对现行的生产设备进行更换而进行的购置何种新设备、采用何种新工艺等的投资决策;对于已陈旧的生产设备是否需要更新或提前更新的投资决策等。重置型投资决策的主要目的是凭借效率高的新设备来降低企业的原材料费用,人工费用及其他生产费用,从而提高生产效率,获取更多的利润。

(二) 扩充型投资决策

扩充型投资决策是指为了扩大企业生产经营规模所进行的投资决策。例如,为了提高产品的产量和扩充现有销售渠道而进行的购置新设备的投资决策;为了生产新产品或打入新市场而进行的进口先进流水线的投资决策等。扩充型投资决策的主要目的是扩大企业的生产规模,取得规模效益或使产品更新换代,巩固和扩大市场占有率。

(三) 其他投资决策

其他投资决策是指不属于重置型和扩充型投资决策的投资决策。它通常包括为了保证生产安全,保护环境所需的强制性非收入的投资决策,如"三废"处理设备的投资决策;与生产无关的投资决策,如修建食堂、办公大楼或职工食堂等的投资决策。

在进行投资决策时,投资的类型与采用的决策方法有很大的关系,企业使用比较严密的分析方法选择好的投资方案,可以产生较大的收益,但也要付出较高的决策费用。因此,某些类型的投资方案要进行较为详细的研究分析以后才能决定是否接受,如与生产经营密切相关的,涉及成本与收益较大数额的重置型和扩充型投资方案。而对于一些与生产经营关系不很密切,涉及成本与收益数额不大的投资方案,则可进行简单的论证作出抉择。

三、项目投资决策的基本方法

投资决策方法是指通过对投资方案的经济效益进行评价和分析,从而决定是否选用该投资方案或者对多个方案的经济效益进行比较和分析,从而选出最优方案的方法。目前,企业常用的决策方法有非折现评价方法和折现评价方法两大类。

非折现评价方法又称静态法,是指在决策时不考虑货币时间价值,认为不同时期的现金流量的价值是相同的,可以直接相加和比较,即现在发生的投资支出和垫付的资金,可以直接用以后若干年的收益来进行补偿,若取得的收益大于支出,则认为是有利的;反之,则认为是不利的。非折现评价方法的最大优点是计算简单,常用的非折现评价方法有投资回收期法和会计收益率法。

折现评价方法又称动态法,是指在决策时要根据货币时间价值的要求,将投资方案的现金流量按某一折现率折算成同一时期的量,再对投资支出和各年现金流量的大小进行比较,以确定方案的可行性。由于折现评价方法考虑了货币时间价值,与非折现评价方法相比较,更为精确、客观,能较好地反映投资方案的优劣。常用的折现评价方法有净现值法、获利指数法和内含报酬率法。

(一) 投资回收期法

1. 投资回收期法的模式

投资回收期(payback period method,PBP)是指回收一项投资支出所需要的时间,即用投资项目产生的净现金流量逐步补偿投资支出,使投资支出正好回收所需要的时间。投资回收期法是以投资回收的时间长短作为评价和分析项目可行性的标准,一般而言,投资者总是希望能尽快地收回投资,即投资回收期越短越好。

【例9-1】 东方公司有两个投资方案,其投资额均为200 000元,经营期各年净现金流量如表9-1所示。请对两个投资方案进行评价。

表9-1　　　　　　　　　　A、B方案净现金流量表　　　　　　　　　单位:元

年限	A方案净现金流量	B方案净现金流量
1	60 000	55 000
2	60 000	60 000
3	60 000	70 000
4	60 000	75 000
5	60 000	80 000

由表9-1可知,A方案在寿命期内各年的净现金流量是相等的,而B方案在寿命期内各年的净现金流量是不相等的,因此投资决策的计算方法往往也不同。

1) 年净现金流量相等

如果一个投资方案各年净现金流量相等,投资回收期可以直接用投资总额除以年净现金流量来计算。

$$回收期 = \frac{投资总额}{年净现金流量}$$

若[例9-1]中A方案各年净现金流量均为60 000元,计算投资回收期:

$$PBP_A = \frac{200\ 000}{60\ 000} = 3.33(年)$$

2) 年净现金流量不等

一般投资方案各年的净现金流量往往不同,这时可用累计净现金流量的方法来计算投资回收期。

【例9-2】 承[例9-1],B方案可以用逐年获得的净现金流量补偿初始的投资总额,直到累计净现金流量为0,计算出投资回收期,计算过程如表9-2所示。

表9-2　　　　　　　　　　累计净现金流量表　　　　　　　　　　单位:元

年限	净现金流量	累计净现金流量
0	−200 000	−200 000
1	55 000	−145 000
2	60 000	−85 000
3	70 000	−15 000
4	75 000	60 000
5	80 000	140 000

可以看到,累积到第3年净现金流量为−15 000元,累积到第4年净现金流量为60 000元,则投资回收期应在3~4年,用插入法计算如下:

$$PBP_B = 3 + \frac{15\,000}{75\,000} = 3.2(年)$$

2. 投资回收期法的分析

采用投资回收期法进行投资决策时,要先确定一个企业能够接受的期望投资回收期,然后将投资方案的投资回收期与期望投资回收期比较。当实际的投资回收期大于或等于期望投资回收期时,接受该投资方案;当实际的投资回收期小于期望投资回收期时,拒绝该投资方案。

如果有多个投资方案进行比选,则应在满足上述要求的可接受方案中,选择投资回收期最短的方案为最优方案。在[例9-2]中,若东方公司的期望投资回收期为4年,则上述A、B方案的投资回收期均小于4年,都可接受,但B方案的投资回收期小于A方案,应选择B方案。

投资回收期法是企业进行投资方案评价时常用的方法。它的优点包括:

(1) 计算简单,使用方便,成本较低。

(2) 投资回收期法可以从一定程度上反映企业投资方案的变现能力,对于一些资金较为紧缺的企业,资金回收是企业必须考虑的因素。

(3) 投资回收期法可以从一定程度上反映企业投资方案的风险。资金回收的时间越长,风险越大;回收的时间越短,相应风险就小。

投资回收期法具有明显的缺点,主要是以下两个方面:

(1) 投资回收期法不考虑投资回收以后的现金流量,只能反映投资回收的速度,不能反映投资在整个寿命期内的盈利能力。

【例9-3】　甲、乙方案净现金流量表如表9-3所示。

表9-3　　　　　　　　　　甲、乙方案净现金流量表　　　　　　　　　　单位:元

年限	甲方案净现金流量	乙方案净现金流量
0	−50 000	−50 000

(续表)

年限	甲方案净现金流量	乙方案净现金流量
1	30 000	20 000
2	20 000	20 000
3		20 000
4		20 000

由表9-3可知,甲方案的投资回收期为2年,乙方案的投资回收期为2.5年,按照投资回收期的评价标准,甲方案应该是最优方案。但是甲方案资金回收以后不再有现金流入,而乙方案在投资回收以后,还有30 000元现金流入。总体而言,乙方案的经济效益要优于甲方案。

投资回收期法侧重于对投资变现能力的考虑,而没有根据投资方案的整体效益来评价和分析投资方案的优劣。

(2) 投资回收期法不考虑货币时间价值,即不考虑投资现金流量发生的时间性。从表9-3中甲方案的净现金流量来看,投资回收期法把第一年和第二年发生的现金流量的价值看作与年限为0的现金流量价值相同,而根据货币具有时间价值的事实,不同时点上的价值是不同的,如果考虑货币时间价值,甲方案的投资并不能回收,所以采用投资回收期法进行投资决策会得出错误的结论。

(二)会计收益率法

1. 会计收益率法的模式

会计收益率(accounting rate of return,ARR)是用平均每年所获得的净收益与投资额之比来反映投资的获利能力的指标。其特点是直接采用会计报表中的资料分析和评价投资方案,由于采用的投资额不同,其计算方法有两种。

1) 以投资总额为基础计算会计收益率

$$会计收益率 = \frac{年平均净收益}{投资总额} \times 100\%$$

以投资总额为基础计算的会计收益率反映原始投资总额在整个寿命期内平均年获利能力。

【例9-4】 承[例9-2],A方案在1~5年中,每年可获净利润20 000元;B方案在1~5年中,每年可获净利润分别为15 000元、20 000元、30 000元、35 000元和40 000元。则

$$ARR_A = \frac{20\ 000}{200\ 000} \times 100\% = 10\%$$

$$ARR_B = \frac{(15\ 000 + 20\ 000 + 30\ 000 + 35\ 000 + 40\ 000) \div 5}{200\ 000} \times 100\% = \frac{28\ 000}{200\ 000} \times 100\% = 14\%$$

2) 以平均投资总额为基础计算会计收益率

以投资总额计算的会计收益率假设在投资项目整个寿命期内占用全部投资额,实际上由于投资形成的固定资产逐年摊销,随着时间的推移,其占用的投资额逐渐减少,所以用平均投资额来计算会计收益率比较合理。

$$会计收益率 = \frac{年平均净收益}{平均投资额} \times 100\% = \frac{年平均净收益}{(投资总额 + 残值) \div 2} \times 100\%$$

固定资产的残值要在寿命期终才能收回,因此在整个寿命期内均被占用,其大小直接影响平均投资额,必须加以考虑。

若[例 9-4]中 A、B 方案残值均为 0,其会计收益率计算如下:

$$ARR_A = \frac{20\ 000}{(200\ 000 + 0) \div 2} \times 100\% = 20\%$$

$$ARR_B = \frac{28\ 000}{(200\ 000 + 0) \div 2} \times 100\% = 28\%$$

可以看出,在无残值的情况下,以平均投资额计算的会计收益率为用投资总额计算的会计收益率的 2 倍,但并不影响方案的优劣顺序。

2. 会计收益率法的分析

会计收益率法的评价原则是,一项投资方案的会计收益率越高越好。在投资方案评价时,要先确定企业期望的收益率,作为衡量的标准。在单个方案的可行性分析时,当投资方案的会计收益率大于或等于企业期望的收益率时,接受该投资方案;当投资方案的会计收益率实小于企业期望的收益率时,拒绝该投资方案。

在多个投资方案比选时,满足期望收益率要求的方案中收益率最高的方案为最优方案。

若[例 9-4]中企业以平均投资额计算的期望收益率为 15%,则 A、B 方案均为可接受方案,但 B 方案的会计收益率为 28%,大于 A 方案的 20%,应选择 B 方案为最优方案。

用会计收益率法评价投资方案,其优点是:计算简单,资料来源方便;同时,考虑了项目寿命期内的全部收益,能在一定程度上反映投资所产生的盈利水平,比投资回收期法客观、全面。

会计收益率法也有明显的缺点:①会计收益率法仍没有考虑货币时间价值,将各年的收益简单地平均,忽略了不同时间收益的差异,容易导致决策的失误。②会计收益率法只考虑投资收益,没有考虑投资的回收。从会计收益率的公式中可以看到,计算的只是每年的净收益,不包括折旧费,从而没有体现投资的回收情况。在企业采用不同的折旧方法时,计算的净收益会有差异,影响投资方案决策评价的正确性。

(三) 净现值法

1. 净现值法的模式

净现值(net present value,NPV)是指某项投资项目的各年净现金流量按企业设定的必要报酬率折合成期初的现值之和。其基本模式如下：

$$NPV = \sum_{k=1}^{n} \frac{CF_k}{(1+i)^k} - CO_0$$

式中：NPV——投资项目的净现值；

CF_k——投资项目第 k 年的净现金流量；

CO_0——投资项目第 0 年的初始投资额；

i——投资的必要报酬率；

n——投资项目的寿命期。

如果一项投资项目的投资额不是在投资建设期初一次投入，而是在若干年中逐年投入，则各年投资额也要以必要投资报酬率折合成第 0 年的现值之和。这时，投资项目的初始投资额应改为：

$$CO_0 = \sum_{k=0}^{s} \frac{CO_k}{(1+i)^k}$$

式中：s——投资支出的持续年数。

净现值的计算方法可根据各年净现金流量的特点，采用不同的方法计算。

1) 年净现金流量相等

由于各年的净现金流量相等，可以将它看作年金，用年金求现值的方法计算。

$$NPV = \sum_{k=1}^{n} \frac{CF_k}{(1+i)^k} - CO_0 = CF \times \sum_{k=1}^{n} \frac{1}{(1+i)^k} - CO_0$$
$$= CF \times (P/A, i, n) - CO_0$$

式中：CF——各年相等的净现金流量。

【例 9-5】 承[例 9-1]，A 方案各年净现金流量均为 60 000 元，假设东方公司要求的必要投资报酬率为 10%，请计算 A 方案的净现值。

$NPV_A = 60\,000 \times (P/A, 10\%, 5) - 200\,000 = 60\,000 \times 3.790\,8 - 200\,000 = 27\,448(元)$

2) 年净现金流量不等

如果各年净现金流量不等，只能用各年的复利现值系数将净现金流量折合成现值。

$$NPV = \sum_{k=1}^{n} \frac{CF_k}{(1+i)^k} - CO_0 = \sum_{k=1}^{n} CF_k \times (P/S, i, n) - CO_0$$

以[例 9-1]中 B 方案为例：

$NPV_B = 55\,000 \times (P/F, 10\%, 1) + 60\,000 \times (P/F, 10\%, 2) + 70\,000 \times (P/F, 10\%, 3) + 75\,000 \times$
$\quad (P/F, 10\%, 4) + 80\,000 \times (P/F, 10\%, 5) - 200\,000$
$= 55\,000 \times 0.909\,1 + 60\,000 \times 0.826\,4 + 70\,000 \times 0.751\,3 + 75\,000 \times 0.683\,0 + 80\,000 \times 0.620\,9 - 200\,000$
$= 53\,073(元)$

2. 净现值法的分析

净现值法是按投资项目的净现值大小来分析投资方案的经济效益,评价和选择投资方案的方法。其评价方案标准为:投资方案的净现值大于或等于 0,说明该投资方案是可行的,应接受该方案;投资方案的净现值小于 0,说明该投资方案是不可行的,应拒绝该方案。因为净现值大于 0,说明投资项目所能获得的效益已超过或达到企业要求的必要投资报酬率,是可取的;净现值小于 0,说明其效益未达到企业要求的必要投资报酬率,是不可取的。如果是多方案比选,则应在净现值大于 0 的方案中,选择净现值最大的方案为最优方案。

[例 9-5]中 A、B 方案的净现值均大于 0,都是可行方案,但因为 B 方案的净现值(53 073 元)大于 A 方案的净现值(27 448 元),所以应选择 B 方案。

从理论上说,净现值法是投资决策方法中最为正确和有效的方法,具有较为广泛的适用性。首先,净现值法考虑的不是会计收益,而是现金流量,即同时考虑了投资的回收和收益,对项目的评价较为合理;其次,它考虑了货币时间价值,能敏感地反映未来现金流量的时间差异,使收益和成本在逻辑上具有可比性。最后,以净现值作为标准评价和选择投资方案,可以增加企业的价值,与企业财务管理的目标相一致。

运用净现值法分析和评价投资方案时,要先确定企业要求的必要投资报酬率。企业的任何一项投资必须能为企业提供一定的经济效益,因此在投资决策时要确定一个恰当的投资报酬率作为衡量标准。企业的必要投资报酬率可以根据投资资本的资本成本率来确定,也可以根据企业要求的最低投资利润率来确定。

从净现值的模式可以看到,企业必要投资报酬率的大小直接影响净现值的数额。必要投资报酬率越大,净现值越小;反之,净现值越大。企业的必要投资报酬率往往随着经济环境的变化而变化,一旦市场利率提高,企业要求的必要投资报酬率也要相应提高。为了面对不断变化的经济环境,准确进行投资决策,企业应把握不同投资报酬率下净现值的变化。这时,可以通过净现值图来反映各种投资报酬率下净现值的实现数额。

【例 9-6】 承[例 9-1],使用 A 方案的资料来说明净现值图的绘制方法。东方公司的必要投资报酬率与相应净现值的计算如表 9-4 所示。

表 9-4　　　　　　　　　　　　　A 方案净现值　　　　　　　　　　　　单位:元

投资报酬率	各年净现金流量	年金现值系数	净现金流量的现值	初始投资额	净现值
0	60 000	5.000 0	300 000	200 000	100 000
5%	60 000	4.329 5	259 770	200 000	59 770
10%	60 000	3.790 8	227 448	200 000	27 448
15%	60 000	3.352 2	201 132	200 000	1 132
20%	60 000	2.990 6	179 436	200 000	−20 564

根据表 9-4 数据绘制净现值图,如图 9-1 所示。

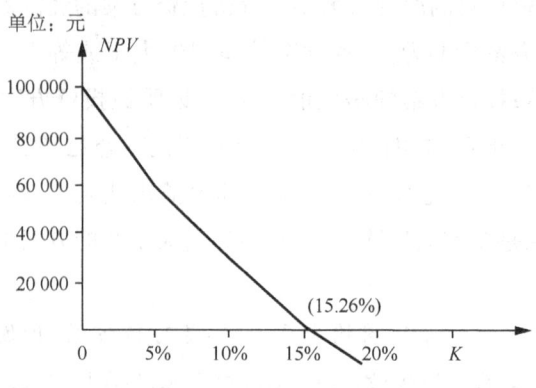

图 9-1　A 方案的净现值图

净现值图反映投资报酬率在什么范围内变动,可以使净现值不小于 0。净现值线与横轴相交的点是使净现值等于 0 的投资报酬率(15.26%),而净现值线与纵轴相交的点是投资报酬率为 0 时的净现值,即未折现的净现金流量。从图 9-1 可以看到,A 方案能保证投资报酬率在 0～15.26% 时,净现值不小于 0;投资报酬率大于 15.26% 时,净现值小于 0,方案不可取。

(四) 获利指数法

1. 获利指数法的模式

获利指数(profitability index, PI)又称利润指数或现值指数,是指各年净现金流量的现值之和与投资总额的比值。其计算公式如下:

$$PI = \frac{\sum_{k=1}^{n} \frac{CF_k}{(1+i)^k}}{CO_0} = \frac{NPV + CO_0}{CO_0}$$

【例 9-7】　承[例 9-2],A、B 方案的获利指数计算如下:

$$PI_A = \frac{27\,448 + 200\,000}{200\,000} = 1.137$$

$$PI_B = \frac{53\,073 + 200\,000}{200\,000} = 1.265$$

2. 获利指数法的分析

获利指数是指各年净现金流量的现值是投资额的倍数,是一种反映投资回收能力的相对指标,其评价标准如下:投资方案的获利指数大于或等于 1,说明该投资方案是可行的,应接受该方案;投资方案的获利指数小于 1,说明该投资方案是不可行的,应拒绝该方案。在多个投资方案比选时,应在满足获利指数大于等于 1 的方案中,选择获利指数最大的方案为最优方案。

[例 9-7]中 A、B 方案的获利指数均大于 1,但 B 方案的获利指数大于 A 方案,应选择 B 方案。

获利指数法和净现值法的本质是相同的,只不过它是用相对数反映企业的投资效益,而净现值是用绝对数反映的,它的优点也与净现值法相类似。

(五) 内含报酬率法

1. 内含报酬率法的模式

内含报酬率(internal rate of return,IRR)又称内部收益率,是指能使净现值等于 0 的折现率,即反映投资方案预期可达到的报酬率。其计算公式如下:

$$\sum_{k=1}^{n} \frac{CF_k}{(1+IRR)^k} - CO_0 = 0$$

根据上述公式计算出的 IRR,即投资项目的内含报酬率。

在投资决策中,内含报酬率的计算最为复杂,一般可以使用专用软件(如 Excel)用电脑求解,或根据各年净现金流量是否相等,采用不同的方法。

1) 年净现金流量相等

当投资方案的年净现金流量相等时,采用内插法,其计算步骤如下:

(1) 根据净现值为 0 时,净现金流量的现值与投资额现值相等,求出投资在寿命期内的年金现值系数。

$$(P/A, IRR, n) = \frac{CO_0}{CF}$$

(2) 根据计算出的年金现值系数,查"年金现值表",在已知期数 n 的情况下,找与 n 对应的不同折现率的年金现值系数,若有恰好相等的,其对应的折现率即内含报酬率,若无恰好相等的年金现值系数,则找出两个与所求的年金现值系数最接近的较大和较小的年金现值系数及对应的折现率。

(3) 用内插法计算投资方案的内含报酬率。

【例 9-8】 承[例 9-1],计算 A 方案的内含报酬率。

$$(P/A, IRR, 5) = \frac{200\,000}{60\,000} = 3.333\,3$$

查"年金现值表",没有正好等于 3.333 3 的年金现值系数,当 $n=5$ 时,14% 的年金现值系数为 3.433 1,16% 的年金现值系数为 3.274 3,所以内含报酬率应在 14%～16%,采用第三章所述的内插法计算:

$$IRR = 14\% + \frac{3.333\,3 - 3.433\,1}{3.274\,3 - 3.433\,1} \times 100\% \times (16\% - 14\%) = 15.26\%$$

即 A 方案的内含报酬率为 15.26%。

2) 年净现金流量不等

当投资方案的年净现金流量不等时,一般采用逐次测试法或图解法计算内含报酬率。

(1) 逐次测试法。采用逐次测试法的计算程序为先估计一个折现率,用该折现率计算出投资方案的净现值,如果净现值大于0,说明该项目的内含报酬率比所用的折现率大,可再用较高的折现率测试;如果净现值小于0,则说明项目的内含报酬率比所采用的折现率小,可再用较低的折现率测试。反复上述步骤,直到找到一个可使净现值为0的折现率为止。如无法直接找到使净现值为0的折现率,则可找出一个最接近0的正净现值和一个最接近0的负净现值以及它们所对应的折现率,再用内插法计算出净现值等于0的折现率,即内含报酬率。

【例 9-9】 承[例 9-1],用逐次测试法计算 B 方案的内含报酬率。

企业的必要投资报酬率是投资方案的评价基础,所以对大部分投资方案,计算内含报酬率可先从必要投资报酬率开始,本例中企业的必要投资报酬率为10%,已计算净现值为 53 073 元,应大大提高折现率,以 20% 作为折现率计算,则:

$NPV_B = 55\,000 \times (P/F, 20\%, 1) + 60\,000 \times (P/F, 20\%, 2) + 70\,000 \times (P/F, 20\%, 3) +$
$\qquad 75\,000 \times (P/F, 20\%, 4) + 80\,000 \times (P/F, 20\%, 5) - 200\,000 = -3\,671(元)$

再以 18% 计算(步骤省略):$NPV_B = 5\,960(元)$

采用内插法计算 IRR:

$$IRR = 18\% + \frac{5\,960}{5\,960 + 3\,671} \times 100\% \times (20\% - 18\%) = 19.24\%$$

即 B 方案的内含报酬率为 19.24%。

(2) 图解法。图解法是采用绘制净现值图求出内含报酬率的方法。先计算出不同折现率下各投资方案的净现值,然后在此基础上画出净现值线,净现值线与横轴的交点,即内含报酬率点,此时净现值正好等于0。

[例 9-9]中 B 方案,计算折现率为 10%、15%、18% 和 20% 的净现值,绘制净现值图如图 9-2 所示。

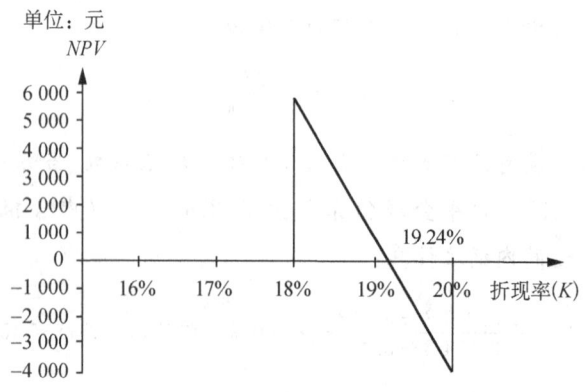

图 9-2　B 方案的净现值图

图9-2中净现值线与横轴的交点为19.24%。采用净现值图求解内含报酬率可以避免一些复杂的计算,但结果不够准确。

2. 内含报酬率法的分析

内含报酬率法是将计算出的投资方案的内含报酬率与企业的必要投资报酬率比较确定方案取舍的方法。其评价标准如下:当投资方案的内含报酬率大于或等于企业的必要投资报酬率时,该方案可行,应接受投资方案;当投资方案的内含报酬率小于企业的必要投资报酬率时,该方案不可行,应拒绝投资方案。若为多个方案的比选,则在满足内含报酬率大于等于必要投资报酬率的方案中,选择内含报酬率最大的方案为最优方案。

内含报酬率反映投资方案内在的获利能力,内含报酬率法的优点是:不要求事先选择贴现率,只是在计算出内含报酬率以后,再与必要投资报酬率比较,决定方案的取舍,在对多项投资决策方案进行选择时,可直接按内含报酬率的大小排列优先次序。

内含报酬率的缺点是计算比较复杂,如果经营期内有追加投资,会产生多个内含报酬率,影响它的应用。

第二节 现金流量分析

一、现金流量的概念

现金流量是指由于投资某一项目所引起的现金流入量和现金流出量的总称。现金流量中的现金既可以是各种货币资金,又可以是项目所需的非货币资源的变现价值,如项目所需的厂房、机器设备等。进行投资方案的分析和评价应以现金流量为依据,而不是以会计利润为依据。其原因如下。

1. 采用现金流量可反映货币时间价值

采用现金流量而不是会计利润来衡量项目的价值,是因为会计利润是按权责发生制核算的,它与现金流量的含义完全不同,会计意义上的利润不是企业实际可得的现金,如采用赊销方式取得的销售收入是以应收账款体现的,企业并没有收到现金,应收账款在以后收回,按货币时间价值的观点看,其价值与当期收回是有差异的。而投资项目是一个较长时间内投放和收回资金的过程,时间跨度大,在投资决策时采用现金流量可充分体现现金收支的时间性。

2. 采用现金流量可避免会计核算方法的影响

以现金流量来衡量项目的价值还可以避免人为因素的干扰,保证投资决策的客观性。会计利润的核算往往受与会计核算方法相联系的问题影响,如在核算利润时采用何种折旧方式,存货计价是采用先进先出法还是后进先出法等,对这些问题的处理采用不同的方法,其会计利润是不同的,因此作出的投资决策就会产生一定的差异。

例如,厂房和生产设备的投资支出要在以后会计年度内提取折旧并作为生产成本从应税收入中扣除,直接减少了会计利润,但从现金流量的观点看,厂房和生产设备的投资支出在期初已经发生,因此计提折旧费既不产生现金流入也不产生现金流出,只不过因税法规定可以冲抵应税收入,在企业盈利的情况下可以减少税额,带来"税盾效应",间接带来现金流入而已。现金流量是以现金的实际收付为基础进行核算,很少受上述会计核算问题的影响,用它来评价投资的经济效益更具有客观性和准确性。

二、项目投资决策中的相关现金流量

投资项目实施以后,企业的现金流量将产生变化,但不是所有的现金流量都与项目有关。所以,在投资决策中必须研究哪些现金流量是与决策有关的,哪些是无关的。判断现金流量是否与投资项目有关的方法是对比该企业接受这个项目或拒绝这个项目的现金流量变化,通常称为增量现金流量。增量现金流量是投资决策中的相关现金流量,它是指企业接受该投资项目与拒绝该投资项目现金流量的差额。在确定增量现金流量时,应注意以下几个问题。

(一) 项目实施后对企业现金流量的影响

投资决策往往是对某一个具体投资项目的决策,但投资项目又是企业的一个有机组成部分。因此,仅仅考虑投资项目本身的现金流量是不够的,还要注意投资项目对企业其他部门现金流量带来的影响。就整个企业而言,接受某一投资项目后,除了其本身带来的现金流量,还会影响其他部门的现金流量。

(1) 新的投资项目上马可能使企业原有的现金流量减少。例如,某电视机厂打算生产等离子数码彩色电视机实现产品的更新换代,避免本企业的彩电市场占有份额降低。新产品投入市场前,企业的彩电年销售额为 8 000 万元,预计新产品投入市场后,因其技术领先,图像清晰,将受到消费者的青睐,年销售额可以达到 5 000 万元,但受新产品销售的影响,原有型号的彩电年销售额将下降为 6 000 万元,这样在进行投资决策时,项目的预计现金流入量就不能以 5 000 万元计,只能以增量现金流量 3 000 万元(6 000＋5 000－8 000)计。

可以看到,新产品的推出不仅会抢占竞争对手的市场份额,而且会挤占本企业同类产品的份额,如果新产品的销售只使消费者的购买力从本企业的原有产品转移到新产品上,实质上并没有给企业带来新的利益,只有从竞争对手那里抢来或保持了原来会被竞争对手抢走的市场份额,才会给企业带来真正的收益。

(2) 新的项目实施,也可能为企业带来附带的现金流量。在某些情况下,接受新的投资项目不但不会影响企业原有产品的销售,反而会促进其销售,在进行项目决策时,不应遗漏这些增量现金流量。例如,某铁路股份有限公司决定投资建造一条新线,新线联入本公司原有铁路网后,除了使公司直接增加了新线的运输收入,还使新线地区的旅客和货物可以通过铁路网转运到各地,使本公司其他线路的客货运量增加,提高了公司其他部门的运输收入。如果投资决策时,只看到新线本身的运输收入,就会低估项目带来的增量现金流量。

除了要从增量角度考虑现金流入,也要从增量角度考虑现金流出,由于实施新项目引起企业的成本、费用的增加,也要作为增量现金流出量计入该项目的现金流出量。

(二) 沉没成本不是相关现金流量

沉没成本是指已经发生的、在投资决策中无法改变的成本。在投资决策中,只有与投资项目决策有关的成本才是相关成本,而沉没成本并不是相关成本。例如,电视机厂在决定生产新型电视机前花了1万元进行了市场调查,这笔开支是企业的现金流出,是否应在投资决策中加以考虑?在投资决策时,该项市场调查已经付诸实施,不管决策结果是否生产新型电视机,与生产调查相关的1万元支出已经发生而无法改变,成为沉没成本,因此不应在投资决策中考虑进去。

(三) 必须考虑机会成本

机会成本是指有经济价值的资源投资在某一项目中就失去了投资其他项目的机会,则投资其他项目可能产生的现金流量就形成了该项目占用这些资源的机会成本,这些资源包括资金、土地、生产设备等。例如,电视机厂为生产新型电视机投入自有资金500万元,如果不投资该项目,这笔资金可以购买有价证券,假定有价证券的年利率为5%,则其每年利息收入25万元(500×5%)成为生产新型电视机项目的机会成本,尽管企业并没有这笔支出,仍形成投资决策的现金流出量。机会成本是客观存在的,在投资决策中不容忽视。

(四) 注意营运资金变动的影响

当企业投资某项新业务,如电视机厂新产品的生产时,由于销售量的扩大,其对存货、应收账款等流动资金的需要量也会增加,企业必须筹措新的资金以满足营运资金增加的需求,增加的营运资金在项目投产时投入,在项目的寿命期内持续使用,当项目终止时,营运资金仍然可以收回,作为期末的现金流入量。因此在投资决策时,必须注意不能遗漏营运资金变动的影响。

(五) 融资费用和利息支付不作现金流出

通常在评价和分析投资项目的现金流量时,将投资决策和融资分开,假设全部投入资金都是企业的自有资金,即全投资假设。因此,即使企业投资所需资金是通过发行债券或借债筹款,与融资有关的费用支出和利息支出及债务偿还仍不作为投资项目的现金流出量。实际上,我们在对项目现金流量进行折现时,采用的折现率,已经隐含了该项目的融资成本,不再单独核算其流量。

三、现金流量的构成

投资项目的现金流量由现金流入量和现金流出量构成,其差额为净现金流量。现金流量按投资项目的时间不同又可分为期初现金流量、寿命期内现金流量和期终现金流量,它们分别包含不同的内容。

(一) 现金流出量

现金流出量是指由于实施某项投资而引起企业现金支出的增加量,其主要包括以下内容。

1. 直接投资支出

直接投资支出是指为了使生产经营能力得以形成而发生的各项现金支出,是投资项目最基本,最主要的支出。例如,电视机厂为了生产新型电视机,决定新建一条流水线,则将产生流水线生产设备的购置费、土建工程费、生产设备维护费、人员培训费等支出。直接投资支出可能是在项目期初一次支出,也可能在项目建设中分期支出。

2. 垫支的流动资金

新投资项目的实施,往往扩大了企业的生产经营能力,为了使生产经营能力得到充分利用,必须相应增加原材料产品的储备,也会引起其他流动资产的增加,企业必须追加流动资金以满足需要,这些流动资金一般在项目开始投产时支出,并能够在寿命期终一次性收回。

并不是所有的投资项目均需增加流动资金,对于一些在企业原有生产能力基础上进行的技术改造,生产设备的更新,由于生产效率的提高,节省了人力、物力、财力,不仅不会引起流动资金的增加,甚至会减少流动资金的占用。在投资项目分析和评价时,应结合实际加以考虑。

(二) 现金流入量

现金流入量是指由于实施某项投资所引起的企业现金流入的增加值。它主要包括以下内容。

1. 营业现金流入

营业现金流入是指实施投资以后形成的生产经营能力开展正常的经营业务以后所产生的现金流入量。在投资决策分析中,营业现金流入量往往是以一个年度或一个生产周期核算的,通常包括营业利润和折旧。

营业利润是指投资项目实施以后,由于营业收入的增加或营业成本的降低而增加的利润。有些投资,如扩充型投资项目,其目的是扩大企业的生产规模,增加产品的生产和销售,从而提高企业的营业收入。以项目实施后增加的营业收入扣除因项目实施而增加的营业成本即形成投资项目的营业利润。对于其他投资,如重置型投资项目,其目的是提高生产效率,节省原材料、能源消耗,减少人工从而降低营业成本,则投资项目实施后节省的营业成本,即投资项目的营业利润。取得营业利润是企业实施投资项目的主要目的。营业利润的大小也在一定程度上反映了投资项目的经济效益。投资项目的营业利润一般采用税前利润,如果要考虑所得税的影响,也可以用税后净利润计算。

折旧是对原始投资的回收。折旧费在会计核算中是作为费用核算的,它作为成本的一个组成部分在计算营业利润时加以扣除。但折旧费不是付现成本,并不是实际现金的流出,因此扣回的这部分资金就形成了企业的现金流入。

当不考虑所得税影响时,营业现金流入量可用下式计算:

$$营业现金流入量 = 营业收入 - 付现成本$$
$$= 营业收入 - (营业成本 - 折旧)$$
$$= 利润 + 折旧$$

其中,付现成本为企业需用现金支付的成本。可根据已知条件选择上述任何一个公式计算。

2. 净残值收入

净残值收入是指在投资项目寿命期终了时,出售报废资产时的残值收入。但在资产清理时,必然会产生一定的清理费用,这里的净残值收入是指资产变卖时的收入扣除清理费用以后的净额,作为项目结束时产生的一项现金流入。

3. 回收的流动资金

投资项目终结时,由于生产停滞,不再保留存货,也不再发出应收账款,也不需再购买原材料等,期初垫支的流动资金可以收回,这也形成了投资的一项现金流入。

(三) 净现金流量

净现金流量是指一定时期内现金流入量与现金流出量的差额。净现金流量可以 1 年计,也可以整个项目持续年限计。当现金流入量大于现金流出量时,净现金流量为正值;反之,为负值。在项目建设期内,净现金流量为负值;在经营期内,净现金流量一般为正值。进行资本投资决策时,应考虑不同时期的净现金流量,即计算年净现金流量。年净现金流量的计算公式如下:

$$年净现金流量 = 年现金流入量 - 年现金流出量$$

一个项目全过程的净现金流量的计算公式为:

$$投资期净现金流量 = -(直接投资支出 + 垫支的流动资金)$$
$$经营期净现金流量 = 营业现金流入量$$
$$终结点净现金流量 = 经营期净现金流量 + 回收的净残值 + 回收的流动资金$$

【例 9-10】 某公司拟新建一条生产流水线,需投资 100 万元,1 年建成,该流水线可以使用 5 年,期末有 10 万元的净残值,采用直线法计提折旧。投产以后,预计每年的营业收入为 50 万元,营业成本为 35 万元。投产期初要垫支流动资金 15 万元,可在项目终结时一次收回。

要求:根据上述资料计算各年的净现金流量。

$$经营期各年净现金流量 = (50-35) + \frac{100-10}{5} = 33(万元)$$

该项目现金流量表如表 9-5 所示。

表 9-5 项目现金流量表 单位:万元

年限	0	1	2	3	4	5	6
初始投资额	−100						
垫支流动资金		−15					15
经营净现金流量			33	33	33	33	33
残值							10
净现金流量	−100	−15	33	33	33	33	58

该项目现金流量图如图 9-3 所示。

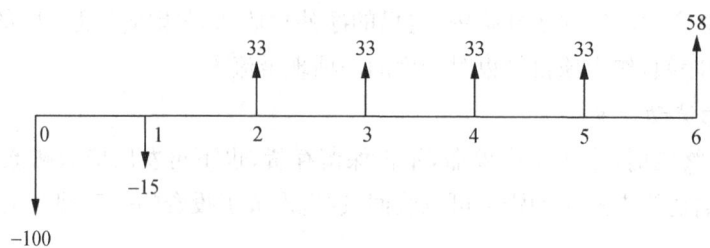

图 9-3 项目现金流量图

第三节 项目投资评价指标应用

一、分期投资项目的决策分析

投资项目的初始投资可以一次投入,也可以分期投入。在项目的建设期较长时,为了避免资金"迟滞",可以采用分期投入。一般投资项目的寿命期分为建设期和经营期两部分,其中建设期第一年的年初称为建设起点(记为第 0 年),建设期的最后一年年末称为投产日,也是经营期的起点(记为第 s 年),经营期最后一年末称为终结点(记为第 n 年)。

可以用坐标轴反映,如图 9-4 所示。

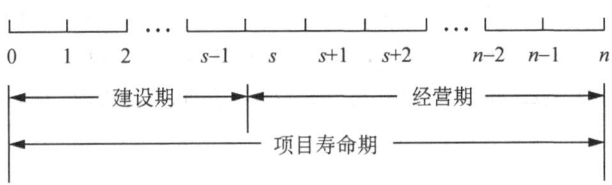

图 9-4 项目寿命期

为了计算货币时间价值,通常作如下假设:①现金流量不管其具体内容是时期数还是时点数,均看作是期初或期末发生的时点数。②建设投资是在年初发生。③流动资金投资是在建设期末投入。④各年产生的营业收入、成本、折旧利润等均认为在该年的年末发生。⑤流动资金和固定资产残值在终结点回收。

【例 9-11】 海鸥电子公司新建一个电子元件车间,预计总投资额为 200 万元,从第一年年初开始,每年投入 50 万元,分 4 年投入,建设期为 4 年,第四年年末建成投产,并需投入流动资金 25 万元。项目建成后可以使用 10 年,采用直线法折旧,期末残值为 10 万元。预计投产后第三年至第四年每年可获利润 35 万元,第四年至第十年每年可获利润 50 万元。流动资金在寿命期末一次回收。该项目公司要求的必要报酬率为 15%,用净现值法进行该投资项目的取舍。

项目的建设期为 4 年,经营期为 10 年。

(1) 该投资项目的年折旧费。

$$年折旧费 = \frac{200-10}{10} = 19(万元)$$

(2) 投产后的第 1~3 年(寿命期第 5~7 年)的净现金流量。

$$CF_{5\sim7} = 35 + 19 = 54(万元)$$

(3) 投产后的第 4~9 年(寿命期第 8~13 年)的净现金流量

$$CF_{8\sim13} = 50 + 19 = 69(万元)$$

(4) 寿命期最后 1 年的净现金流量。

$$CF_{14} = 50 + 19 + 25 + 10 = 104(万元)$$

该项目现金流量图如图 9-5 所示。

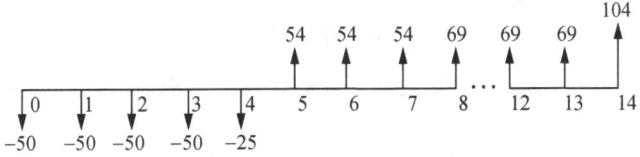

图 9-5 投资项目现金流量图

计算该项目的净现值：

$$NPV = -50 - 50 \times (P/A, 15\%, 3) - 25 \times (P/F, 15\%, 4) + 54 \times (P/A, 15\%, 3)$$
$$(P/F, 15\%, 4) + 69 \times (P/A, 15\%, 6)(P/F, 15\%, 7) + 104 \times (P/F, 15\%, 14)$$
$$= -50 - 50 \times 2.2832 - 25 \times 0.5718 + 54 \times 2.2832 \times 0.5718 + 69 \times 3.7845$$
$$\times 0.3759 + 104 \times 0.1413$$
$$= 4.90(万元)$$

该项目的净现值大于0，海鸥电子公司可以进行投资。

二、寿命期不同的重置型投资项目的决策分析

重置型投资项目又称固定资产更新项目，一般指采用新的或技术更为先进的设备对原有技术上或经济上不宜继续使用的设备进行更新。固定资产更新的前提条件是市场上有比原有设备更为先进或更为适用的新设备，如果没有更合适的新设备，原有旧设备仍可继续使用或通过修理继续使用，不存在决策问题。所以，固定资产更新决策是继续使用旧设备还是购置新设备的选择。

【例9-12】 东方公司有一台旧车床，是3年前购买的，购价28 000元，预计可以使用8年，第四年需支出大修理费7 000元，寿命终了时还有净残值3 000元。该车床每年的运营成本为8 000元，目前可以12 000元出售。市场上出售的新车床售价为35 000元，可以使用10年，10年后有净残值5 000元，新车床每年的运营成本为7 000元，不需大修。东方公司要求的投资报酬率应达到12%，东方公司是否应更新旧车床？

从上述资料中可以看到，新旧车床的更换，并不引起收入的变动，而新车床的投资额较大，但可节约运营成本和大修费用，必须进行决策。如果新旧车床的使用年限相同，仍可采用净现值法进行评价。方案评价时将使用旧车床和使用新车床看作两个互斥的投资方案，以其投资额和运营成本等作为净现金流量，计算出两个方案的净现值，净现值小的即最优方案。

但在本题中，新旧车床使用寿命期不同，旧设备还可使用5年，新车床可以使用10年，采用净现值进行评价时，新车床的使用期限内成本之和必然大于旧车床，但是新车床所能获得的销售收入必然也大于旧车床，这给投资决策带来困难。

解决这个问题最常用的方法是比较继续使用旧车床和新机床的平均年成本，以评价年成本较低的方案为可取方案。平均年成本是按必要投资报酬率将投资项目的全部现金流出折算为相当于未来使用年限内每年平均发生的等额现金流出。它是未来使用年限内现金流出量的现值之和与年金现值系数的比值。其计算公式如下：

$$平均年成本 = \frac{现值总额}{年金现值系数}$$

计算平均年成本可以在计算出项目的成本支出的现值之后再折算成年金。

采用[例9-12]中的资料计算如下：

旧设备的现金流出量现值总额 $= 12\,000 + 7\,000 \times (P/F, 12\%, 1) + 8\,000 \times (P/A, 12\%, 5) - 3\,000 \times (P/F, 12\%, 5)$

$= 45\,387(元)$

旧设备的平均年成本 $= \dfrac{45\,378}{(P/A, 12\%, 5)} = 12\,591(元)$

新设备的现金流出量现值总额 $= 35\,000 + 7\,000 \times (P/A, 12\%, 10) - 5\,000 \times (P/F, 12\%, 10)$

$= 72\,941(元)$

新设备的平均年成本 $= \dfrac{72\,941}{(P/A, 12\%, 10)} = 12\,910(元)$

计算表明新车床的平均年成本高于旧车床，不应更新旧车床。

三、考虑所得税的投资项目的决策分析

上面所讨论的投资项目评价均没有考虑所得税的影响，但所得税是企业的一种现金流出，站在企业的立场上进行投资项目的决策应该考虑所得税对投资项目现金流量的影响。所得税对投资项目的影响主要有以下三个方面：

(1) 所得税增加了企业的现金流出，从而降低了企业净现金流量的水平。

(2) 折旧是应税收入的一个减项，增加折旧会减少利润，引起所得税的减少，所以折旧可以起到减少税负的作用，通常称为"折旧税盾"。

【例9-13】 某企业1月销售收入为12 000万元，付现成本为500万元，折旧费为400万元，该企业所得税税率为25%，则：

营业利润 $= 1\,200 - 500 - 400 = 300(万元)$

净利润 $= 300 \times (1 - 25\%) = 225(万元)$

若企业固定资产折旧从原来的直线折旧法改为加速折旧法，本月的折旧费将增加100万元，则对净利润的影响为：

净利润将变动 $= [(1\,200 - 500 - 500) - 300] \times (1 - 25\%)$

$= (200 - 300) \times (1 - 25\%) = -75(万元)$

可见，由于折旧的抵税作用，虽然折旧费增加了100万元，但利润只减少了75万元。

(3) 投资项目到期时，其固定资产残值可变卖；当投资新固定资产提前更新旧固定资产时，旧固定资产可以出售转化为现金。当固定资产的售价小于固定资产的账面价值（原

值一累计折旧)时,其差额计入营业外支出,成本费用增加,所得税减少,产生"税盾"作用。

【例 9-14】 某企业准备提前更新 A 设备, A 设备原值 100 万元,累计折旧 40 万元,净值 60 万元,设备变卖收入 50 万元。则变卖收入 50 万元可作为新项目的现金流入。账面价值与变卖收入的差额 10 万元(60－50)计入营业外支出,若该企业的所得税税率为 25%,则该企业因增加营业外支出可少缴企业所得税 2.5 万元(10×25%),即新项目的现金流入。

反之,当固定资产的售价大于固定资产的账面价值时,其差额计入营业外收入,收入增加引起所得税增加,产生现金流出。当固定资产的售价等于固定资产的账面价值时,对所得税没有影响。

考虑所得税的情况下,项目的营业现金流入量的计算公式为:

营业现金流入量＝营业收入－付现成本－企业所得税
　　　　　　＝(营业收入－付现成本－折旧)＋折旧－企业所得税
　　　　　　＝(营业收入－付现成本－折旧)×(1－企业所得税税率)＋折旧
　　　　　　＝净利润＋折旧

或:　　　　　＝营业收入×(1－企业所得税税率)－付现成本×(1－企业所得税税率)
　　　　　　　＋折旧×企业所得税税率

可以根据不同的情况采用不同的公式计算年净现金流量。

【例 9-15】 东方公司正考虑购买一条新的生产流水线以替换现有的、已经陈旧的流水线。新流水线的购买价格为 250 000 元,预计使用年限为 5 年(与税法规定相同)。旧流水线是 5 年以前购买的,原价为 200 000 元,预计可再使用 5 年,但税法规定使用年限为 9 年,以直线法计提折旧。新流水线投入使用后,预计产品的年销售额将由原来的 300 000 元上升到 350 000 元,同时由于生产效率的提高,降低了原材料用量及人工费用,使运营成本由每年 150 000 元降低为 120 000 元。因销售额上升,相应存货和应收账款增加,需追加投入流动资金 10 000 元。新流水线采用年数总和法计提折旧,5 年期满后预计可以 45 000 元售出。旧流水线目前的售价为 60 000 元,5 年后实际残值为 25 000 元。新旧流水线按税法规定的残值率均为 10%。东方公司的所得税率为 40%,公司规定必要报酬率为 10%。该公司是否应购买新流水线?

新旧流水线的尚可使用年限均为 5 年,可通过分别计算采用新、旧流水线的两个方案的净现值,净现值更大的方案即更优方案。

方案一:继续使用旧流水线。

(1) 旧流水线的初始投资期现金流。

$$旧流水线的年折旧费 = \frac{200\,000 - 200\,000 \times 10\%}{9} = 20\,000(元)$$

旧流水线目前的账面净值＝200 000－20 000×5＝100 000(元)

出售旧流水线损失所节省的所得税额＝(100 000－60 000)×25％＝10 000(元)

继续使用旧流水线会损失旧设备出售的现金流入60 000元和可以节约的所得税10 000元,则:

$$旧流水线的初始投资额现金流＝－60 000－10 000＝－70 000(元)$$

(2) 旧流水线经营期年净现金流量。

旧流水线经营期第1～4年的年净营业现金流量＝净利润＋折旧＝(300 000－150 000－20 000)×(1－25％)＋20 000＝117 500(元)

因为旧设备税法规定的折旧年限为9年,所以旧设备最后1年不再计提折旧,折旧为0,由此可得：

$$旧流水线经营期第5年的年净营业现金流量＝(300 000－150 000－0)×(1－25％)＋0$$
$$＝112 500(元)$$

(3) 旧流水线的项目终结点现金流量。

$$旧流水线的残值＝200 000×10％＝20 000(元)$$

因为旧流水线在项目终结点的实际残值为25 000元,大于账面残值20 000元,则:

$$差价部分需要缴纳所得税＝(25 000－20 000)×25％＝1 250(元)$$
$$旧流水线的项目终结点现金流量＝25 000－1 250＝23 750(元)$$

(4) 旧流水线的净现值。

$$NPV_旧＝－70 000＋117 500×(P/A,10％,4)＋(112 500＋23 750)×(P/F,10％,5)$$
$$＝387 060(元)$$

方案二：更新新流水线。

(1) 新流水线的初始投资期现金流。

新流水线的购入价格为250 000元,另外还需追加投入流动资金10 000元,则:

$$新流水线在0时点的现金流量＝－250 000－10 000＝－260 000(元)$$

(2) 新流水线经营期年净现金流量。

新流水线采用年数总和法折旧,各年折旧费的计算如表9-6所示。

表9-6　　　　　　　　　　**新流水线折旧额计算表**　　　　　　　　　　金额单位:元

年限	系数	折旧总额	年折旧额
1	5/15	225 000	75 000
2	4/15	225 000	60 000
3	3/15	225 000	45 000
4	2/15	225 000	30 000
5	1/15	225 000	15 000

新流水线1～5年的年净营业现金流量依次为：

$$CF_1=(350\ 000-120\ 000-75\ 000)\times(1-25\%)+75\ 000=191\ 250(元)$$
$$CF_2=(350\ 000-120\ 000-60\ 000)\times(1-25\%)+60\ 000=187\ 500(元)$$
$$CF_3=(350\ 000-120\ 000-45\ 000)\times(1-25\%)+45\ 000=183\ 750(元)$$
$$CF_4=(350\ 000-120\ 000-30\ 000)\times(1-25\%)+30\ 000=180\ 000(元)$$
$$CF_5=(350\ 000-120\ 000-15\ 000)\times(1-25\%)+15\ 000=176\ 250(元)$$

（3）新流水线的项目终结点现金流量。

$$新流水线的残值=250\ 000\times10\%=25\ 000(元)$$

因为新流水线在项目终结点的实际残值为45 000元，大于账面残值25 000元，则：

$$差价部分需要缴纳所得税=(45\ 000-25\ 000)\times25\%=5\ 000(元)$$

新流水线的项目终结点现金流量＝新流水线处置净残值收入＋回收流动资金
$$=(45\ 000-5\ 000)+10\ 000=50\ 000(元)$$

（4）新流水线的净现值。

$$NPV_{新}=-260\ 000+191\ 250\times(P/F,10\%,1)+187\ 500\times(P/F,10\%,2)+183\ 750\times(P/F,10\%,3)\\+180\ 000\times(P/F,10\%,4)+(176\ 250+50\ 000)\times(P/F,10\%,5)=470\ 302(元)$$

由于更新为新流水线方案的净现值大于继续使用旧流水线方案的净现值，应选择更新方案。

9-1【案例】
东方公司流水线是否更新决策案例

四、多项投资项目组合的决策分析

如果企业可以选择的投资项目较多，并且各项目之间不是相互排斥的关系，企业可以在这些项目中任意组合，则形成了多项投资组合的决策问题。

（一）资金总量无限制

在资金总量无限制的情况下，首先评价每个项目的财务可行性，剔除不可行项目，然后按净现值的大小排队，确定优先考虑的项目顺序。

【例9-16】 某企业有6个投资方案，方案投资额、获利指数和净现值如表9-7所示。

表9-7　　　　　　　　　方案投资额、获利指数和净现值

方案	投资（万元）	获利指数	净现值（万元）
A	600	1.45	270
B	400	1.28	112

(续表)

方案	投资(万元)	获利指数	净现值(万元)
C	600	0.97	−18
D	400	1.51	204
E	200	1.24	48
F	200	1.32	64

由表9-15可知,C方案净现值为−18万元,获利指数为0.97,方案不可行。剩余其他方案均为可行方案,可根据净现值的大小顺序选择,可以看出A方案的净现值最大优先考虑,接下来按D方案、B方案、F方案、E方案的顺序依次选择。

(二) 资金总量有限制

企业所能进行投资的资金总是有一定的限制,这时在进行项目组合时,决策标准为,在资金不超过限量的基础上,净现值之和最大的项目组合为最优。具体顺序为:

(1) 将各可行项目按获利指数的大小进行排队。
(2) 从上而下选择满足资金总量等于或略小于企业投资总额的项目组合。
(3) 计算各项目组合的净现值。
(4) 净现值最大的项目组合即最优组合。

【例9-17】 承[例9-16],若企业投资资金总额不能超过800万元,则计算如下:

将[例9-16]中方案按获利指数顺序排列,如表9-8所示。

表9-8 投资项目排列表

顺序	方案	投资额(万元)	获利指数	净现值(万元)
1	D	400	1.51	204
2	A	600	1.45	270
3	F	200	1.32	64
4	B	400	1.28	112
5	E	200	1.24	48

满足资金总额等于800万元或略小于800万元的方案组合有DFE、DB、AF、AE和FBE五种。方案组合的净现值之和比较表如表9-9所示。

表9-9 方案组合的净现值之和比较表

方案组合	投资额(万元)	净现值之和(万元)
DFE	800	316
DB	800	316

(续表)

方案组合	投资额(万元)	净现值之和(万元)
AF	800	334
AE	800	318
FBE	800	224

AF方案组合的净现值334万元是所有可行方案中最大的,该方案组合为最优。

第四节 项目投资决策与风险管理

一、资本投资的风险类型

前面在论述有关投资决策方法时一直未涉及投资项目的风险问题,即未考虑项目评价中现金流量的不确定性,实际上项目实施以后的未来现金流量只是对未来可能发生结果的一种预计,一旦未来实际发生的现金流量与预计的不符,就会动摇投资决策结果的可靠性。一个投资方案的实施结果不符合决策者原来所作的预计,称为投资风险。企业在进行投资时所遇到的风险通常有项目特有风险和市场风险两种。

(一)项目特有风险

项目特有风险是指项目本身原因带来经济损失的可能性。例如,项目无法按时完工、项目的生产经营水平达不到预计的水平或新产品投放市场后所带来的现金流量不足,均会给该项目的投资带来风险。项目的特有风险可以通过分散化投资进行分散,即企业可将资金投资在多个项目上,从而降低项目特有风险。例如,石油钻探公司每年要钻井数10个,每口井出油的概率仅为10%,一旦出油,公司可取得巨额利润,不出油则完全损失投入的资金。对于单个油井而言,其风险是很大的,失败的概率为90%,但是公司每年钻井数10个,其中必然有一些出油,所以,从公司的角度来看,其风险并不大,即单个项目的风险可以在公司内部分散掉。

(二)市场风险

市场风险又称系统风险,是指由于某些原因的影响,使所有投资项目均带来经济损失的可能性。例如,宏观经济状况的变化、国家货币政策的变化以及税法的变化都会使投资收益随之发生变化。这种风险影响所有的投资项目,对企业而言是不可避免的,不能通过投资组合分散掉,所以又称为不可分散风险。

在投资中,项目的风险可以从三个层次来反映。第一个层次是从项目本身来考虑,即项目自身所特有的风险。有些项目如高新技术项目失败的可能性较大,使项目本身具有极大的风险。第二个层次是从企业的角度来考虑,由于新投资项目本身的风险可以通过与企业内部其他投资项目组合而分散掉一部分,企业投资新项目主要研究该项目投资后对公司现有项目和资产组合的整体风险所带来的影响,如上述石油公司钻井的例子。第三个层次是从企业的所有者或投资者角度考虑,企业所有者或投资者本身资产多样化,又可将项目风险分散掉一部分,因而只剩下不可分散的市场风险。

综上所述,企业在进行投资决策时,不能以项目本身的全部风险来作为投资决策时考虑的风险,也不能以项目特有风险已完全分散后的市场风险作为投资决策时考虑的风险,必须同时考虑项目的市场风险和项目特有风险对公司现有风险水平的增减效应。

二、投资项目的风险分析

各种投资决策方法是与确定型决策联系在一起的,即假设未来的净现金流量、必要投资报酬率以及现金流量的发生时间等均已知或确定,具有片面性。投资决策的风险分析将风险直接引入投资决策分析的过程。

衡量一个投资项目的风险常常采用概率法。投资项目的现金流量的不确定性形成了风险,因此,可以根据现金流量可能的数量及其概率,计算其期望值、标准差及标准离差率,从而反映项目风险的大小。这种方法可通过以下几个步骤进行:

(1) 计算项目的年期望净现金流量及其现值之和。年期望净现金流量就是以概率作为权数计算的各种可能现金流量的加权平均数。其计算公式如下:

$$E_t = \sum_{k=1}^{s} E_{tk} \times P_{tk}$$

式中:E_t——第 t 年的年期望净现金流量;

s——预计第 t 年可能出现的净现金流量的个数;

E_{tk}——预计第 t 年第 k 个可能出现的净现金流量;

P_{tk}——E_{tk} 出现的概率。

将各年期望净现金流量以企业要求的投资报酬率折合到第 0 年,求出该投资方案的期望净现金流量的现值之和(EPV):

$$EPV = \sum_{t=1}^{n} \frac{E_t}{(1+i)^t}$$

式中:i——企业要求的投资报酬率;

N——投资项目的寿命期限。

(2) 计算项目的期望年净现金流量的标准差及综合标准差。各年期望现金流量的标准差(d_t)可用下式计算:

$$d_t = \sqrt{\sum_{k=1}^{s}(E_{tk}-E_t)^2 \times P_{tk}}$$

将各年期望净现金流量的标准差以企业要求的必要报酬率折合到第0年，可计算该项目的综合标准差(D)：

$$D = \sqrt{\sum_{t=1}^{n} \frac{d_t^2}{(1+i)^{2t}}}$$

(3) 计算标准离差率。由于标准差是一个绝对数，无法比较不同收益率项目的风险大小，在比较收益不同的投资项目时，可计算标准离差率(v)：

$$v = \frac{d}{E}$$

在反映具有一系列现金流量方案的投资风险时，可计算综合标准离差率(V)：

$$V = \frac{D}{EPV}$$

综合标准离差率的大小说明了投资风险的程度，在其他条件相同时，综合标准离差率越大，风险也越大。

【例9-18】 东方公司现有两个投资方案可供选择，其投资额与各年净现金流量如表9-10所示，公司要求的最低投资报酬率为6%。

表9-10　　　　　　　　G、H方案投资额与各年净现金流量表

年限	G方案		H方案	
	净现金流量(元)	概率	净现金流量(元)	概率
0	−9 000	1.00	−3 000	1.00
1	6 000 4 000 2 000	0.25 0.50 0.25	— — —	— — —
2	8 000 6 000 4 000	0.20 0.60 0.20	— — —	— — —
3	5 000 4 000 3 000	0.30 0.40 0.30	3 000 8 000 3 000	0.20 0.60 0.20

(1) 计算各年净现金流量的期望值。

G方案：$E_1 = 6\,000 \times 0.25 + 4\,000 \times 0.50 + 2\,000 \times 0.25 = 4\,000$(元)

$E_2 = 8\,000 \times 0.20 + 6\,000 \times 0.60 + 4\,000 \times 0.20 = 6\,000$(元)

$E_3 = 5\ 000 \times 0.30 + 4\ 000 \times 0.40 + 3\ 000 \times 0.30 = 4\ 000(元)$

H 方案：$E_1 = 0$

　　　　$E_2 = 0$

　　　　$E_3 = 3\ 000 \times 0.2 + 8\ 000 \times 0.6 + 3\ 000 \times 0.2 = 8\ 000(元)$

（2）计算期望净现金流量的现值之和。

$$EPV_G = 4\ 000 \times (P/F, 6\%, 1) + 6\ 000 \times (P/F, 6\%, 2) + 4\ 000 \times (P/F, 6\%, 3)$$
$$= 4\ 000 \times 0.943\ 6 + 6\ 000 \times 0.890\ 0 + 4\ 000 \times 0.839\ 6$$
$$= 12\ 472.8(元)$$

$$EPV_H = 8\ 000 \times (P/F, 6\%, 3) = 8\ 000 \times 0.839\ 6 = 6\ 716.8(元)$$

（3）计算综合标准差。

G 方案：

$d_1 = \sqrt{(6\ 000 - 4\ 000)^2 \times 0.25 + (4\ 000 - 4\ 000)^2 \times 0.5 + (2\ 000 - 4\ 000)^2 \times 0.25} = 1\ 414.21(元)$

$d_2 = \sqrt{(8\ 000 - 6\ 000)^2 \times 0.2 + (6\ 000 - 6\ 000)^2 \times 0.6 + (4\ 000 - 6\ 000)^2 \times 0.25} = 1\ 264.91(元)$

$d_3 = \sqrt{(5\ 000 - 4\ 000)^2 \times 0.3 + (4\ 000 - 4\ 000)^2 \times 0.4 + (3\ 000 - 4\ 000)^2 \times 0.3} = 774.60(元)$

$$D_G = \sqrt{\frac{1\ 414.21^2}{(1+6\%)^2} + \frac{1\ 264.91^2}{(1+6\%)^4} + \frac{774.60^2}{(1+6\%)^6}} = 1\ 862.88(元)$$

H 方案：

$d_3 = \sqrt{(3\ 000 - 8\ 000)^2 \times 0.2 + (8\ 000 - 8\ 000)^2 \times 0.6 + (13\ 000 - 8\ 000)^2 \times 0.2} = 3\ 162.28(元)$

$$D_H = \sqrt{\frac{3\ 162.28^2}{(1+6\%)^6}} = 2\ 655.11(元)$$

（4）计算标准离差率。

$$V_G = \frac{1\ 862.88}{12\ 472.8} \times 100\% = 15\%$$

$$V_H = \frac{2\ 655.11}{6\ 716.8} \times 100\% = 40\%$$

从上述计算可知，G、H 方案的净现值和标准离差率分别为：

$$NPV_G = 12\ 472.8 - 9\ 000 = 3\ 472.8(元)$$
$$V_G = 15\%$$
$$NPV_H = 6\ 716.8 - 3\ 000 = 3\ 716.8(元)$$
$$V_H = 40\%$$

从风险的角度来衡量，虽然 H 方案的净现值大于 G 方案，但其风险要大得多，选择 H 方案要冒较大的风险。

通常，概率法只能衡量方案的风险大小，而评价方案的优劣要综合考虑其收益与风险的平衡关系。

三、考虑风险因素的投资决策分析

风险的大小直接影响投资项目的评价，一般而言，企业总是厌恶风险的，在投资收益相同时，企业往往选择风险小的项目进行投资。因此，在投资决策时，必须将风险因素考虑进去，用风险的影响调整项目的收益，使投资决策更为准确。考虑风险因素的投资决策方法有风险调整贴现率法和肯定当量法。

（一）风险调整贴现率法

企业进行任何项目投资所要求的收益，除了考虑货币时间价值（即无风险收益率），还要考虑该项目的风险大小，如果投资项目所含的风险大于一般的风险，企业就应该调高所要求的必要投资报酬率，以调整过的报酬率来贴现现金流量，这种按风险的大小调整贴现率并依其进行投资决策分析的方法叫作风险调整贴现率法。

采用风险调整贴现率法意味着如果投资项目的风险水平高于企业典型项目的风险水平，则对此项目就应采用较高的必要报酬率标准，因为风险较高的新投资项目将增加企业整体风险水平，相应的报酬率标准就应提高，否则此项目的价值会因必要报酬率偏低而高估；反之，该项目的风险水平低于企业典型项目的风险水平，就应采用较低的必要报酬率标准。

在确定风险以后，可以根据风险调整必要投资报酬率。通常企业的必要投资报酬率由两部分组成：

必要投资报酬率＝无风险投资报酬率＋风险投资报酬率

无风险投资报酬率即货币时间价值，通常用同期国库券的利率作为标准来确定，风险投资报酬率可根据投资项目的风险程度和相应风险程度的市场投资报酬率水平来确定，也可以根据企业设定的风险斜率和标准离差率确定。采用第二种方法时，计算公式如下：

$$K = R_F + b \times V$$

式中：K——必要投资报酬率；

R_F——无风险投资报酬率；

b——风险报酬斜率；

V——投资项目的标准离差率。

风险报酬斜率的高低反映风险变化对风险投资报酬率的影响程度，风险报酬率越大，风险变化对投资报酬率的影响越大；风险报酬率越小，风险变化对投资报酬率的影响也越小。风险报酬率一般是经验数据，可根据历史资料用高低点法或回归直线法求出。风险报酬斜率的大小与企业对风险的态度有关，比较稳健的企业，风险报酬率可定得高一些；敢于冒险的企业,风险报酬率可定得低一些。

【例 9-19】 承[9-18],用风险调整贴现率法对 G、H 方案进行分析和评价。根据历史资料估计,当无风险报酬率为 6%,中等风险程度项目的标准离差率为 0.5 时,必要投资报酬率为 12%。

先计算风险报酬斜率:

$$b = \frac{12\% - 6\%}{0.5} = 0.12$$

分别计算 G、H 方案的必要投资报酬率:

$$K_G = 6\% + 0.12 \times 15\% = 7.8\%$$
$$K_H = 6\% + 0.12 \times 40\% = 10.8\%$$

用经过调整的必要投资报酬率计算每个方案的净现值:

$$NPV_G = \frac{4\ 000}{1+7.8\%} + \frac{6\ 000}{(1+7.8\%)^2} + \frac{4\ 000}{(1+7.8\%)^3} - 9\ 000 = 12\ 066.75 - 9\ 000 = 3\ 066.75(元)$$

$$NPV_H = \frac{8\ 000}{(1+10.8\%)^3} - 3\ 000 = 5\ 881.26 - 3\ 000 = 2\ 881.26(元)$$

比较两个方案的净现值,G 方案的净现值大于 H 方案的净现值,则 G 方案为最优方案。如果不考虑风险的影响,则 H 方案的净现值(3 718.8 元)大于 G 方案的净现金流量(3 472.8 元),H 为最优方案。

如果以内含报酬率来评价,则可计算出 G、H 方案的内含报酬率,然后与相应的经过风险调整的必要投资报酬率进行比较。

风险调整贴现率法认为风险大的投资方案应采用高的折现率进行折现,风险小的投资方案应采用低的折现率进行折现,比较符合逻辑,得到广泛的认可和使用。但风险调整贴现率法也有缺点,它将无风险报酬率和风险报酬率放在一起对现金流量贴现,意味着现金流量的风险随时间的推移而扩大,有时与实际不符。

(二) 肯定当量法

肯定当量法是一种将风险引入投资决策的方法。它的基本思路是将未来各年有风险的预期净现金流量转换成认为与之等值的无风险净现金流量,然后以无风险报酬率作为贴现率计算项目的净现值,以净现值的评价标准评价投资方案。

$$NPV = \sum_{t=1}^{n} \frac{\partial_t \times CF_t}{(1+R_F)^t} - CO_0$$

式中:∂_t——第 t 年的肯定当量系数;
R_F——无风险投资报酬率。

肯定当量系数(∂_t)是指等价的确定值与有风险的预期值之间的比率关系,即:

$$\partial_t = \frac{\text{肯定的无风险净现金流量}}{\text{不肯定的预期风险净现金流量}}$$

∂_t的值在0~1变化,∂_t等于0时,表示风险无穷大;∂_t等于1,表示无风险。将t年的预期有风险的净现金流量乘以∂_t,即可得其等价的无风险净现金流量。前面已述,风险的大小可用标准离差率来反映,标准离差率与肯定当量系数之间的经验数据如表9-11所示。

表9-11　　　　标准离差率与肯定当量系数之间的经验数据表

标准离差率(V)	肯定当量系数(∂_t)	标准离差率(V)	肯定当量系数(∂_t)
0~0.07	1.0	0.33~0.42	0.6
0.08~0.15	0.9	0.43~0.54	0.5
0.16~0.23	0.8	0.55~0.70	0.4
0.24~0.32	0.7		

【例9-20】　承[例9-18],用肯定当量法计算G、H方案的净现值并进行评价。

G方案各年的标准离差率:

$$v_1 = \frac{d_1}{E_1} = \frac{1\,414.21}{4\,000} = 0.35$$

$$v_2 = \frac{d_2}{E_2} = \frac{1\,264.91}{6\,000} = 0.21$$

$$v_3 = \frac{d_3}{E_3} = \frac{774.60}{4\,000} = 0.19$$

查表9-16可得:$\partial_1 = 0.6, \partial_2 = 0.8, \partial_3 = 0.8$。

$$NPV_C = \frac{0.6 \times 4\,000}{1+6\%} + \frac{0.8 \times 6\,000}{(1+6\%)^2} + \frac{0.8 \times 4\,000}{(1+6\%)^3} - 9\,000 = 233(元)$$

H方案第三年的标准离差率:

$$v_3 = \frac{d_3}{E_3} = \frac{3\,162.28}{8\,000} = 0.40$$

查表9-16可得:$\partial_3 = 0.6$。

$$NPV_D = \frac{0.6 \times 8\,000}{(1+6\%)^3} - 3\,000 = 1\,030.17(元)$$

可以看到,用肯定当量法评价,H方案优于G方案,与风险调整贴现率法有差异,主要原因是风险调整贴现率法夸大了远期现金流量的风险,从而对H方案的影响大于G方案。

肯定当量法可根据各年现金流量的风险程度采用不同的肯定当量系数计算,比较正确。但肯定当量系数的确定,在实际上是比较困难的,上述标准离差率与肯定当量系数也是一个经验值。肯定当量系数与企业对风险的态度有关,如果企业愿意冒险,肯定当量系数可以取大一些;如果企业比较稳健,肯定当量系数可取小一些。因此,肯定当量法受决策分析人员的主观意识影响较大。

  肯定当量法与风险调整贴现率法的区别在于两者在分析中根据项目风险调整计算的位置不同,肯定当量法直接调低项目的现金流量,而风险调整贴现率法调高所要求的报酬率,以此来补偿风险的影响,从而降低项目的净现值,使投资决策更为正确。

第十章　营运资本管理

第一节　营运资本管理概述

一、营运资本的含义及特点

(一) 营运资本的含义

营运资本从广义上理解,是指企业生产经营过程中占用在流动资产上的资金,又称总营运资本。营运资本从狭义上理解,是指流动资产减流动负债后的余额,又称净营运资本。

营运资本管理包括流动资产的管理和流动负债的管理。流动资产是指可以在1年以内或超过1年的一个营业周期内正常变现或使用的资产。流动资产具有占用时间短、周转速度快、易变现等特点。企业拥有较多的流动资产,可以提高支付能力,在一定程度上降低财务风险。流动资产按占用形态不同,分为现金、交易性金融资产、应收及预付款项和存货等。流动负债是指需要在1年或者超过1年的一个营业周期内偿还的债务。流动负债具有成本低、偿还期短的特点。流动负债按其形成的原因不同,分为商业信用、短期银行信用及各种经营性应付款。

营运资本政策及其管理涉及与流动资产相关的决策,包括筹资决策。一般企业大约一半的投资用于流动资产上,因此营运资本管理对于企业非常重要,它是财务管理的一项重要内容,直接影响企业生产经营的顺利进行。

(二) 营运资本的特点

要做好营运资本管理,必须要把握营运资本的特点。

(1) 营运资本周转速度快,变现能力强。营运资本周转是指企业的营运资本从现金投入生产经营开始到最终转化为现金的过程。占用在流动资产形态上的营运资本周转期较短,一般在1年或超过1年的一个营业周期内,即可变现。

(2) 营运资本数量具有波动性,实物形态具有继起性。营运资本数量包括流动资产和流动负债的数量,它会随着企业经营情况变化而变化,时高时低,波动性很大。季节性生产的企业尤甚。营运资本随着生产经营活动,其实物形态由现金、原材料、在产品、产成品、应收账款依次转化,资金也按顺序流动,相互联系,形成一个资金链。

(3) 营运资本的来源具有灵活多样性。与筹集长期资金的方式相比,企业筹集营运资本的方式较为灵活多样,通常有银行短期借款、短期融资券、商业信用、应交税费、应交利润、应付职工薪酬等多种内外部融资方式。

二、营运资本投资政策

营运资本政策主要是指企业在较长时间内,在营运资本投资和营运资本筹资方面的规划和安排。

(一) 影响营运资本投资的主要因素

企业的资产按照流动性大小区分为流动资产和非流动资产两大部分,企业流动资产持有量多少及与非流动资产持有量的比例关系确定,是营运资本投资政策要解决的主要问题。

1. 风险和收益

企业将资金大量投资于流动资产,意味着有较大的把握按时支付到期的债务本息,及时支付采购成本,从而使风险较低。但同时,由于流动资产收益水平低于固定资产等非流动资产,较高的流动资产持有比例会降低企业的收益。而较低的营运资本持有量,结果正好相反,企业由于不能及时支付而产生风险。

2. 行业差别

流动资产中大部分是应收账款和存货,而这两种资产的占用水平和比重又取决于生产经营的行业。例如,商业企业流动资产占总资产的比重一般比制造企业高。

3. 利率水平

利率水平比较高时,企业为了降低持有成本,从而减少流动资产持有量;利率下降时,则相反。

4. 企业政策的决策者

流动资产投资政策的另一个影响因素是企业政策的决策者。财务管理人员与生产经营或销售经理相比,通常具有不同的流动资产管理观点。生产经理通常喜欢高水平的原材料存货,以满足生产所需。相似地,销售经理也喜欢高水平的产成品存货,以满足顾客的需要,而且喜欢宽松的信用政策以刺激销售。相反,财务管理人员喜欢使存货和应收账款最小化,以使流动资产融资的成本最小化。

(二) 营运资本投资政策的类型

企业投资流动资产的原因主要有以下三个方面:①正常生产经营需要。②保险储备需要。③额外需要。按满足三个方面需要的程度不同,可以将企业营运资本持有政策区

分为以下三种:

(1) 紧缩的营运资本投资政策,是指企业只持有正常生产经营需要的流动资产数量的政策,又称作冒险的政策。

(2) 适中的营运资本投资政策,是指在满足正常生产经营对流动资产的需要之外,还持有一定的保险储备量,以防不测。

(3) 宽松的营运资本政策,是指企业在满足正常生产经营需要和保险需要的流动资产数量的基础上,再额外加上一部分储备量,以降低企业风险。

以上三种政策,可用图 10-1 表示。

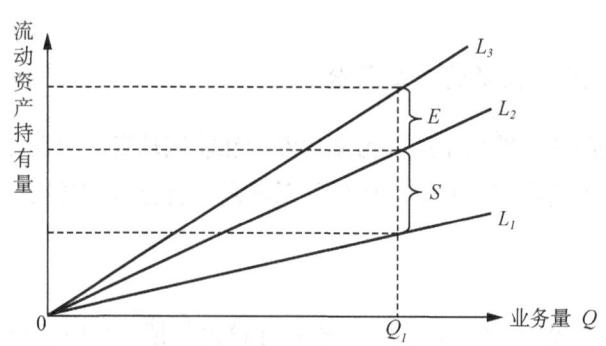

图 10-1 营运资本投资政策确定

图 10-1 描绘了三种不同营运资本持有政策。通常,流动资产数量随着业务量的变化而变化,业务量越增加,流动资产占用规模越大,但由于采用的政策不同在同一业务量水平下,流动资产的规模产生差异。如图 10-1 所示,当业务量水平在 Q_1 点时,紧缩的营运资本政策确定的流动资产持有量为 L_1,仅为满足正常经营的需要;适中的营运资本政策确定的流动资产持有量为 L_2,两者的差额部分 S 即正常的保险储备量,宽松的营运资本政策确定的持有量为 L_3,与 L_2 的差额 E 属于额外储备量。

(三) 营运资本管理的基本要求

(1) 满足合理的资金需求。

(2) 提高资金使用效率。

(3) 节约资金使用成本。

(4) 保持足够的短期偿债能力(流动资产和流动负债的比率合理)。

10-1【案例】
GL公司"类金融模式"分析与"阵痛"

第二节 现 金 管 理

一、现金管理概述

(一) 现金的特点

现金是指随时可投入流通的交换媒介,是企业拥有资产中流动性最强的资产。狭义的现金仅指企业的库存现金,但财务上的现金还包括银行存款和其他货币资金。有价证券由于其具有随时可以变现的特点,作为一种准现金,一并在本节论述。

现金的特点主要体现在以下几个方面:

(1) 现金具有普遍可接受性,是社会公认的价值变现形式。所以,它具有最直接的购买和支付能力,也最容易被挪用和偷盗,必须进行严格管理。

(2) 现金是企业最特殊的资产形式,它一方面具有货币特有的流通和储备功能,另一方面又具有资金的职能,它在企业整个经营的各个阶段和资金活动的全过程中,发挥着其他资产无法替代的作用。

(3) 现金是企业生产经营活动过程中暂时间歇的资产。企业经营不可能没有现金,但持有过量现金却会降低其盈利能力。

(4) 企业一定时期的现金持有量是其偿付能力的重要标志,也是衡量其财务风险的重要依据。

(二) 企业持有现金的目的

1. 交易性需要

交易性需要又称支付需要,是指企业为满足生产经营活动中的各种现金支付需要。例如,用于购买固定资产和原材料、支付工资、缴纳税金等。企业的现金流入与现金流出在时间上与数量上通常有一定的差异,因此,必须保持一定的现金余额以应付频繁的支出需要。满足交易需要的现金数额受很多因素的制约,不同性质的企业对现金数额的要求并不相同。例如,公用事业企业的交易,大部分通过银行转账来实现,现金回收预测比较正确,现金需要量相对较少;相反,零售商业企业的交易均需通过现金来实现,所以现金需要量相对较多。一般来讲,企业的业务量越大,要保持的现金余额也越大。

2. 预防性需要

预防性需要是指企业保持一定的现金余额以应对意外的现金需求。企业生产经营活动中正常现金需要可通过资金预测和计划来估算,但许多意外事件的发生将会影响和改变企业的正常现金需要量。例如,自然灾害、生产事故、客户款项不能如期支付及国家政策的突然变化等,这些都会打破企业预计的现金收支平衡。因此,企业需要保持一定的额外现金余额来应对可能发生的意外情况。

3. 投机性需要

企业持有现金的另一个可能的动机是投机,即通过在证券市场上的炒作或物资供应市场上的投机买卖来获取投机收益。例如,当市场上股票价格下跌时购入,当股票价格上扬时抛出,以获取资本利得;当企业预计原材料价格将有较大幅度的上升时,可利用手中多余的现金以目前较低价格购入原材料,使将来价格上升时少受影响。

企业持有的现金总额,应小于上述3种需要的总和。对一般企业来讲,最重要的是交易性需要的现金持有,而对于预防性需要和投机性需要,除了一部分金融和投资公司,专门持有的企业是很少的。只要企业保持良好的财务状况和融资能力,对于偶发性的资金需求都可以通过临时的融资来解决。

(三) 现金管理的目标

企业现金管理中最重要的问题之一,就是保证企业良好的支付能力。如果不能如期支付到期的款项,将大大地损害企业的商业信誉,造成企业的信用损失,甚至导致企业陷入难以摆脱的财务危机。显然,保持一定的现金余额将有助于防止上述现象。但现金不能为企业带来投资收益,过多的持有现金将降低企业的资金使用效益,从而降低企业的市场价值。因此,现金管理的目的是在保证企业生产经营活动现金需求的基础上,尽量减少资金使用,降低资金成本,提高资金使用效益,在流动性与盈利性之间做出最佳选择。

二、现金的日常管理

(一) 现金日常管理的主要规定

(1) 现金的使用范围。企业现金交易只能用于向个人支付和结算起点(1 000元)以下的零星支付。

(2) 库存现金限额。企业库存现金限额由其开户银行核定,一般以3~5天的零星开支额为限。

(3) 不得坐支现金。

(4) 不得出租、出借银行账户。

(5) 不得签发空头支票和远期支票。

(6) 不得套取银行信用。

(7) 不得保存账外公款。

(二) 现金日常管理的策略

1. 力争现金流量同步

现金流量包括现金流入量和现金流出量。现金流量同步是指企业各种经济活动所引起的现金流入和现金流出在时间上趋于一致。企业理财过程中应当争取在有现金流入时安排必要的现金流出,或在必须发生现金流出的时,及时安排和组织好相应的现金流入,将企业可能发生现金闲置或现金短缺的时间降到最低限度。这不仅是保证企业现金收支平衡的根本前提,更是提高企业现金管理水平的重要措施。

2. 加速收款,提高收现效率

加速收款和提高收现效率是现金管理的基本原则,也是促使企业现金高效运用的基本保证。现金回收管理的核心问题是减少现金的回收时间。现金回收时间的减少可以使企业尽早获得可用资金,并可通过这些资金获取一定的投资收益。

【例10-1】 某公司20×4年销售收入为8 650万元,现由于采取措施,现金回收时间减少了1天,如果这些资金进行投资可产生5%的年收益,则:

$$每天的销售收入 = 8\ 650 \div 365 = 23.7(万元)$$
$$年收益 = 23.7 \times 5\% = 1.185(万元)$$

即现金回收减少1天可增加年收入1.185万元。

企业的现金流入主要来源于销货收入,销货收入主要有两个需要解决的问题:一是如何缩短收款时间,二是如何确保收款的安全性。

企业在与客户和银行的结算过程中,会形成一系列的结算占用时间,其产生原因如图10-2所示。

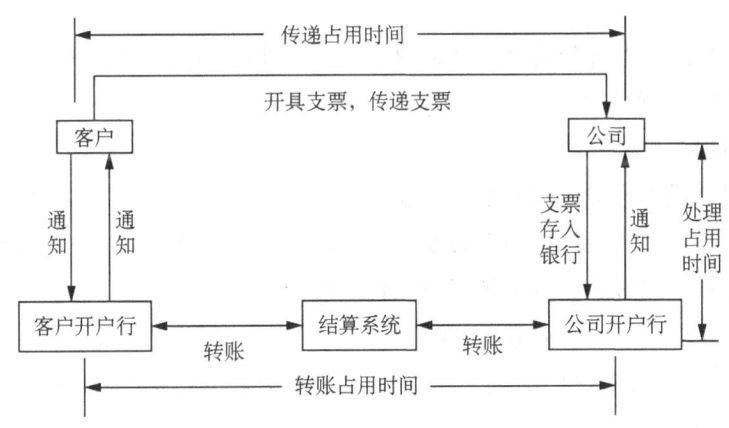

图10-2 现金结算占用时间

由图10-2可知,现金收款过程中的结算占用时间主要由传递占用时间、处理占用时间和转账占用时间三部分组成。提高企业收现效率就是要尽可能地在收现过程中减少各种时间占用,尽早获得企业的可用资金。

3. 合理延缓现金支出

与现金回收相反,企业现金支付的目的是尽可能地延缓现金的支出时间,同时避免现金账户余额过多。

1) 合理使用现金浮游量

现金浮游量是指企业账户上的现金余额与银行账户上的存款余额之间的差额。企业在采用银行转账时,从开出支票到客户去银行将款项划出,中间需要一段时间,这时就产生了浮游量,企业应充分利用这些现金浮游量。例如,某企业账户现金余额为 10 万元,现开出支票 10 万元,则企业账户现金余额为 0,而预计支票兑现时间有 5 天以上,这时,银行存款账户余额仍为 10 万元,企业可将这 10 万元加以利用,只要在 5 天后再存入即可。

2) 合理延缓应付款的支付

企业应在不影响其信誉的前提下,尽可能地推迟应付款的支付期。特别是应充分运用供应商提供的信用期。但要注意信用期有无现金折扣优惠,如没有优惠,则应全部享受其信用期;如对方提供一定的现金折扣优惠,则要充分衡量折扣优惠与企业急需资金之间的利弊得失,根据企业当时的实际情况作出最恰当的决策。

三、最佳现金持有量

现金的管理除了做好日常收支、加速现金流转速度,还需控制好现金持有规模,即确定适当的现金持有量。下面是几种确定最佳现金持有量的方法。

(一) 成本分析模式

成本分析模式是通过分析持有现金的成本,寻找持有成本最低的现金持有量。企业持有的现金,将有三种成本。

1. 机会成本

现金的机会成本又称投资成本。现金作为企业的一项资金占用是有代价的,这种代价是资金因被占用在现金状态而丧失投资于其他领域所获得的收益或者是资金的成本。企业的投资收益率或资金成本率越高,持有现金的机会成本越大。现金持有量越大,机会成本越大。企业为了经营业务,需要拥有一定的现金,付出相应的机会成本代价是必要的,但现金拥有量过多,机会成本代价大幅度上升,就不合算了。持有成本的大小,通常用有价证券的利率来衡量。

2. 管理成本

为了保证现金的安全性和完整性,企业应对现金采取一定的管理措施,因此会发生管理费用,如管理人员工资、安全措施费等,这些费用是现金的管理成本。当现金的持有量在一定的范围内变化时,管理成本是不变的,即固定成本。

3. 短缺成本

现金的短缺成本是因缺乏必要的现金,不能应付业务开支所需,而使企业蒙受损失或为此付出的代价。现金的短缺成本一部分是确知的,可以量化,如不能进行及时采购导致的经营中断的损失;而另一部分是很难量化,如不能进行按期偿债造成的信用损失。现金的短缺成本随现金持有量的增加而下降,随现金持有量的减少而上升。

当上述三项成本之和最小时的现金持有量,就是最佳现金持有量。如果把以上三种成本与持有量的关系放在一个图(图10-3)上,就能表现出持有现金的总成本(总代价),找出最佳现金持有量的点。机会成本线向右上方倾斜,短缺成本线向右下方倾斜,管理成本线为平行于横轴的平行线,总成本线便是一条抛物线,该抛物线的最低点 M,即持有现金的最低总成本。在 M 点之前,短缺成本随持有量的增长而下降的幅度大于机会成本上升的幅度,因此总成本下降;超过这一点,机会成本上升的幅度又会大于短缺成本下降的好处,总成本上升。这一点在横轴上的量 Q,即最佳现金持有量。

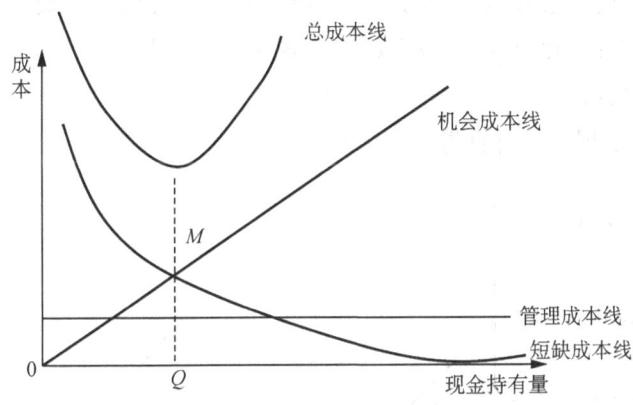

图 10-3 成本分析模式

最佳现金持有量的成本分析模式在实际当中的运用,一般是通过比较成本的方法来进行。可以先分别计算出各种方案的机会成本、管理成本、短缺成本之和,再从中选出使总成本之和最低的现金持有量,即相对最佳现金持有量。

【例 10-2】 某企业有 4 种现金持有方案,它们各自的机会成本、管理成本、短缺成本如表 10-1 所示。

表 10-1   某企业现金持有成本分析表   单位:元

项目	甲方案	乙方案	丙方案	丁方案
现金持有量	35 000	60 000	85 000	100 000
机会成本	4 200	7 200	10 200	12 000
管理成本	2 000	2 000	2 000	2 000
短缺成本	10 000	8 750	3 500	1 500
总成本	16 200	17 950	15 700	15 500

将以上各方案的总成本加以比较可知,丁方案的总成本最低,即当企业持有 100 000 元现金时,各方面的总代价最低,对企业最合算,故 100 000 元是该企业的最佳现金持有量。

(二) 现金有价证券配合模式

现金有价证券配合模式又称存货模式。这个模式将持有现金的机会成本同证券买卖的交易成本进行权衡,用以解决企业现金的最佳持有量和一定时期内有价证券的最佳变现次数问题。

该模式确定现金最佳持有量要建立在这样一些条件之上:①企业一定时期内收入与耗用的现金均匀、稳定且可预测。②短期有价证券的利率或报酬率可知。③每次将有价证券变现为现金的交易成本可知。④一定时期内企业现金总需求量为已知。现金持有量的总成本包括机会成本和交易成本。机会成本是指企业持有现金时丧失的将这些资金投资于证券可得的利息收入。交易成本是指证券每次变现所花费的经纪费用等。机会成本和交易成本的变化方向恰好相反,机会成本随持有量的增大而增大,交易成本随持有量的增大而减少。

图 10-4 给出了现金的持有量变动情况。

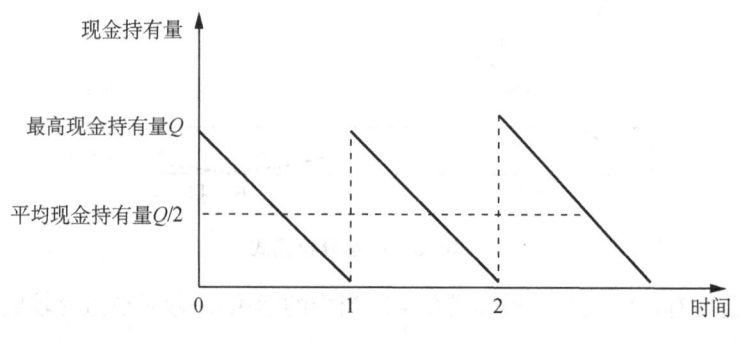

图 10-4　现金持有量变动情况

假设期初有现金 Q 元,当现金耗尽时,就需出售 Q 元的有价证券来补充现金资产。则现金持有总成本可用下列公式表示:

$$总成本＝机会成本＋交易成本$$

即:

$$TC = \frac{Q}{2} \times i + \frac{T}{Q} \times b$$

式中:TC——总成本;

Q——现金持有量;

i——有价证券的收益率;

T——在一定时期内现金总需要量;

b——有价证券的每次交易成本。

我们的目标是权衡机会成本和交易成本,使它们的总成本最低,最佳现金持有量就是相对于总成本最低的那一点现金持有量 Q^*,其关系如图 10-5 所示。

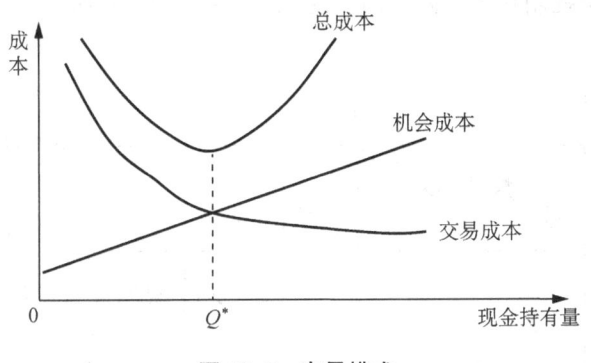

图 10-5　存量模式

最佳现金持有量可按总成本公式求导取得,当 TC 的一阶导数等于 0 时的持有量,即最佳持有量 Q^*。

由：

$$TC' = \frac{i}{2} - \frac{T}{Q^2} \times b$$

可得下列公式：

$$Q^* = \sqrt{\frac{2 \times b \times T}{i}}$$

将最佳现金持有量代入总成本的计算公式,可得持有现金总成本(TC^*)的计算公式：

$$TC^* = \sqrt{2 \times b \times T \times i}$$

年内最佳现金交易次数(N^*)：

$$N^* = \frac{T}{Q^*}$$

【例 10-3】　某企业预计在年内经营所需现金为 300 000 元,准备用有价证券变现取得,其日常的收支较为均衡,每次有价证券的交易成本为 150 元,有价证券的年收益率为 10%,可求得：

$$Q^* = \sqrt{\frac{2 \times 150 \times 300\,000}{10\%}} = 30\,000(元)$$

$$N^* = \frac{300\,000}{30\,000} = 10(次)$$

$$TC^* = \sqrt{2 \times 150 \times 300\,000 \times 10\%} = 3\,000(元)$$

(三) 随机模式

随机模式是指在实际中企业的现金需要量有时是很难准确预知,但企业可以根据历史经验和现实需要,测算出一个现金持有量的控制范围,即制定出现金持有量的上限和下限,将现金持有量控制在上下限之内。随机模式如图10-6所示。

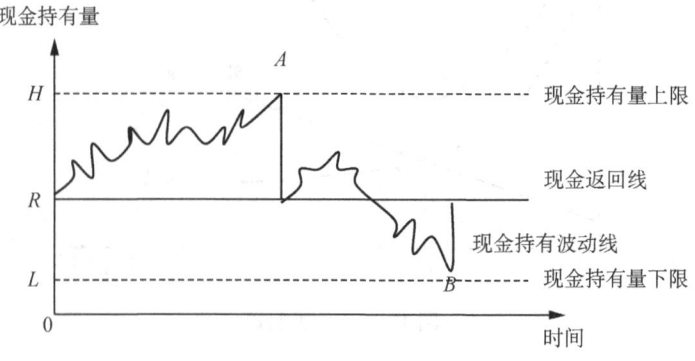

图 10-6　随机模式

由图 10-6 可知,企业的现金存量(表现为现金每日余额)是随机波动的,当其达到 A 点时,即达到了现金控制的上限,企业应用现金购买有价证券,使现金量回落到现金返回线(R 线)的水平;当现金存量降至 B 点时,即达到了现金控制的下限,企业则应转让有价证券换回现金,使其存量回升至现金返回线的水平。现金存量在上下限之间的波动属控制范围内的变化是合理的,不予理会。以上关系中的上限 H、现金返回线 R 可按下列公式计算:

$$R=\sqrt[3]{\frac{3\times b\times q^2}{4\times i}}+L$$

$$H=3\times R-2\times L$$

其中:b——每次有价证券的固定转换成本;
　　　I——有价证券的日利息率;
　　　Q——预期每日现金余额变化的标准差(可根据历史资料测算)。

下限 L 的确定,则要受企业每日的最低现金需要、管理人员的风险承受倾向等因素的影响。

【例 10-4】　假定某企业有价证券的年利率为 9%,每次固定转换成本为 150 元,企业确定的现金余额不能低于 5 000 元,根据以往经验测算出现金余额波动的标准差为 1 000 元。最优现金返回线、现金控制上限的计算为:

$$R=\sqrt[3]{\frac{3\times 150\times 1\,000^2}{4\times 0.09\div 360}}+5\,000=12\,663.09(元)$$

$$H=3\times 12\,663.09-2\times 5\,000=27\,989.27(元)$$

当公司的现金余额达到 27 989.27 元时,应以 15 326.18 元(27 989.27－12 663.09)的现金去投资于有价证券,使现金持有量回落为 12 663.09 元;当公司的现金余额降至 5 000 元时,则应转让 7 663.09 元(12 663.09－5 000)的有价证券,使现金持有量回升为 12 663.09 元。

四、有价证券管理

(一) 企业投资有价证券的目的

企业投资的有价证券主要是指短期有价证券,从有效利用资金,为企业创造一切可能的盈利机会的角度看,企业的短期证券投资是十分重要的。企业投资短期有价证券主要目的有以下几个方面:

(1) 作为企业调度资金的一种有效手段,作为货币资金的一种转换形式。短期有价证券具有很强的变现能力,因此许多企业都将短期有价证券用来代替大部分现金余额,这样既保持了企业资产的流动性,又维持了企业必要的盈利能力。此外,短期有价证券因投资方便,风险较小,是一种有效的企业资金调度手段。当企业现金充裕时,可以及时购入有价证券;相反,当企业现金不足时,可以及时售出有价证券来补足。企业购入短期有价证券既是一种投资行为,又是企业在财务策略的指导下的重要资金调度手段。

(2) 能为企业创造收益,减少持有现金的机会成本。企业投资于有价证券大多能获得高于一般银行存款利率的收益,减少企业持有现金的机会成本。另外,如企业资金不足也可以不出售有价证券,而通过临时性短期借款来补充资金,因为一般有价证券的收益率高于短期借款利率,所以企业一般会宁愿借款,而继续保持有价证券。企业持有较多的有价证券,保持了资产良好的流动性,又大大提高了企业的借款能力。因此,有些企业投资有价证券不仅是作为现金的准备,获取盈利也是一个非常重要的目的。

(二) 影响有价证券投资的因素

企业在投资有价证券时,主要考虑以下因素。

1. 违约风险

违约风险是指证券发行人无法按期支付利息和偿还本金的风险。一般政府债券此类风险极低,而其他有价证券都有一定程度的违约风险。不能盲目追求利润而承担过大的风险,也不能过于保守,而放弃应得的收益。

2. 利率风险

利率风险是指由于市场利率变动(多为利率上涨)导致有价证券贬值的风险。一般短期投资受这种风险的影响较小,但企业也可能较长时间持有证券,当企业预期市场利率短期将有波动,应及时调整投资政策和投资组合,必要时可以采用利率期货的方式来避免风险。

3. 变现风险

企业持有证券的目的除了获取收益,还包括提供企业资产的流动性准备,以便应对各种不测的现金需求。如果从安全性角度看,短期证券投资的流动性因素应得以充分关注。即使同样在短期证券中,其流动性也有较大差异,如国库券和著名公司债券等交易频繁,流动性较好,而小公司债券的流动性则较差。

4. 投资收益水平

有效的证券投资组合会直接影响企业的税赋水平,进而影响企业的投资收益水平。一般除了国库券或市政债券等可以免缴税金,其他有价证券的收益都要依法纳税。所以,在投资时应对证券的实际收益进行比较,有时利率较低,但可以免税的证券,可能比高利率但要纳税证券的实际收益率高。

(三) 有价证券投资的对象

适于企业投资的短期有价证券主要形式有国库券、银行承兑汇票、商业票据、短期债券、大额可转让存单、货币市场共同基金和回购协议等。

1. 国库券

国库券是由国家财政部门发售和担保的有价证券,它是短期有价证券最适宜的一种投资方式。这种证券基本可视为无风险,而且流动性较好,但一般情况下其收益率会略低于其他有价证券,但国库证券一般都免缴税金,这对投资者很有吸引力。

2. 银行承兑汇票

银行承兑汇票是由出票人签发的,并经银行承兑的远期汇票。银行承兑汇票常被用来作为对内或对外交易的融资工具,期限通常在 30 天到 9 个月。这种汇票无抵押,其可靠性依赖于承兑银行的信誉,大银行的承兑汇票是很安全的。银行承兑汇票的收益率一般高于同期存款利率,并可以贴现和背书转让,较为灵活方便。

3. 商业票据

商业票据是指由银行或某些信誉良好的公司开出的无担保短期票据。商业票据的可靠性也同样依赖于发行企业的资信程度,可以背书转让或贴现,但这种票据因无交易市场,故流动性相对较差。在西方,商业票据可由公司直接发售,也可以由经销商出售,但对公司的资信审查十分严格。企业购入短期票据,没有特殊情况,一般会持有到期,这样可以获得大于存款利率的利息收入。

4. 短期债券

短期债券是指由信誉良好的金融机构和公司所发行的短期融资券,如经批准上市,则交易和流通都很方便。短期债券的风险大于国库券,所以收益率也相对较高,但这些债券大多是要交税的,故投资者应从适宜性和风险性及流动性等多方面来作出合理的投资决策。

5. 大额可转让存单

大额可转让存单又称可转让存单,是指在金融市场上可流通的信誉良好银行的定期存单,它与普通的不可转让存单是不同的。这种存单的利率通常是固定的,能用来证明持单人在存单银行有相应的存款额,一般利率高于普通存款,但由于受央行的控制,这种存单的利率大多与银行承兑汇票和商业票据等相似。

6. 货币市场共同基金

货币市场共同基金是通过向大量小储户或小企业出售基金份额来筹集资,并进行有价证券投资的形式。这种方式较早出现在美国,市场对商业票据或国债投资等有最低资金限额,对一些小企业十分不利,因此共同基金就由此而生。这种基金不但接受小额投资,而且投资者可随时出售基金份额获取现金。

7. 回购协议

回购协议是指证券的卖方出售其证券给投资者时订立的在未来某一时期按规定的价格买回这些证券的协议。协议期限根据投资者的需要而确定,所以回购协议在到期日方面给投资者以很大的弹性,便于投资企业通过确定回购期进行资金控制,还可以消除直接证券投资的价格和利率波动的风险。但公司应充分估计对方的信誉程度。这种投资形式风险很低,但流动性较差,其利率水平也视回购证券的不同而有较大差异。

第三节 存 货 管 理

一、存货管理概述

存货是指企业在生产经营过程中为销售或耗用而储备的物资,包括材料、燃料、低值易耗品、在产品、半成品、产成品、协作件、商品等。

(一) 储备存货的原因

如果工业企业能在生产投料时随时购入所需的原材料,或者商业企业能在销售时随时购入该项商品,就不需要存货。但实际上,企业总有储存存货的需要,具体原因如下。

1. 生产经营需要

实际上,企业很少能做到随时购入生产或销售所需的各种物资,即使是市场供应量充足的物资也如此。因为,一方面,企业采购、生产和销售之间存在时间差,企业购入材料到投入生产,或者生产出产品到实现销售,都有一定的时间差异;另一方面,存货的运输过程也需要一定的时间。出于以上考虑企业需要储备一定的存货。此外,市场也不是一成不变的,原材料供应市场和产品销售市场总是会有变化,为了防止原材料市场供应中断和产品销售市场需求旺盛而造成缺货,也应当储备一定的存货。

2. 降低成本的需要

零购物资的价格往往较高,而批量采购常会得到折扣的好处,可以降低存货的采购成本。单件或少量生产的单位成本常较高,批量生产因规模效应,单位成本一般较低。

(二) 储备存货的有关成本

与储备存货有关的成本包括以下三种。

1. 取得成本

取得成本是指为取得某种存货而花费的代价,通常由订货成本和购置成本两部分构成。

(1) 订货成本。订货成本是指取得订单的成本,如采购部门的办公费、采购人员差旅费、邮资、电报电话费等支出。订货成本中有一部分与订货次数无关,如常设采购机构的基本开支等,称为固定订货成本;另一部分与订货次数有关,这类成本与订货次数成正比,如差旅费、邮资等,称为变动订货成本。订货成本应为变动订货成本与固定订货成本之和。

(2) 购置成本。购置成本是指存货本身的价格,通常用数量与单价的乘积来确定,当存货价格保持不变,并且无数量折扣时,存货的购置成本是稳定的;当存货购置有数量折扣时,必须考虑订购批量变动时,购置成本的变动。

订货成本加上购置成本,即存货的取得成本。其计算公式为:

取得成本＝订货成本＋购置成本＝固定订货成本＋变动订货成本＋购置成本

即:
$$TC_a = F_1 + \frac{D}{Q} \times K + D \times U$$

式中:TC_a——取得成本;

F_1——固定订货成本;

D——某一时期存货需要量;

Q——每次进货量;

K——每次订货的变动成本;

U——存货的单价。

2. 储存成本

储存成本是指为储存存货而发生的成本,包括存货占用资金所应计的利息、仓储费用、保险费用、存货毁损和变质损失等。

储存成本分为固定储存成本和变动储存成本。固定储存成本与存货数量的多少无关,如仓库折旧、仓库职工的固定月工资等。变动储存成本与存货的数量有关,如存货资金的应计利息、存货的毁损和变质损失、存货的保险费用等,变动储存成本通常用平均存货量与单位存货的变动储存成本的乘积表示。储存成本的计算公式为:

储存成本＝固定储存成本＋变动储存成本

即:
$$TC_c = F_2 + \frac{Q}{2} \times K_c$$

式中:TC_c——储存成本;

F_2——固定储存成本;

K_c——单位存货的变动储存成本。

3. 缺货成本

缺货成本是指由于存货供应中断而造成的损失,包括材料供应中断造成的停工损失、产成品库存缺货造成的拖欠发货损失、丧失销售机会的损失和企业信誉损失。如果生产企业以紧急采购代用材料解决库存材料中断之急,那么缺货成本表现为紧急额外购入材料而超过正常开支的成本。

储备存货的总成本应为上述三种成本之和。它的计算公式为:

$$TC = TC_a + TC_c + TC_s = F_1 + \frac{D}{Q} \times K + D \times U + F_2 + \frac{Q}{2} \times K_c + TC_s$$

式中:TC——储备存货的总成本;

TC_s——缺货成本。

(三) 存货管理的目标

企业因生产经营和降低成本的需要而应当储备一定的存货,但是储备存货在降低存货短缺成本给企业增加效益的同时,也会增加存货取得和储存成本。进行存货管理,就要尽力在各种存货成本与存货效益之间作出权衡,达到两者的最佳结合。这就是存货管理的目标。

二、存货决策

存货的决策涉及四项内容:决定进货项目(进什么货)、选择供货单位(何处进货)、决定进货时间(何时进货)和决定进货批量(进多少货)。决定进货项目和选择供应单位是销售部门、采购部门和生产部门的职责。财务部门要做的是决定进货时间和决定进货批量,并根据进货有关要求控制、安排和调度资金。按照存货管理的目标,需要确定合理的进货批量和进货时间,使存货的总成本最低,这个批量被称为经济订货量或经济批量。确定了经济订货量,便可以相应地找出最适宜的进货时间和进货周期。

影响存货总成本的因素很多,在确定经济订货量的过程中,应先舍弃一些因素,这需要设立一些假设,在此基础上建立经济订货量的基本模型,然后再进行扩展。

(一) 经济订货量基本模型

采用经济订货量基本模型确定经济订货量应假设以下条件:

(1) 存货市场供应充足且企业资金充裕,即企业需要订货时便可立即取得存货。
(2) 能集中到货且不允许缺货,即无缺货成本。
(3) 一定时期的存货需求量稳定,并且能预测。
(4) 存货单价已知,不考虑现金折扣。
(5) 每次变动订货成本和一定时期内的单位存货变动储存成本不变。

(6) 存货均衡耗用。

在上述假设条件建立后,存货总成本的公式可以简化为:

$$TC = F_1 + \frac{D}{Q} \times K + D \times U + F_2 + \frac{Q}{2} \times K_c$$

当 F_1、K、D、U、F_2、K_c 为常量时,TC 的大小取决于 Q。为了求出 TC 的极小值,对其进行求导演算,可得出下列公式:

$$TC' = \frac{K_c}{2} - \frac{D \times K}{Q^2} = 0$$

解出:

$$Q^* = \sqrt{\frac{2 \times K \times D}{K_C}}$$

而此时 TC 的二阶导数 $TC'' = \dfrac{2 \times D \times K}{Q^3}$,因 D、K、Q 均为正数,故 TC'' 必大于 0,说明 Q^* 为使总成本最低的订货量,即最佳订货量。其他有关指标:

最佳订货次数:

$$N^* = \frac{D}{Q^*} = \sqrt{\frac{D \times K_C}{2 \times K}}$$

订货量有关的存货总成本:

$$TC_{(Q^*)} = \frac{K \times D}{\sqrt{\dfrac{2 \times K \times D}{K_C}}} + \frac{\sqrt{\dfrac{2 \times K \times D}{K_C}}}{2} \times K_C = \sqrt{2 \times K \times D \times K_C}$$

最佳订货周期:

$$t^* = \frac{1}{N^*} = \frac{1}{\sqrt{\dfrac{D \times K_C}{2 \times K}}}$$

经济订货量占用资金:

$$I^* = \frac{Q^*}{2} \times U = \sqrt{\frac{K \times D}{2 \times K_C}} \times U$$

经济订货量基本模型的原理也可以用函数图来描述,具体如图 10-7 所示。

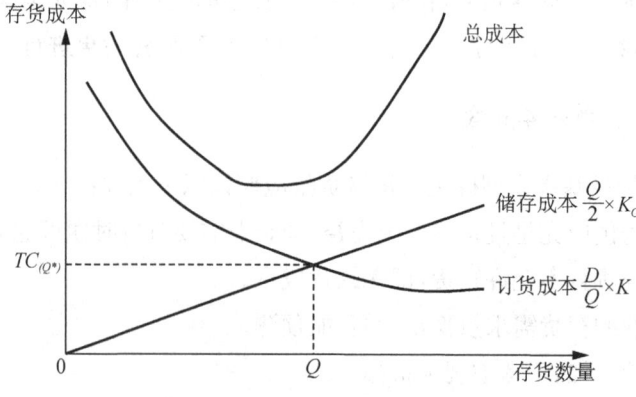

图 10-7 经济定货量基本模型

图 10-7 中,总成本为与存货储存量有关的成本,即:

$$TC_{(Q)} = \frac{D}{Q} \times K + \frac{Q}{2} \times K_c$$

订货成本随订货量的增加而减少,储存成本则随订货量的增加而增加。当储存成本的边际量和订货成本的边际量相等时,总成本最低。

【例 10-5】 某商业企业 20×4 年需要销售某种商品 360 000 件,该商品单位成本为 100 元,每件年储存成本为 2 元,每次订货成本为 2 500 元,则:

$$Q^* = \sqrt{\frac{2 \times K \times D}{K_C}} = \sqrt{\frac{2 \times 360\,000 \times 2\,500}{2}} = 30\,000(件)$$

$$N^* = \sqrt{\frac{D \times K_C}{2K}} = \sqrt{\frac{360\,000 \times 2}{2 \times 2\,500}} = 12(次)$$

$$TC_{(Q^*)} = \sqrt{2 \times K \times D \times K_C} = \sqrt{2 \times 2\,500 \times 360\,000 \times 2} = 60\,000(元)$$

$$t^* = \frac{1}{N^*} = \frac{1}{\sqrt{\frac{D \times K_C}{2 \times K}}} = \frac{1}{12}(年) = 1(月)$$

$$I^* = \frac{Q^*}{2} \times U = \sqrt{\frac{K \times D}{2 \times K_C}} \times U = \frac{30\,000}{2} \times 100 = 15\,000\,000(元)$$

(二) 经济订货量基本模型的扩展

经济订货量的基本模型是在前述各假设下建立的,但现实生活中能够满足这些假设的情况极少。为使模型更接近实际情况,具有较高的可用性,需逐一放宽假设,同时改进模型。

1. 订货提前期

一般情况下,企业的存货不能做到随时需要随时补充,因此不能等存货用完再去订货,而需要在没有用完时提前订货。在提前订货的情况下,企业再次发出订单时,尚有存货的库存量称为再订货点,它的数量等于交货时间和每日平均需用量的乘积:

$$R = L \times d$$

式中:R——再订货点;
　　　L——交货时间;
　　　d——每日平均需用量。

[例 10-5]中,企业订货日至到货期的时间为 10 天,该商品每日需要量为 1 000 件,那么:

$$R = 10 \times 1\,000 = 10\,000(件)$$

即企业在尚存 10 000 件商品时,应当再次订货,等下批订货到达时(再次发出订货单 10 天后),原有库存刚好用完。此时,有关存货的每次订货批量、订货次数、订货间隔时间等并没有变化,与瞬时补充时相同。这就是说,订货提前期对经济订货量并没有影响,仍以原来瞬时补充情况下的 30 000 件为订货批量,只不过在达到再订货点(库存 10 000 件)时应发出订单。

2. 存货陆续供应和使用

在建立基本模型时,假设存货一次全部入库,存货的储存量瞬时达到最高,然后均衡耗用。事实上,各批存货可能陆续入库,使存货数量陆续增加。尤其是产成品入库和在产品转移,几乎总是陆续供应和陆续耗用的。在这种情况下,需要对基本模型做一些修改。

若每批订货量为 Q,每天货物到达量为 P,则一批货全部到达需要天数为 $\dfrac{Q}{P}$,$\dfrac{Q}{P}$ 称为送货期。如存货每天耗用量为 d,则当货物全部到达时已被耗用 $\dfrac{Q}{P} \times d$,此时最高储存量为 $Q - \dfrac{Q}{P} \times d$,而平均储存量为 $\dfrac{1}{2} \times \left(Q - \dfrac{Q}{P}d\right)$。陆续供应和使用存货数量的关系如图 10-8 所示。

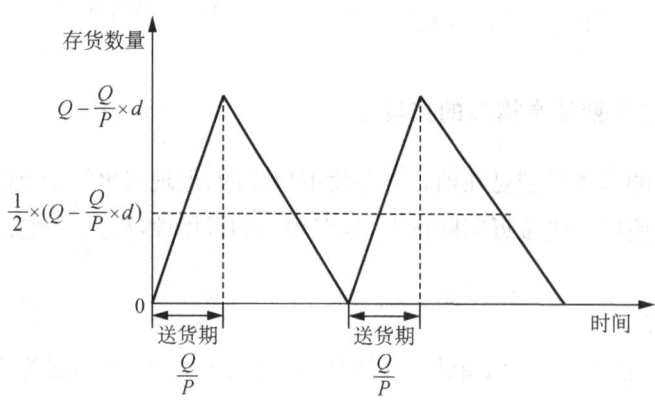

图 10-8 陆续供应和使用存货数量的关系

与批量有关的总成本为:

$$TC_Q = \frac{D}{Q} \times K + \frac{1}{2} \times \left(Q - \frac{Q}{P} \times d\right) \times K_C$$

$$= \frac{D}{Q} \times K + \frac{Q}{2} \times \left(1 - \frac{d}{P}\right) \times K_C$$

按照确定经济订货量基本模型的原理可以确定此处的经济订货量:

$$Q^* = \sqrt{\frac{2 \times K \times D}{K_C} \times \frac{P}{P-d}}$$

也可以确定其他指标:

$$TC(Q^*)=\sqrt{2\times K\times D\times K_C\times\left(1-\frac{d}{P}\right)}$$

【例10-6】 某商业企业20×4年需要销售某种商品360 000件,该商品单位购买成本为100元,每件年储存成本为2元,每次订货成本为2 500元,每天到货为3 000件,每天销售1 000件。则:

$$Q^*=\sqrt{\frac{2\times 2\ 500\times 360\ 000}{2}\times\frac{3\ 000}{3\ 000-1\ 000}}=36\ 742(件)$$

$$TC_{Q^*}=\sqrt{2\times 2\ 500\times 360\ 000\times 2\times\left(1-\frac{1\ 000}{3\ 000}\right)}=48\ 990(元)$$

陆续供应和使用的经济订货量模型,可以用于自制和外购的选择决策。自制零件属于边送边用的情况,单位成本可能较低,但每批零件投产的生产准备成本比一次外购订货的订货成本高出许多。外购零件的单位成本可能较高,但订货成本可能比较低。要在自制零件和外购零件之间作出选择,需要全面衡量它们各自的总成本,才能得出正确的结论。这时就可借用陆续供应或瞬时补充的模型。

【例10-7】 某生产企业使用 A 零件,可以外购,也可以自制。如果外购,单价10元,一次订货成本200元,并且是集中一次到货;如果自制,单位成本8元,每次生产准备成本800元,每日产量200件。全年的零件需求量为360 000件,储存变动成本为零件价值的10%,每日平均需求量为100件。

下面分别计算外购零件和自制零件的总成本,以选择较优的方案。

(1)外购零件:

$$Q^*=\sqrt{\frac{2\times K\times D}{K_C}}=\sqrt{\frac{2\times 200\times 360\ 000}{10\times 0.10}}=12\ 000(件)$$

$$TC_{Q^*}=\sqrt{2\times K\times D\times K_C}=\sqrt{2\times 200\times 360\ 000\times 10\times 0.10}=12\ 000(元)$$

$$TC=DU+TC=360\ 000\times 10+12\ 000=3\ 612\ 000(元)$$

(2)自制零件:

$$Q^*=\sqrt{\frac{2\times K\times D}{K_C}\times\frac{P}{P-d}}=\sqrt{\frac{2\times 800\times 360\ 000}{8\times 0.10}\times\frac{200}{200-100}}=37\ 947(件)$$

$$TC_{Q^*}=\sqrt{2\times K\times D\times K_C\left(1-\frac{d}{P}\right)}=\sqrt{2\times 800\times 360\ 000\times 8\times 0.10\times\left(1-\frac{100}{200}\right)}=15\ 179(元)$$

$$TC=DU+TC_{Q^*}=360\ 000\times 8+15\ 179=2\ 895\ 179(元)$$

自制零件的总成本(2 895 179元)低于外购零件的总成本(3 612 000元),故以自制零件为宜。

3. 保险储备

前面讨论假定存货的供需稳定且确知,即每日需求量不变,交货时间也固定不变。

实际上每日需求量可能发生变化,交货时间也可能变化。按照某一订货批量(如经济订货批量)和再订货点发出订单后,如果需求增大或送货延迟,就会导致缺货或供货中断。为防止由此造成的损失,就需要多储备一些存货以备应急之需,称为保险储备(安全存量)。这些存货在正常情况下不动用,只有当存货过量使用或送货延迟时才动用。为防止需求变化引起缺货损失,设立保险储备量时,再订货点 R 相应提高为:

$$R=交货时间\times 平均日需求量+保险储备量$$

一般情况下保险储备的建立不会改变经济订货量。

企业建立保险储备,固然可以避免缺货或供应中断造成的损失,但存货平均储备量加大却会使储存成本升高。研究保险储备的目的,就是要找出合理的保险储备量,使缺货或供应中断的损失和储存成本之和最小。方法上可先计算出各不同保险储备量的总成本,然后对总成本进行比较,选定其中最低的总成本。

假设与保险储备量有关的总成本为 $TC(S、B)$,每次订货缺货量为 S,保险储备量为 B,则:

$$TC(S、B)=C_S+C_B$$

式中:C_S——缺货成本;

C_B——保险储备量的储存成本。

则:
$$C_S=K_u\times S\times N$$
$$C_B=B\times K_c$$

式中:K_u——单位缺货成本;

N——年订货次数;

K_c——单位存货储存成本。

则:
$$TC(S、B)=K_u\times S\times N+B\times K_c$$

现实中,缺货量 S 具有概率性,其概率可根据历史经验估计得出;保险储备量 B 可选择而定。

【例 10-8】 假定某企业存货的年需要量 $D=360\,000$ 件,单位储存变动成本 $K_c=2$ 元,单位缺货成本 $K_u=8$ 元,每次订货成本为 2 500 元,交货时间 $L=10$ 天;则可计算出经济订货量 $Q=30\,000$ 件,每年订货次数 $N=12$ 次,没有保险储备量的再订货点 $R=10\,000$ 件。交货期内存货需要量及其概率分布情况如表 12-2 所示。

表 10-2　　　　　交货期内存货需要量及其概率分布情况　　　　　数量单位:件

需要量($10\times d$)	7 000	8 000	9 000	10 000	11 000	12 000	13 000
概率(P_i)	0.01	0.03	0.30	0.50	0.10	0.04	0.02

先计算不同保险储备情况下的总成本:

(1) 不设保险储备量,即令 $B=0$,且以 10 000 件为再订货点。此种情况下,当需求量不超过10 000件时,不会发生缺货;当需求量超过10 000件时发生缺货。保险储备量为0时缺货情况如表10-3所示。

表10-3　　　　　　　　　　　保险储备量为0时缺货情况　　　　　　　　　　数量单位:件

$R=10\,000, B=0$	不发生缺货				发生缺货		
需要量($10\times d$)	7 000	8 000	9 000	10 000	11 000	12 000	13 000
缺货量					1 000	2 000	3 000
概率(P_i)	0.01	0.03	0.30	0.50	0.10	0.04	0.02
缺货平均值(S_E)					\multicolumn{3}{l	}{$1\,000\times0.10+2\,000\times0.04+3\,000\times0.02=240$(件)}

因此,$B=0$时,总成本$TC(S、B)$计算如下:

$$TC(S、B)=K_u\times S_0\times N+B\times K_C=8\times240\times12+0\times2=23\,040(元)$$

(2)保险储备量为1 000件,即$B=1\,000$件,以11 000件为再订货点。此种情况下,当需求量不超过11 000件时,不会发生缺货;当需求量超过11 000件时,发生缺货。保险储备量为1 000件时缺货情况如表10-4所示。

表10-4　　　　　　　　　　保险储备量为1 000件时缺货情况　　　　　　　　数量单位:件

$R=11\,000, B=1\,000$	不发生缺货					发生缺货	
需要量($10\times d$)	7 000	8 000	9 000	10 000	11 000	12 000	13 000
缺货量						1 000	2 000
概率(P_i)	0.01	0.03	0.30	0.50	0.10	0.04	0.02
缺货平均值(S_E)						\multicolumn{2}{l	}{$1\,000\times0.04+2\,000\times0.02=80$(件)}

因此,$B=1\,000$件时,总成本$TC(S、B)$计算如下:

$$TC(S、B)=K_u\times S_{1\,000}\times N+B\times K_C=8\times80\times12+1\,000\times2=9\,680(元)$$

(3)保险储备量为2 000件,即$B=2\,000$件,同样运用上述方法计算。保险储备量为2 000件时缺货情况如表10-5所示。

表10-5　　　　　　　　　　保险储备量为2 000件时缺货情况　　　　　　　　数量单位:件

$R=12\,000, B=2\,000$	不发生缺货						发生缺货
需要量($10\times d$)	7 000	8 000	9 000	10 000	11 000	12 000	13 000
缺货量							2 000
概率(P_i)	0.01	0.03	0.30	0.50	0.10	0.04	0.02
缺货平均值(S_E)							$1\,000\times0.02=20$(件)

当 $B=2\,000$ 件时,可计算 $TC(S、B)$ 为:

$$TC(S、B)=K_u\times S_{2\,000}\times N+B\times K_C=8\times 20\times 12+2\,000\times 2=5\,960(元)$$

(4) 保险储备量为 3 000 件,即 $B=3\,000$ 件,以 13 000 件为再订货点。此种情况下可满足最大需求,不会发生缺货。保险储备量为 3 000 件时缺货情况如表 10-6 所示。

表 10-6　　　　　　　保险储备量为 3 000 件时缺货情况　　　　　　数量单位:件

$R=13\,000, B=3\,000$	不发生缺货						
需要量($10\times d$)	7 000	8 000	9 000	10 000	11 000	12 000	13 000
缺货量							
概率(P_i)	0.01	0.03	0.30	0.50	0.10	0.04	0.02
缺货平均值(S_E)	0						

当 $B=3\,000$ 件时,可计算 $TC(S、B)$ 为:

$$TC(S、B)=K_u\times S_{3\,000}\times N+B\times K_C=8\times 0\times 12+3\,000\times 2=6\,000(元)$$

随后,比较上述不同保险储备量的总成本,以低者为最佳。

当 $B=2\,000$ 件时,总成本为 5 960 元,是各总成本中最低的。故应确定保险储备量为 2 000 件,或应确定以 12 000 件为再订货点。

以上方法解决了由于需求量变化引起的缺货问题。至于由于延迟交货引起的缺货,也可以通过建立保险储备量的方法来解决。确定其保险储备量时,可将延迟的天数折算为增加的需求量,其余计算过程与前述方法相同。若[例 10-8]中,企业延迟到货 3 天的概率为 0.01,可认为缺货 3 000 件($3\times 1\,000$),或者交货期内需求量为 13 000 件($10\times 1\,000+3\,000$)的概率为 0.01,这样就把交货延迟问题转换成了需求过量问题。

4. 实行数量折扣的经济进货批量模式

供应商为了鼓励企业购买更多的货物,往往会给予其一定程度的价格优惠,即数量折扣。购买的货物数量越多,价格的优惠程度就越大。在基本经济订货量模式中,假设存货的价格是不变的,因此在进行决策时,不需要考虑其购买成本;在有数量折扣时,存货的购买成本与进货数量有直接的联系,在决策中必须考虑。这时与决策有关的存货总成本应为购买总成本、订货总成本和持有总成本之和。即:

$$存货相关总成本=购置成本+订货成本+储存成本$$

其计算公式如下:

$$TC=DU\times(1-S)+\frac{D}{Q}\times K+\frac{Q}{2}\times K_C$$

式中:S——数量折扣率。

有数量折扣时的经济订货量的计算步骤如下:

(1) 计算无数量折扣的经济订货量的总成本。
(2) 计算不同数量折扣时最小批量的总成本。
(3) 比较总成本的大小,确定最佳订货量。

【例 10-9】 东方公司 A 材料年需要量为 6 000 吨,每吨单价为 60 元,供应企业规定每批购买不足 1 000 吨的按平价计算;每批在 1 000 吨及以上,3 000 吨以下的价格优惠 5%;每批 3 000 吨及以上的,价格优惠 8%。已知每批订货成本为 100 元,单位材料年持有成本比率为单价的 5%,计算最佳订货量。

(1) 购买 1 000 吨以下时(无数量折扣):

$$Q^* = \sqrt{\frac{2 \times 6\,000 \times 100}{60 \times 5\%}} = 632(吨)$$

$$TC_1 = 6\,000 \times 60 + \frac{6\,000}{632} \times 100 + \frac{632}{2} \times 60 \times 5\% = 361\,897(元)$$

(2) 购买 1 000 吨及以上,3 000 吨以下时(数量折扣 5%):

当订货量为 1 000~2 999 吨时,可以享受 5% 的数量折扣。在此范围内,购买价格是相同的,购买总成本也是相同的。通过逐项计算可知,随着购买数量的增加,订货总成本与持有总成本之和逐渐增加。所以,越接近价格优惠的最低点,存货总成本越低,这是一个规律。因此,在享受 5% 数量折扣时,即订货量为 1 000 吨时,总成本最低。计算订货量为 1 000 吨时的存货总成本。

$$TC_2 = 6\,000 \times 60 \times (1-5\%) + \frac{6\,000}{1\,000} \times 100 + \frac{1\,000}{2} \times 60 \times 5\% = 344\,100(元)$$

(3) 购买 3 000 吨及以上时(数量折扣 8%):

据以上分析,购买 3 000 吨时,存货总成本最低,计算购买 3 000 吨时的存货总成本。

$$TC_3 = 6\,000 \times 60 \times (1-8\%) + \frac{6\,000}{3\,000} \times 100 + \frac{3\,000}{2} \times 60 \times 5\% = 335\,900(元)$$

根据上述 3 种情况的分析可知,购买 3 000 吨时的存货总成本最低,因此东方公司购买 A 材料的最佳订货量为 3 000 吨。

三、存货的管理技术

(一) ABC 分类管理法

存货的品种类型繁多,其价值也相差甚远。同时,存货的使用率会随着时间的改变而变化,对存货的管理制度,也应能针对其耗用或销售的变化作出相应的反应。存货 ABC 分类管理法是对存货进行分类,分别不同类别采取相应措施的一套方法,也是修正经济订货量与存货水平的有效措施。

采用 ABC 分类管理法，首先必须根据存货的价值、使用频率、缺货的严重性、订货时提前时间及其他标准分析每种存货，并且将其分为 A、B、C 三大类。

属于 A 类存货的是少数价值大、经常使用、订货时提前时间长的存货，其主要特点从品种数看，这类存货的品种数只占全部存货总品种的 10% 左右，而从一定期间的出库金额来看，要占全部出库存货总金额的 70% 左右；属于 C 类存货的是品种数量多、价值小的存货，其主要特点是从品种数看，这类存货的品种数约占全部存货品种数的 70%，但是出库金额则只占全部出库存货总金额的 10% 左右；而 B 类存货，则处于两者之间，其品种数和出库金额均占 20% 左右。

对 A 类存货，要严格进行控制，企业管理部门应每月检查 A 类存货最近的使用率、库存情况和运送时间，严格按照事先经过科学计算和分析所确定的订货数量与时间进行订货，并根据 A 类存货的实际情况，调整其进货的经济订货量。B 类存货一般可隔一个季度进行一次检查与调整，在检查时不必如 A 类存货这样详细，往往控制和调整大类即可。对于 C 类货物，一般可 1 年进行一次检查和调整，并且集中对其总额进行控制即可。

有效的存货管理可以减少由于存货的废旧或毁损给企业带来的损失，也可以减少由于缺货所导致的生产停顿或市场销售机会丧失等给企业造成的损失；同时，能提高存货的周转率，减少存货的资金投入，对企业的利润、投资报酬率、总资产周转率和企业价值带来相应的提高。

A、B、C 三类存货的具体划分过程可以分以下三个步骤（有条件的可通过计算机行）：

(1) 列示企业全部存货的明细表，并计算出每种存货的价值总额及占全部存货金额的百分比。

(2) 按照金额由大到小进行排序，并累加金额百分比。

(3) 当金额百分比累加到 70% 左右时，以上存货视为 A 类存货；百分比介于 70%~90% 的存货为 B 类存货，其余则为 C 类存货。

表 10-7 为某企业的 30 种存货的年需要量及成本情况。表 10-7 内各存货的数量和成本占总体的比例已计算得出，并按存货金额所占比例从大到小排列。

表 10-7　　　　　　　　　　某企业存货分类情况

存货项目	金额（千元）	金额比例	累计比例	数量（千克）	数量比例	累计比例	类别
1#	300.00	20.00%	20.00%	1 200	1.00%	1.00%	A
2#	270.00	18.00%	38.00%	2 400	2.00%	3.00%	A
3#	255.00	17.00%	55.00%	1 800	1.50%	4.50%	A
4#	120.00	8.00%	63.00%	3 600	3.00%	7.50%	A

(续表)

存货项目	金额（千元）	金额比例	累计比例	数量（千克）	数量比例	累计比例	类别
5#	105.00	7.00%	70.00%	3 000	2.50%	10.00%	A
6#	60.00	4.00%	74.00%	2 400	2.00%	12.00%	B
7#	45.00	3.00%	77.00%	2 160	1.80%	13.80%	B
8#	37.50	2.50%	79.50%	2 640	2.20%	16.00%	B
9#	36.00	2.40%	81.90%	2 760	2.30%	18.30%	B
10#	30.00	2.00%	83.90%	2 040	1.70%	20.00%	B
11#	27.00	1.80%	85.70%	1 800	1.50%	21.50%	B
12#	22.50	1.50%	87.20%	3 000	2.50%	24.00%	B
13#	18.00	1.20%	88.40%	3 600	3.00%	27.00%	B
14#	15.00	1.00%	89.40%	1 200	1.00%	28.00%	B
15#	9.00	0.60%	90.00%	2 400	2.00%	30.00%	B
其他（15种）	150.00	10.00%	100.00%	84 000	70.00%	100.00%	C
合计	1 500.00	100.00%		120 000	100.00%		

A 类存货占企业存货总金额的 70%，数量比例仅占存货总数量的 10%，品种为 5 个；B 类存货金额比例为 20%，数量比例也为 20%，品种为 10 个；而 C 类存货金额比例仅为 10%，数量比例却高达 70%，品种为 15 个。ABC 分类法如图 10-9 所示。

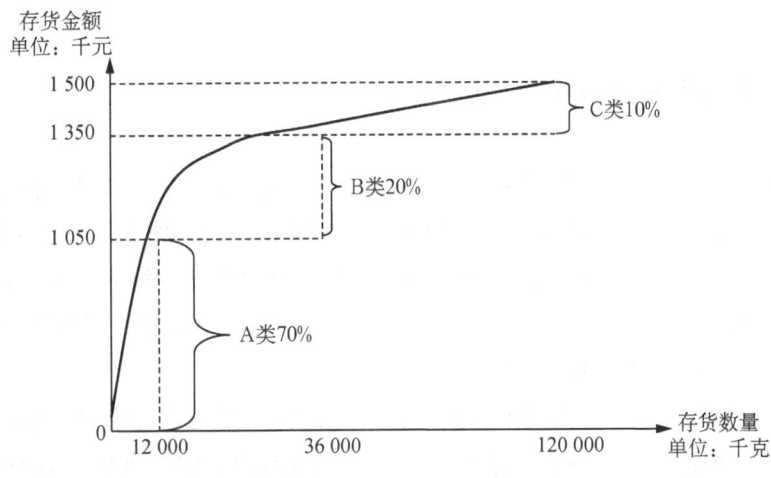

图 10-9　ABC 分类法

（二）存货的准时供应系统

存货的准时供应系统是指企业事先和供应商协调好生产方式，使只有企业在生产过程中需要原料或零件时,供应商才会将原料或零件送来。准时供应系统通过发展与供应商的密切关系,提高库存补给效率,使企业持有较低的安全库存量,从而降低存货持有相关成本。

根据前面的分析,企业为了保证存货的需要,不使生产中断,销售降低,应保持一定的存货,但大量存货的存在,使资金的占用量增加,在市场利率较高时,存货投资的机会成本将会很高,这会直接影响企业生产经营的效益。准时供应系统最早出现在日本丰田汽车公司,这种库存管理的观点认为:公司应持有最低水平的库存,保证生产不中断的安全库存应依靠供应商的"准时"供应而不是公司自己持有库存。

准时供应系统与前面的经济订货量模型相比,从三个方面改变了该模型:

(1) 企业通过与同一地区的供应商建立密切的关系并确定节省时间的进货补充策略,从而减少安全存货量,降低存货资金占用成本。

(2) 准时供应系统要求甲库存的供应安排在方便的地点,便于降低运送成本并方便卸货。

(3) 对订货系统进行计算机控制,可以明显减少订购存货的成本。

准时供应系统对企业十分有利。但实施起来有一定的难度,如与供应商距离较远,缺少接收库存的便利通道(如货物码头等),限制了该系统的成功实施。目前,已有越来越多的企业利用准时供应系统来减少甚至取消存货,实现无存货政策,取得了非常好的效果,准时供应系统已成为库存控制普遍采用的方法。

第四节 信 用 管 理

一、企业营运资金投资管理的目标

营运资金管理中的信用管理主要是指在赊销业务中,从授信方(销售商)将货物或服务提供给受信方(购买商),从债权成立开始到款项实际收回或作为坏账处理结束,授信企业采用系统的方法和科学的手段,对应收账款回收全过程所进行的管理。其目的是保证足额、及时收回应收账款,降低和避免信用风险。应收账款管理是信用管理的重要组成部分,它属于企业后期信用管理范畴。

广义的应收账款管理分为两个阶段:第一个阶段,从债权开始成立到应收账款到期日这段时间的管理,即拖欠前的账款管理;第二个阶段,应收账款到期日后的账款管理,即拖欠后的账款管理。信用管理机构为了对这两个阶段的管理加以区别,往往将账款被拖欠前的管理称为应收账款管理(即狭义的应收账款管理),而将逾期后的账款管理称为商账追收。

二、应收账款信用政策的确定

应收账款信用政策包括信用标准、信用期限、现金折扣政策。

(一) 信用标准

信用标准是指客户获得建立交易信用所应具备的条件。如果客户达不到信用标准条件,便不能享受企业的信用,或只能享受较低的信用优惠。

信用标准的确定,应通过对客户的资信程度进行调查和分析,判断客户的信用等级,决定是否给予客户以信用。客户的资信程度主要由以下五个因素构成:

(1) 客户的品质(character),即客户的信誉,看客户是否有无故拖欠账款的行为。

(2) 偿债能力(capacity),通过对客户财务报表的分析确定其偿还债务的能力。

(3) 资本(capital),主要是客户所拥有的资产总量和获利的可能性,表明客户可能偿还债务的背景。

(4) 担保品(collateral),即客户拒付款项或无力支付款项时能用作抵押的资产,尤其是存货和应收账款数量和质量。

(5) 经济情况(conditions),包括社会经济环境和企业间竞争的激烈程度。

由于以上五个方面的英文首字母均为"C",该标准又称为"五C"系统。

对顾客信用标准条件评定的途径主要有两个:一是大型企业设立的专门调查和评估客户信用程度的部门;二是社会上专设的信用资信评估机构的有偿提供。

通过对客户信用标准"五C"的评定,可最终反映出客户的还债能力,因此在"五C"评定基础上,可以估计出给予客户信用后企业的坏账损失率。企业在确定给什么样预期坏账损失率的客户信用时,应从收益与成本两个角度采用差量分析法予以分析。

差量分析法是比较不同信用政策下的收益和成本的变化,当改变信用政策所增加的收益(即差量收益)大于增加的成本(即差量成本)时,企业的净收益增加,选择改变信用政策;相反,则不改变。如改变信用政策所减少的收益大于减少的成本,企业净收益减少,不改变信用政策;相反,则改变。

【例 10-10】 某企业本年度经营情况和信用标准如表 10-8 所示。

表 10-8　　　　　　　　某企业本年度经营情况和信用标准

项目	数据
销售收入	792 000 元
利润	158 400 元
销售利润率	20%

(续表)

项目	数据
信用标准（以预期坏账损失率为限）	≤12‰
平均实际坏账损失率	10‰
应收账款管理成本	2 000元
信用期限	30天
平均收款期	60天
企业投资收益率	15%

该企业在下年度拟改变信用标准，现提出了A、B两个方案，信用标准变化对企业经营情况影响如表10-9所示。

表10-9　　　　某企业信用标准的A、B方案

A方案（收紧信用标准）		B方案（放松信用标准）	
信用标准：只对预期坏账率小于8‰的客户提供信用		信用标准：只对预期坏账率小于15‰的客户提供信用	
因收紧标准预计销售额下降到	720 000元	因放松标准预计销售额增加到	900 000元
平均收款期	50天	平均收款期	75天
平均坏账率	6‰	平均坏账率	12‰
应收账款的管理成本	1 000元	应收账款的管理成本	3 500元

计算这两个方案对企业收益和成本的影响：

A方案：

(1) 收紧信用标准收益的变化：

$$(720\,000 - 792\,000) \times 20\% = -14\,400(元)$$

(2) 收紧信用标准成本的变化：

机会成本的变化：

应收账款机会成本的计算公式如下：

$$应收账款机会成本 = 应收账款投资额 \times 企业投资收益率$$

$$应收账款投资额（平均余额）= 日销售额 \times 平均收款期$$

以本例的数据代入计算机会成本的变化：

$$\left(\frac{720\,000}{360} \times 50 - \frac{792\,000}{360} \times 60\right) \times 15\% = -4\,800(元)$$

坏账成本的变化：$720\,000 \times 6‰ - 792\,000 \times 10‰ = -3\,600(元)$

管理成本的变化：$1\,000 - 2\,000 = -1\,000(元)$

总成本的变化：$-4\,800+(-3\,600)+(-1\,000)=-9\,400$（元）

（3）净收益的变化：

$$-14\,400-(-9\,400)=-5\,000（元）$$

B方案：

（1）放松信用标准收益的变化：

$$(900\,000-792\,000)\times 20\%=21\,600（元）$$

（2）放松信用标准成本的变化：

机会成本的变化：

$$\left(\frac{900\,000}{360}\times 75-\frac{792\,000}{360}\times 60\right)\times 15\%=8\,325（元）$$

坏账成本的变化：$900\,000\times 12\permil-792\,000\times 10\permil=2\,880$（元）

管理成本的变化：$3\,500-2\,000=1\,500$（元）

总成本的变化：$8\,325+2\,880+1\,500=12\,705$（元）

（3）净收益的变化：$21\,600-10\,705=8\,895$（元）

A方案使企业净收益将减少5 000元，而B方案却使企业净收益增加8 895元，因此该企业应选择B方案。

本书在计算应收账款占用资金时以应收账款平均余额确定，因为在企业销售实现以后，可以认为应收账款的平均余额也就是代表企业对应收账款的投资水平。当企业在考虑应收账款的机会成本时，所丧失的收益应当是整个应收账款平均余额占用的资金带来的。

（二）信用期限

信用标准是企业评价客户信用等级，决定给予或拒绝客户信用的依据。一旦企业决定给予客户信用优惠时，就需要考虑具体的信用措施，这些措施主要包括信用期限、现金折扣等。信用期限是企业给予客户的付款时间。信用期限过短不足以吸引顾客，可能会导致销售额下降，使企业盈利能力下降；信用期过长，虽可增加销售额，但同时会增加费用成本，如增加的成本大于所增加的收入也会造成利润减少。

信用期限的确定，主要是分析现行信用期限对收入和成本的影响。在选择时，现金折扣政策与信用期限是结合采用的，因此应将这两个内容综合起来考虑，以确定最佳的信用方案。

（三）现金折扣政策

现金折扣政策是指在信用销售方式下，当销售实现以后，为了鼓励客户尽快付款，而规定在短于信用期内付款时给予客户付款的优惠。它不同于商业折扣。现金折扣政策主要包括折扣期限与折扣率。折扣期限是为客户规定的可享受现金折扣的付款时间，现金折扣的通常表述方法为"折扣率/折扣期限"。例如,"2/20,N/40"表示20天内付款可享受2%的价格优惠,如在20天后付款无现金折扣,最后付款期限在40天。

【例10-11】 某企业本年度的有关情况如表10-8所示。在确定下年度的信用政策时,有A、B两个方案可供选择,有关内容如表10-10所示,假设销售利润率仍为20%,企业投资报酬率为15%。

表10-10　　　　　　　　　某企业信用政策的A、B方案

A方案		B方案	
项目	数据	项目	数据
信用政策:信用期60天,无现金折扣		信用政策:信用期30天,现金折扣政策(2/10,N/30)	
预计销售额(元)	936 000	预计销售额(元)	954 000
预计坏账损失率	15‰	预计坏账损失率	8‰
预计管理成本(元)	3 200	预计管理成本(元)	1 200
预计享受现金折扣销售额占总销售额比例	0	预计享受现金折扣销售额占总销售额比例	50%
预计平均收款期(天)	75	预计平均收款期(天)	25

方案A:

(1) 收益的变化:

$$收益的变化=(936\,000-792\,000)\times 20\%=28\,800(元)$$

(2) 成本的变化:

$$机会成本的变化=\left(\frac{936\,000}{360}\times 75-\frac{792\,000}{360}\times 60\right)\times 15\%=12\,600(元)$$

$$坏账成本的变化=936\,000\times 15‰-792\,000\times 10‰=6\,120(元)$$

$$管理成本的变化=3\,200-2\,000=1\,200(元)$$

$$总成本的变化=12\,600+6\,120+1\,200=19\,920(元)$$

(3) 净收益的变化:

$$净收益的变化=28\,800-19\,920=8\,880(元)$$

方案B:

(1) 收益的变化:

$$收益的变化=(954\,000-792\,000)\times 20\%=32\,400(元)$$

(2) 成本的变化:

$$机会成本的变化=\left(\frac{954\,000}{360}\times 25-\frac{792\,000}{360}\times 60\right)\times 15\%=-9\,862.50(元)$$

$$坏账成本的变化=954\,000\times 8‰-792\,000\times 10‰=-288(元)$$

$$管理成本的变化=1\,200-2\,000=-800(元)$$

$$现金折扣支出=954\,000\times 50\%\times 2\%=9\,540(元)$$

$$总成本的变化=-9\,862.50+(-288)+(-800)+9\,540=-1\,410.50(元)$$

(3) 净收益的变化：

净收益的变化＝32 400－(－1 410.50)＝33 810.50(元)

比较 A、B 方案，B 方案可获得的利润多，所以应采用 B 方案的信用政策。

三、应收账款的日常管理

企业应收账款的日常管理主要包括以下几个要点。

(一) 监督应收账款的收回

一般客户账款拖欠时间越长，款项收回的可能性越小，形成坏账的可能性越大，对此企业应实施严密的监督，随时掌握回收情况。对于应收账款的日常监督，可以通过编制账龄分析表来进行。账龄分析表如表 10-11 所示。

表 10-11　　　　　　　　　　账龄分析表
20×3 年 12 月 31 日

应收账款账龄	客户数量(个)	金额(万元)	百分率
信用期内	120	680	56.20%
超过信用期 1～30 天	40	260	21.49%
超过信用期 31～180 天	20	120	9.92%
超过信用期 181～360 天	30	100	8.26%
超过信用期 360 天以上	10	50	4.13%
合　　计	220	1 210	100.00%

应收账款账龄分析能够提示财务管理人员把催收逾期应收账款视为工作侧重点的同时，有必要进一步研究与制定新的信用政策。同时应建立购货单位的信用记录，特别是那些逾期付款的情况、原因和问题，应详细登记并对其信用程度加以分析，作为以后是否给予信用付款的依据。

(二) 坏账损失的处理

在市场经济条件下，企业在商业信用的提供过程中坏账损失的发生是不可避免的。按现行企业财务制度规定，企业可以在发生坏账当期直接冲销，也可以从稳健原则考虑，于年度终了采用一定的方法计提坏账准备金。

(三) 组织应收账款的收回

组织应收账款的收回是应收账款管理中的一项重要工作，也是减少坏账的一项措施,它也被称为收账政策。一旦出现发生坏账的迹象,企业就要尽力去催收。例如,在没有按时收到客户的货款时,对过期一周内的客户可不予打扰,对过期一周以上尚未付款的客户可以发出一封货款过期通知书,即催债信,对过期1个月的客户可再寄措辞更为严厉的催债信,对过期2个月的客户直接打电话催讨,如果过期3个月,可交由专门的收账公司催讨,或诉之于法庭。

收账政策是应收账款决策的一个组成部分。企业在催收账款时,要在支出收账费用,同时冒中断和该客户的关系的危险与损失这笔账款之间进行抉择,企业应将不同的收账政策的收益与成本进行分析,从中找出最佳的收账政策。

第四篇　数字时代的财务管理创新

 学习目的与要求

本篇主要讲述数字时代对财务管理的影响、数字时代财务管理的逻辑框架、数据资产与数据分析、商业模式与盈利模式、供应链金融等。通过本篇的学习,学生应掌握以下内容:

(1) 数字财务的内涵、数据资产与数据分析模式。
(2) 数字时代财务管理创新。
(3) 数据资产价值创造与评价方法。

 教学重点与难点

数字财务的核心理念、商业模式与商业数据分析应用、资产价值的评估与价值计量。

 **引文**

2024年7月3日,全球数字经济大会互联网3.0高层论坛在国家会议中心盛大举行,其主题"数实相融,创新未来"如明灯照亮了数字技术与实体经济融合的前行道路。

在这个汇聚智慧的平台上,来自人工智能领域、互联网3.0产业一线的精英,以及院士领衔的"智囊团"齐聚一堂。他们深入交流,共同探索数字技术与实体经济深度融合的发展路径,为行业的未来发展出谋划策。

此次论坛发布了一系列令人瞩目的互联网3.0标杆应用场景。这些应用场景恰似桥梁,将场景方与技术方紧密连接起来,形成了一批具有重大意义的创新应用成果。通过这些创新应用成果,不仅让人们感受到了数字技术的魅力,而且有力地带动了互联网3.0产业链上下游的高质量发展。它们为相关产业注入了强大的动力,推动整个行业向更高层次迈进。

不难想象,随着数字技术与实体经济融合的不断深入,互联网在未来3.0必将创造出更多令人惊叹的成果,为我们的生活带来更多的便利和惊喜,真正实现"数实相融,创新未来"的美好愿景。

思政课堂

推动强化企业数据资源会计信息披露

数据是数字经济的关键要素。近年来,中国产业数字化程度显著提高,数据资源对于企业特别是相关数据企业的价值创造日益发挥着重要作用。

数据资源是否可以作为资产确认?怎样进行计量?能否作为会计上的资产"入表"?2023年8月21日,财政部对外发布《企业数据资源相关会计处理暂行规定》(以下简称《暂行规定》),明确数据资源的确认范围和会计处理适用准则等,将于2024年1月1日起施行。

财政部会计司有关负责人介绍,《暂行规定》适用于企业按照企业会计准则相关规定确认为无形资产或存货等资产类别的数据资源,以及企业合法拥有或控制的、预期会给企业带来经济利益的、但由于不满足企业会计准则相关资产确认条件而未确认为资产的数据资源的相关会计处理。"后续随着未来数据资源相关理论和实务的发展,可及时跟进调整。"该负责人说。

财政部会计司有关负责人表示,制定《暂行规定》有助于进一步推动和规范数据相关企业执行会计准则,为监管部门完善数字经济治理体系、加强宏观管理提供会计信息支撑,也为投资者等报表使用者了解企业数据资源价值、提升决策效率提供有用信息。

有关专家认为,数据资源"入表",有利于显化数据资源价值,提升企业数据资产意识,激活数据市场供需主体的积极性,增强数据流通意愿,减少"死数据",为企业对数据进行深度开发利用提供动力。同时,建立数据资源入表机制能够有效带动数据采集、清洗、标注、评价、资产评估等数据服务业发展,激发数字经济发展活力。

资料来源:汪文正.财政部推动强化企业数据资源会计信息披露——数据资源"入表",明年起实施[N/OL].人民日报海外版,(2023-08-28)[2024-11-15]. http://www.mof.gov.cn/zhengwuxinxi/caijingshidian/renminwang/202308/t20230828_3904233.htm. 有删节。

请思考:

1. 数据资源"入表"有怎样的重要意义?
2. 企业的财务管理如何应对数字化时代的到来?

第十一章　数字财务

第一节　数字时代对财务管理的影响

一、数字时代财务管理的变革

(一) 数字时代财务管理的变革过程

财务作为最古老的一个职业之一,从会计分录到财务报表,从手工记账到会计电算化,从 ERP 到财务共享,变革从未停止。

数字技术对传统财务管理的影响可以说是一种革命性变化。主要体现在:①财务流程再造。②财务范围扩展。③财务职能转换。

财务形式的演变是随着技术变革而发生的,数字财务的出现同样是一个基于数字技术下财务革命的过程,从信息化到工业化的再造,再到自动化、智能化转型,最后形成数字化生态价值系统,层层递进。

数字财务需要先完成财务体系的再造,创建财务元数据,做到财务数字化,实现智能财务管理模式。

智能财务是指将以人工智能为代表的"大智移云物区"等新技术运用于财务工作,对传统财务工作进行模拟、延伸和拓展,以改善会计信息质量、提高会计工作效率、降低会计工作成本、提升会计合规能力和价值创造能力,促进企业财务在管理控制和决策支持方面的作用发挥,通过财务的数字化转型推动企业的数字化转型进程。

(二) 智能财务的内涵

我们可以从以下三个方面理解智能财务的内涵:

(1) 以人工智能为代表的大智移云物区等新技术(以下简称新技术或大智移云物区等新技术),主要包括大数据、人工智能、移动互联网、云计算、物联网和区块链等。

其中,大数据是以容量大、类型多、存取速度快、应用价值高为主要特征的数据集合,正快速发展为对数量巨大、来源分散、格式多样的数据进行采集、存储和关联分析,从中发现新知识、创造新价值、提升新能力的新一代信息技术和服务业态。大数据技术的首要特征是提供存储和计算能力,其次是洞察数据中隐含的意义,前者依赖于硬件设备的升级,后者依赖于数据挖掘算法的不断优化创新。

人工智能(artificial intelligence,AI)是研究、开发用于模拟、延伸和拓展人的智能的理论、方法、技术及应用系统的一门新的技术科学,其主要发展方向为感知智能、运算智能和认知智能。其中,感知智能模拟了人类视觉、听觉、触觉等感知能力;运算智能模拟了人类大脑的快速计算和记忆存储能力;认知智能模拟了人类大脑的概念理解和逻辑推理能力,有助于进一步形成概念、意识和观念。

移动互联网是移动通信和互联网的结合,同时拥有移动互联网的随时、随地和随身等便利特性,以及互联网的分享、开放和互动等社交特性。

云计算是一种基于互联网的计算方式,可以将共享的软硬件资源和信息按需提供给计算机和其他设备,广义上的云计算包括后台硬件的云集群、软件的云服务、人员的云共享等不同形态。

物联网是指通过二维码识读设备、射频识别装置、红外感应器、全球定位系统和激光扫描器等信息传感设备,按照约定的协议把任何物品与互联网相连接,进行信息交换和通信,以实现智能化识别、定位、跟踪、监控和管理的一种网络,主要解决物品与物品、人与物品、人与人之间的互联。

区块链是分布式数据存储、点对点传输、共识机制、加密算法等计算机技术的新型应用模式,其核心特点是实时共享、可追溯和不可篡改。

(2) 智能财务的实质是对传统财务工作的模拟、延伸和拓展。

模拟是指模仿现成的样子,如会计核算软件中记账凭证、账簿和报表的半自动或自动生成,就是对传统会计核算工作的模拟。

延伸是指在宽度、大小、范围上向外延伸,如智能财务不受数据收集和整理能力的限制,可以核算到最小经营单元的损益和投资收益。

拓展是指在原有的基础上增加新的东西,是质的变化而非量的变化,智能财务中的大数据分析,更多是运用数据的聚集效应和数据之间的关联关系来寻找数据本身蕴含的经济规律,是对传统财务工作的大幅拓展。

(3) 智能财务的目标是促进财务工作的提升,更好地服务于业务工作和管理工作。

智能财务对传统财务工作的模拟,包括证账表等会计核算的自动化,以及财务分析报告的协同工作和半自动生成,将大幅提升财务会计工作的效率,提高财务会计信息的质量,同时大幅降低财务会计工作的成本。

智能财务向传统财务工作的延伸,包括在资金管理、资产管理、税务管理、预算管理、成本管理、投资管理和绩效管理等方面的精细化和前瞻性,将大幅提升财务规划指导和规范管理的职能。

智能财务对传统财务工作的拓展,包括相对固定的管理会计报告和基于大数据的分析应用,将大幅提升财务对于业务部门和管理部门,以及企业高层领导的决策支持能力,促使财务人员实现从本位思考向换位思考和全局思考的转换。

二、数字时代财务管理的特点

智能财务具备以下五个特点：

(1) 全面共享。它包括整个企业对于智能财务相关平台、智能财务相关数据、智能财务相关人员和智能财务相关组织的共享。

(2) 高效融合。在政策、规则、流程、系统、数据、标准统一的基础上,实现企业的业务、财务和管理一体化融通。

(3) 深度协同。在新型财务管理模式下,基于智能财务相关平台,实现财务专业分工、各级财务组织,以及业财管各部门之间的深度协同。

(4) 精细管理。借助智能财务建设的契机,采集最细颗粒度的交易数据和过程数据,实现基层业务单元层面和流程环节层面的精细化管理。

(5) 力求智能。在智能财务建设过程中,应注重体现智能财务本质特色的智能化应用场景设计,以及相应新技术的匹配运用。

第二节 数字时代财务管理的逻辑框架

一、数字时代智能财务的基本逻辑

数字时代下智能财务的目标是"促进财务工作的提升,更好地服务于业务工作和管理工作",这就有必要针对财务工作任务逐一确定智能财务的工作目标,并进一步探讨财务工作目标的实现方式,包括智能化场景设计和新技术匹配运用。智能财务的基本框架涵盖了财务工作领域、财务工作任务、财务工作分工、智能财务工作目标、智能化场景设计、新技术匹配运用等核心内容,具体如表11-1所示。

(一) 财务工作领域

从信息提供的对象、时点和目的等方面,在企业实务中可将财务工作划分为财务会计和管理会计两个领域。其中,财务会计是会计的一个重要分支,它是指对本会计期所发生的经济业务的分类、计量和记录,并通过编制的会计报表（资产负债表、利润表和现金流量表）将企业财务状况和经营成果报告给外部的报表使用者,如股东、债权人、政府主管机构等。

管理会计是会计的另一个重要分支,它主要服务于单位（包括企业和行政事业单位）内部管理需要,是通过利用相关信息,有机融合财务与业务活动,在单位规划、决策、控制和评价等方面发挥重要作用的管理活动。

表 11-1 智能财务的基本框架

财务工作领域	财务会计		管理会计								特殊领域
财务工作任务	会计核算	财务会计报告	资金管理	资产管理	税务管理	预算管理	成本管理	投融资管理	绩效管理	管理会计报告	特殊领域专家服务
规划指导决策支持（战略财务）	会计政策制定，内控流程设计	合并报表法定管理，财务信息披露要求衔接，财务报告合规性管理	资金政策制定，资金运营规划，现金流优化，资金策略制定	资产政策制定，资产管理目标确定	税务总体规划，税收政策合规性接轨，税务知识库构建	预算政策制定，预算流程及规则制定，预算目标确定	成本战略规划，成本管理策略制定，成本激励政策制定，成本目标确定，成本额管理	投融资战略规划，投融资方案制定，投融资绩效评估	绩效评价政策制定，绩效激励政策制定，绩效目标分解，绩效计划制定	管理会计报告体系设计	税务政策研究，商务模式研究，财务管理模式研究
过程控制服务业务（业务财务）	会计政策执行，财务协同，本地财务本制度调整	本地财务报表合规性管理，财务报表内部检查，本地财务报表调整	资金运营管理，资金风险管理	收益管理，评估管理，报表分析	税务合规性管理	预算编制及申报，预算执行控制，预算调整，预算分析考核	项目成本控制，生产成本控制，期间费用控制	投融资需求和建议，投融资方案执行，投融资流程管理	经营绩效预测，经营绩效分析及推动	管理会计报告提出，管理会计报告使用	业务财务建议落实
交易执行控制操作（基础财务）	销售及应收流程，采购及应付流程，费用报销流程，项目及报账流程	财务报表制作，内部往来清理，财务自查报告	资金集中结算，银企对账	资产核算，资产报表制作	票据管理，税务核算，税务报表制作，纳税申报，税收检查支持	预算执行数据加工，预算执行标准报表制作	成本核算，成本报表制作	融资核算，投融资报表制作	绩效指标计算，基础数据提供	管理会计报告制作	基础财务建议落实
智能财务工作目标	合规/效率/准确	合规/协同/智能	合规/安全/效率	合规/精细/智能	合规/效率	全面/精细/智能	实时/精细	合规/精细	实时/精细	实时/灵活	专业/共享

（续表）

财务工作领域	财务会计		管理会计								特殊领域专家服务
财务工作任务	会计核算	财务会计报告	资金管理	资产管理	税务管理	预算管理	成本管理	投融资管理	绩效管理	管理会计报告	
智能化场景设计	原始凭证智能识别、自动核算、智能稽核	智能分析、人机交互、语音交互	自动支付、自动对账、智能预警	自动盘点、过程自动控制	自动开票、自动查重、自动验真、自动申报、自动纳税调整、自动转出、智能税收预测、智能税务风险检测	自动编制、自动控制、智能评价	自动采集、自动计算	情景模拟、智能评估	经营业绩预测、敏感因素分析、指标自动测算	自动生成、灵活定制	知识自动生成、智能知识检索
新技术匹配应用	OCR识别、RPA、机器学习、财务专家系统	数据可视化、语音识别、自然语音处理、云计算、数据挖掘(决策树)	RPA、云计算	物联网(条形码/二维码/RFID)	云计算	RPA	物联网、RPA	财务专家系统	数据挖掘(预测)、RPA	RPA、SQL、云计算	OCR识别、知识图谱、文本挖掘

身份认证：数字签名、指纹识别、人脸识别

注：为与实务工作对接，表11-1中将具体会计核算工作列示在管理会计工作任务中，如将"资产核算"列示在"资产管理"列和"基础财务"行交叉的单元格中，进而，"会计核算"列与"基础财务"行交叉的单元格中，主要列示了未在管理会计工作任务中列示的具体会计核算工作。

（二）财务工作任务

实务中的财务工作任务，可依据财务工作领域划分为财务会计工作任务和管理会计工作任务。其中，财务会计工作任务主要包括会计核算和财务会计报告两部分，管理会计工作任务主要包括资金管理、资产管理、税务管理、预算管理、成本管理、投融资管理、绩效管理和管理会计报告等。当然，针对特殊领域的特定问题，企业还需要借助专家团队的力量予以研究解决。

（三）财务工作分工

新型财务管理模式下，财务工作大致可划分为三个层次的专业分工：战略财务、业务财务和基础财务。其中，战略财务一般定位为规划指导和对战略层的决策支持，实务中多由总部财务部门负责；业务财务一般定位为过程控制和服务业务，实务中多由总部财务部门和属地财务部门共同负责；基础财务又称操作财务或共享财务，一般定位为交易执行和操作控制，实务中通常由财务共享服务中心负责，也存在限于财务人员调动安排等因素仍由属地财务部门负责的情形。每一项财务工作中的某项具体工作，均可归为这三层专业分工中的某一层。

（四）智能财务工作目标

智能财务的目标是提升财务工作，更好地服务于业务工作和管理工作。提升财务工作本身，主要包括降低财务基础工作成本、提高财务工作效率、改善会计信息质量、提升财务合规能力等；服务于业务工作和管理工作，主要是借助于专业洞察和大数据分析辅助业务部门、管理部门和高层领导决策。此处的智能财务工作目标，是针对具体财务工作任务而言的，它主要涉及成本、效率、协同、质量、全面、精细、实时、灵活、合规、安全等具体目标。

（五）智能化场景设计

凡是将"大智移云物区"等新技术运用于财务工作领域，对传统财务工作进行模拟、延伸和拓展的场景，都是智能化场景设计的范畴。大数据在财务领域的典型应用场景，包括预算的自动推导、风险的自动筛选、客户的精准画像、仓储的排列优化、派单路径的优化等。

人工智能在财务领域的应用场景可细分为感知智能、运算智能和认知智能的应用场景。感知智能目前在财务领域中的应用场景最为丰富，如人脸识别、图像识别、语音识别等；运算智能目前在财务领域中的应用场景也比较多，如各类财务机器人流程自动化（robotic process automation，RPA）、财务的多维分析和关联分析；认知智能目前在财务领域中的应用场景较少，如财务报告分析领域的专家系统，以及智能客服、虚拟个人助手

(virtual personal assistant，VPA)等。

移动互联网在财务中的典型应用场景,包括移动审批、移动商旅、移动报账、移动身份认证等。云计算在财务中的典型应用场景,包括大中型企业基于私有云或混合云的财务共享,以及小微企业租用的软件即服务(software-as-a-service，SaaS)服务平台和代理记账服务。

物联网在财务中的典型应用场景,包括资产的识别、定位、追踪、监控和管理,以及纸质会计档案的定位、追踪和管理等。区块链目前在财务领域的典型应用场景,包括供应链金融、产品溯源、存证和电子发票等。

(六) 新技术匹配运用

新技术匹配运用是指支持某个智能化场景实现的具体技术,包括前文提到的"大智移云物区"等新技术。例如,资产管理中的自动盘点场景,就需要用到物联网技术。再如,安永基于云端的资产追踪平台,由物联网传感器网络驱动,通过读取二维码、条形码和货架标签实时分析库存数量,并将相关信息直接传输至无缝连接着8万多名审计师的EY全球审计数据平台——EY Canvas。

二、大数据时代下的企业财务管理创新

企业财务管理是企业管理中非常重要的组成内容,在大数据时代下强化企业财务管理,有利于提升企业财务管理水平,推动企业稳定健康发展。因此,需要采取多元化的策略来创新企业财务管理,有效提升企业财务管理水平。

(一) 创新财务管理观念,打造高素质的财务管理团队

在大数据时代下的企业财务管理过程中,为了有效提升企业的财务管理水平,需要创新企业财务管理理念,真正实现企业财务核算向管理会计、数据加工转变。

(1) 通过充分利用互联网技术,统筹设置企业财务管理流程,将财务管理工作作为推动企业发展的重要途径,建立开放式的数据处理系统和链接,以便为现代企业综合运用和数据处理奠定坚实的基础。在IT环境下将业务流程、财务会计流程和管理流程紧密结合起来。

(2) 通过建立企业业务事件驱动的财务一体化信息处理流程,将企业的数据和业务紧密融合起来,才能够更好地实现企业的财务数据共享,全面把握企业的财务经营情况,充分发挥企业的财务管理职能,从而最大限度提升企业的财务管理水平。

(二) 创新企业财务管理模式,完善企业财务管理资料

大数据时代下的企业财务管理过程中,通过进行整体运营规划来提升企业的财务管

理水平具有重要意义。在大数据时代下的财务管理工作应该积极创造良好的财务管理氛围,不断创新企业的经营管理理念,构建新型的财务管理结构。

(1) 树立大数据管理意识,让企业在不断发展的过程中真正实现数据化管理思想,如快递公司采用纸质版的存单管理,而尚未发挥大数据技术的作用,因此需要在整个企业的内部发展过程中构建大数据管理思想,从而为企业的财务管理提供准确的数据依据。

(2) 创新企业的财务管理组织结构。企业财务管理在传统的技术背景下,属于一个独立的部门。然而,在大数据时代下,更需要财务管理部门在财务管理过程中实现跨部门合作,因此将财务部门作为一个枢纽具有重要的现实意义。

同时,在大数据时代下的企业财务管理过程中,对财务管理工作人员的专业性要求较高,但部分财务管理人员的专业水平和技术能力较低,常常在分工过程中出现混乱的情况。因此,需要在企业的财务管理过程中重新进行人力资源分工定位,建立系统的财务管理人员分工表,最大限度提升企业的财务管理水平。

(三) 建立财务管理的信息化制度体系,完善财务管理制度

大数据的应用核心就是实现商业智能化,构建智能的财务管理系统。

(1) 利用大数据给财务分析提供重要的支撑。通过利用数据挖掘分类技术和预测技术,对企业的财务管理数据进行深度加工,全面了解企业在不断发展过程中的财务状况,分析市场的经营现状,从而为企业制定科学、合理的战略部署,提供准确、可靠的信息资料。

(2) 构建完善的财务预算系统,明确将资金的预测、营业收入预测等全面纳入企业的财务管理过程中,全面控制市场的变化情况,及时调整企业财务预算管理方案。通过充分利用神经网络技术对企业今后发展中的财务状况和经营成果进行准确的预测。

(3) 灵活利用企业财务决策支持系统,联机分析企业的财务数据,为制定财务方案提供准确的数据支持。

(四) 提升财务信息管理水平,强化财务人员培训

为了有效提升大数据时代下的企业财务管理实效性,需要强化企业财务信息管理水平,全面做好企业资料的收集、存储、分析和应用等工作,从而确保企业财务管理数据的科学性和准确性。

(1) 创新企业财务数据收集方法。作为企业管理者应该强化财务会计信息化建设,构建完善的数据收集框架体系,让企业财务数据收集工作真正实现有序化和全面化,避免因财务数据收集漏洞而严重影响企业财务管理的水平。

(2) 创新企业财务数据存储工作。在大数据时代下的企业财务管理过程中,应该根据实际情况建立健全企业财务管理基础设施,如拥有先进的存储服务、数据库结构规范

设计方案,并将收集的数据进行分类防治。

(3) 强化数据人才队伍建设。通过强化企业财务人才队伍建设,促使财务人员掌握准确的信息技术系统,学习并运用大数据技术,从而有效提升现代企业财务管理人员的综合素质。

管理人员的综合素质将直接影响企业财务内部控制的效果,因此还需要重视企业财务管理阶层的挑选和培养,尽量在企业的管理人员中挑选适合的财务管理人员,引导管理人员进行现代财务管理制度培训。只有这样才能够让企业财务管理工作人员充分认识财务内部控制的根本内涵和重要性,不断提升企业财务管理人员的综合素质,从而推动企业稳定、健康发展。

第三节　数字财务管理的数据分析

一、数字财务管理数据分析的重点事项

通过标准化、数字化和一体化建设实现智能化,建设过程中需要做好5项重点工作。

(一) 业务流程梳理

业务流程梳理旨在改造优化业务流程。业务流程是指业财管一体化的流程。智能财务建设的过程是流程再造的过程,可通过流程梳理实现。流程梳理的基本思路为:首先,梳理现有业务流程;其次,优化现有业务流程;最后,转换为智能财务共享模式下的业务流程(突出智能化场景设计和新技术匹配运用),并在智能财务建设和运营过程中持续优化。流程梳理过程中,可借助业财管一体化的流程图和蕴含丰富灵活信息的流程矩阵,来展现自顶向下划分层级的、业财管一体化的企业业务流程全景图。业务流程节点是表单附件的载体,梳理业务流程节点是表单附件梳理的基础。

(二) 表单附件梳理

表单附件梳理旨在改进表单附件,实现表单附件的标准化、电子化和数字化。智能财务建设的重要目标之一,是通过业务驱动财务实现核算自动化,这就需要基于实际业务大类和业务细类,针对具体业务节点,对业务发生过程中产生的会计核算用表单及附件进行详细梳理,包括表单编码、表单名称、表单样式、表单数据项、数据项属性,以及表单对应的附件编码、附件名称、附件内容、附件样式和附件排序等细项。表单附件梳理可为数据标准梳理和信息系统改造提供依据。

(三) 数据标准梳理

数据标准梳理旨在调整或新建数据标准。智能财务建设为企业数据标准梳理提供

了良好契机。数据标准梳理的根本目的是数出一门、数存一处和一数多用。数据标准梳理的基本思路是从最底层业务流程节点的表单中,以及正在使用的和未来可能使用的内部管理报表中抽取数据项,合并同类数据项,并对数据项的名称、含义、参考来源、使用维度等关键属性进行规范。数据标准梳理为信息系统对接提出内容要求、格式要求和方式要求。

(四)信息系统梳理

信息系统梳理旨在改造提升和新建信息系统。智能财务建设是信息系统再造的过程。一方面,需要引进财务共享运营管理平台、影像管理平台、电子会计档案管理系统等全新的智能财务共享专用信息系统;另一方面,需要改造提升与智能财务共享相关的业务系统、财务系统和管理系统,以解决智能财务建设过程中的系统对接问题和系统整体优化问题,从而实现文件附件的电子化和数字化、财务处理的自动化(含自动化稽核和凭证自动生成),以及电子会计档案归集的自动化。

(五)模型算法梳理

模型算法梳理旨在新建或优化模型算法。智能财务建设的另一重要目标是,通过数据驱动管理实现服务业务经营和辅助决策支持,这就需要根据实际问题、可得数据和备选方案,对大数据分析应用涉及的多维分析模型和数据挖掘模型,以及相应算法进行梳理。模型算法梳理的目的是基于企业内部大数据(基础数据、业务数据、财务数据和管理数据)及企业外部大数据(行业数据、经济数据和环境数据等),实现业务、财务、管理方面的多维分析,以及针对典型业务场景的数据挖掘。

二、数字财务管理数据分析类型

企业数据分析如何抓到重点,面对海量数据和众多指标,难以给管理者提供有价值的建议,其原因是没有明确分析方向,不同类型有不同的目标。数据分析的四种类型如图 11-1 所示。

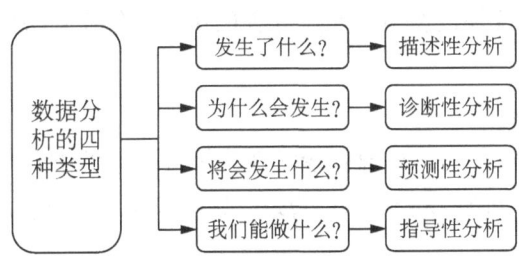

图 11-1 数据分析的四种类型

(一) 描述性分析

描述性分析的目的是通过数据汇总和数据可视化来描述、展示历史数据中的模式。它回答了"发生了什么"的问题。以下是描述性分析的常见例子。

1. 销售业绩分析

企业通常会使用描述性分析来评估不同时间段（如每月、每季、每年）的销售业绩。企业通过汇总销售数据，可以看到不同产品的销售趋势、各地区的销售表现，以及与历史数据的对比。

2. 客户行为分析

企业通过分析顾客的购买习惯、访问频率和消费偏好等数据，可以更好地了解客户的行为模式。这有助于企业优化营销策略，提升客户服务和体验。

3. 库存管理

描述性分析可以用来监控和管理库存水平。企业通过分析库存周转率和库存滞销情况，可以及时调整采购计划，避免过度库存或库存短缺。

4. 网站流量分析

企业可以使用网站分析工具来收集和报告网站访问者的数据。这包括用户访问的页面数、停留时间、跳出率等信息，帮助网站管理员了解用户行为并优化网站内容和结构。

5. 员工绩效评估

企业可以利用描述性分析来评估员工的工作表现。HR部门通过分析员工的销售成绩、项目完成情况、出勤记录等数据，可以更好地管理人力资源并制定培训计划。

(二) 诊断性分析

诊断性分析深入探查数据以了解某些事件发生的原因。它通常涉及数据挖掘技术和相关性研究，用于回答"为什么会发生"的问题。

1. 销售下降分析

当企业发现某个产品的销量突然下降时，诊断性分析可以用来探究原因，帮助企业分析可能涉及市场条件的变化、新竞争者的出现、价格策略的调整或营销活动的影响。

2. 员工离职率分析

如果企业的员工流失率异常升高，诊断性分析可以帮助HR部门探索背后的原因，可能包括工作满意度、薪酬福利不竞争、管理问题或职业发展机会的缺乏。

3. 生产效率变化分析

当生产线的效率发生变化时，通过诊断性分析可以查找导致效率提高或下降的具体因素，如机械故障、工作流程的变更或原材料质量的波动。

4. 网站跳出率增加分析

如果一个网站或特定页面的跳出率突然增加,诊断性分析可以帮助网站管理员探索可能的原因,如页面加载速度慢、用户界面不友好或内容不符合用户预期等。

5. 顾客满意度下降分析

当顾客满意度调查显示出下降趋势时,可以通过诊断性分析找出原因,包括服务质量下降、产品问题或顾客需求变化等。

(三)预测性分析

预测性分析使用历史数据来预测未来事件。这通常涉及统计模型和机器学习技术,旨在预测"将会发生什么"。

1. 销售预测

企业使用预测性分析来估计未来的销售量,包括分析季节性趋势、促销活动的影响、市场动态和消费者购买行为等因素,从而帮助企业优化库存管理和生产计划。

2. 客户流失预测

企业分析客户历史数据,识别可能导致客户流失的模式,以预测哪些客户在未来可能取消服务或转向竞争对手。从而帮助企业提前采取措施,如提供特别优惠或改进服务,以保留客户。

3. 信用风险评估

银行和金融机构使用预测性分析来评估贷款申请者未来违约的风险。机构通过分析申请者的信用历史、收入水平和其他相关因素,可以决定是否批准贷款以及设定合适的利率和信贷条件。

4. 需求预测

制造业和零售业使用预测性分析来估计特定产品的未来需求。这有助于调整生产计划、优化供应链和管理库存,以最大化效率和利润。

5. 维护预测

预测性维护通过分析机器和设备的操作数据来预测何时可能发生故障或需要维护。这种分析能够帮助企业在设备出现问题之前进行维修,从而减少停机时间和维护成本。

(四)指导性分析

指导性分析不仅预测未来的趋势,而且提供关于应该如何行动的建议,以利用预测的结果。它帮助回答"我们能做什么"的问题。

1. 供应链优化

指导性分析可以帮助企业在考虑成本、供应商可靠性、运输时间和仓库空间等多重因素的前提下,优化其供应链管理。例如,它可以推荐何时何地购买原材料,以最小化整体成本和风险。

2. 价格策略制定

规范性分析通过分析消费者行为、竞争对手定价、市场需求等因素,能够帮助企业制定最优的价格策略。这种分析可以指导企业如何调整价格以最大化利润或市场份额。

3. 营销活动优化

指导性分析能够根据历史数据和市场预测,推荐最有效的营销渠道、目标客户群、营销预算分配及推广时间等,以提高营销活动的投资回报率。

4. 人力资源管理

在人力资源管理中,指导性分析可以用来预测员工流失并提供预防措施,如推荐哪些福利改进或培训计划最可能提高员工满意度和留存率。

11-1【案例】数字化转型如何驱动企业动态能力生成实现价值创造

第十二章 财务管理创新

第一节 商业模式与盈利模式

一、商业模式

商业模式是指企业与企业之间、企业的部门之间,乃至与顾客之间、与渠道之间存在的各种各样的交易关系和联结方式。它是公司通过什么途径或方式来赚钱,是指一个完整的产品、服务和信息流体系,以及每一个参与者的潜在利益和相应的收益来源和方式。

商业模式画布如图 12-1 所示。

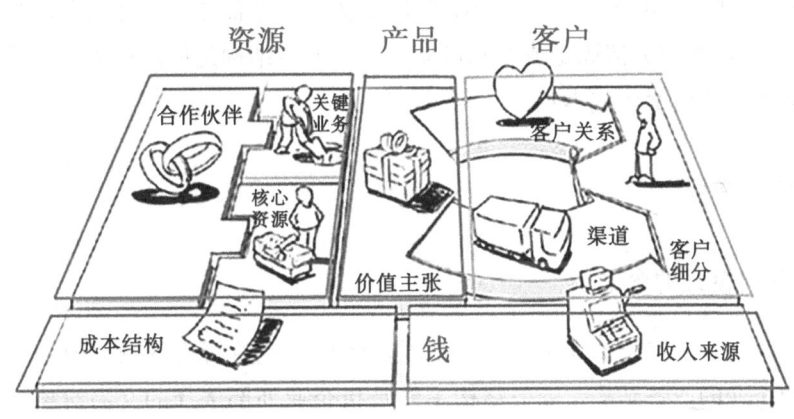

图 12-1 商业模式画布

图 12-1 中,每个模块大致描述如下:

(1) 客户细分(customer segments):描述企业的目标用户群体是谁,这些目标用户群体如何进行细分,每个细分目标群体有什么共同特征。企业需要对细分的用户群体进行深入分析,并在此基础上设计相应的商业模式。在此模块,企业应回答两个问题:企业在为谁创造价值?谁是企业最重要的客户群体?

(2) 价值主张(value propositions):描述为细分用户群体创造价值的产品或服务。价值主张模块主要回答以下问题:这些产品和服务能帮细分用户群体解决什么问题?满足他们的哪些需求?

(3) 渠道(channels)：描述企业通过什么方式或渠道与细分用户群体进行沟通，并实现产品或服务的售卖。渠道模块应描述以下问题：接触用户的渠道有哪些？哪些渠道最为有效？哪些渠道投入产出比最高？渠道如何进行整合可以达到效率最高化？

(4) 客户关系(customer relationships)：描述企业与细分用户群体之间建立的关系类型。例如，通过专属客户代表与用户沟通、通过自助服务与用户沟通、通过社区与用户沟通等。

(5) 收入来源(revenue streams)：描述企业从每个细分用户群体中如何获取收入。收入是企业的动脉，在这个模块应回答以下问题：企业通过什么方式收取费用？客户如何支付费用？客户付费意愿如何？企业如何定价？

(6) 核心资源(key resources)：描述企业需要哪些资源才能让目前的商业模式有效运转起来，核心资源可以是实体资产、金融资产、知识资产和人力资源等。

(7) 关键业务(key activities)：描述企业在有了核心资源后应该开展什么样的业务活动才能确保目前的商业模式有效运转起来，如制造更高端的产品、搭建高效的网络服务平台等。

(8) 合作伙伴(key partnerships)：描述与企业相关的产业链上下游的合作伙伴有哪些、企业和他们的关系网络如何、合作如何影响企业等。

(9) 成本结构(cost structure)：描述企业有效运转所需要的所有成本。此模块主要描述以下问题：应如何分清固定成本和可变成本？成本结构是如何构成的？哪些活动或资源花费最多？如何优化成本？

二、盈利模式

(一) 盈利模式的含义

盈利模式是企业或个人在市场竞争中逐步形成的企业特有的赖以盈利的商务结构及其对应的企业的业务结构。商务结构主要是指企业外部选择的交易对象、交易内容、交易规模、交易方式、交易渠道、交易环境、交易对手等商务内容及其时空结构，企业的业务结构主要是指满足商务结构需要的企业内部从事的包括科研、采购、生产、储运、营销等业务内容及其时空结构。业务结构反映的是企业内部资源配置情况，商务结构反映的是企业内部资源整合的对象及其目的。业务结构能直接反映企业资源配置的效率，商务结构能直接反映企业资源配置的效益。

任何企业都有自己的商务结构及其相应的业务结构，但并不是所有企业都盈利，因而并不是所有企业都有盈利模式。

在市场竞争的初期和企业成长的不成熟阶段，企业的盈利模式大多是自发的，随着市场竞争的加剧和企业的不断成熟，企业开始重视对市场竞争和自身盈利模式的研究，即使如此，也并不是所有企业都能找到盈利模式。

(二) 盈利模式的五个要素

业务结构是企业的一种获利方式。研究企业盈利模式,有必要借助有效的分析手段,观察成功企业的盈利模式,企业盈利模式分析和设计有五个要素,所有企业的盈利模式都是以某一个或两个要素为核心的各要素不同形式的组合。

1. 利润源

利润源是指企业提供的商品或服务的购买者和使用者群体,他们是企业利润的唯一源泉。利润源分为主要利润源、辅助利润源和潜在利润源,好的企业利润源应当符合以下条件:一是要有足够的规模;二是要对利润源的需求和偏好有比较深的认识和了解;三是企业在挖掘利润源时与竞争者相比具有一定的竞争优势。

2. 利润点

利润点是指企业可以获取利润的产品或服务,好的利润点应当符合以下条件:一是要针对明确客户的清晰的需求偏好;二是要为构成利润源的客户创造价值;三是要为企业创造价值,有些企业的产品和服务缺乏利润源的针对性,或者根本不创造利润。利润点反映的是企业的产出。

3. 利润杠杆

利润杠杆是指企业生产产品或服务,以及吸引客户购买和使用企业产品或服务的一系列业务活动,利润杠杆反映的是企业的一部分投入。

4. 利润屏障

利润屏障是指企业为防止竞争者掠夺本企业的利润而采取的防范措施,它与利润杠杆同样表现为企业投入,但利润杠杆是撬动"奶酪"为我所有,利润屏障是保护"奶酪"不为他人所动。

5. 利润家

利润家是企业内对企业如何盈利,具有极强的敏感和预见性的人,他往往是企业家本人,也许是企业家的盟友,或是职业经理人。

(三) 成功的盈利模式特点

企业需要选择一个适合自己的盈利模式。那么,怎样才是成功的盈利模式呢?由于各行业经济与经营环境处于不断变化的状态,没有单一的特定盈利模式能保证在各种条件下都产生优异的财务结果。美国埃森哲咨询公司对70家企业的盈利模式所做的研究分析中,没有发现一个始终正确的盈利模式,但发现成功的盈利模式至少具有三个共同的特点。

(1) 成功的商业模式要能提供独特价值。有时候这个独特的价值可能是新的思想;而更多的时候,它往往是产品和服务独特性的组合。这种组合要么可以向客户提供额外的价值;要么使客户能用更低的价格获得同样的利益,或者用同样的价格获得更多的利益。例如,美国的大型连锁家用器具商场 Home Depot,就是将低价格、齐全的品种,以及只有在高价专业商店才能得到的专业咨询服务结合起来,作为企业的盈利模式。

(2) 胜人一筹的盈利模式是难以模仿的。企业通过确立自己的与众不同,如对客户的悉心照顾、无与伦比的实施能力等,来建立利润屏障,提高行业的进入门槛,从而保证利润来源不受侵犯。例如,直销模式(仅凭"直销"一点,还不能称其为一个商业模式),人人都知道其如何运作,也都知道戴尔公司是此中翘楚,而且每个商家只要它愿意,都可以模仿戴尔公司的做法,但能不能取得与戴尔相同的业绩,完全是另外一回事,这就说明了好的商业模式是很难被人模仿的。

(3) 成功的盈利模式是脚踏实地的。脚踏实地就是实事求是,就是把盈利模式建立在对客户行为的准确理解和假定上。例如,企业要做到量入为出、收支平衡。这看似不言而喻的道理,要想年复一年、日复一日地做到,却并不容易。现实当中的很多企业,不管是传统企业还是新型企业,对于自己的钱从何处赚来,为什么客户看中自己企业的产品和服务,乃至有多少客户实际上不能为企业带来利润,反而在侵蚀企业收入等关键问题,都不甚了解。这样不切实际的"商业模式",在.com 狂热的时候,简直数不胜数。

成功的盈利模式必须能够突出一个企业不同于其他企业的独特性。这种独特性表现在它怎样界定顾客、界定客户需求和偏好、界定竞争者、界定产品和服务、界定业务内容吸引客户以创造利润。优秀的盈利模式是丰富和细致的,并且它的各个部分要互相支持和促进;改变其中任何一个部分,它就会变成另外一种模式。

(四) 盈利模式与商业模式、交易模式的关系

商业模式包括部分盈利模式(怎么赚钱),但不包括交易模式(怎么收钱)。商业不一定以盈利为目的。

盈利模式仅包括怎么赚钱和交易模式(怎么收钱)。

交易模式就是收钱的方式。

三种模式的关系如图 12-2 所示。

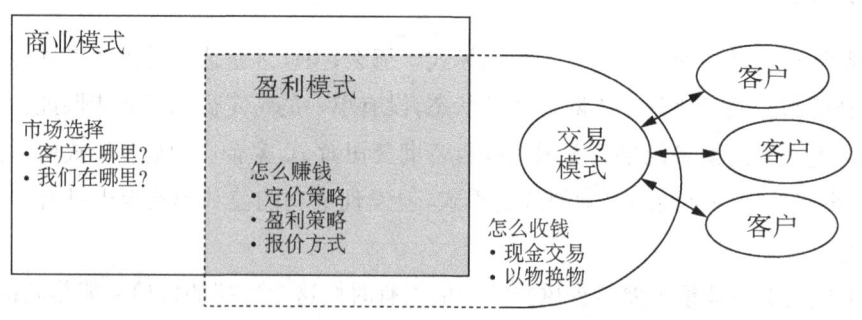

图 12-2 三种模式的关系

第二节 供应链金融

一、供应链金融的概念

供应链金融与产业链紧密结合,体现在不同业务阶段,即订单采购阶段、存货保管阶段、销售回款阶段。在各个业务阶段有相应的金融服务方式,金融产品呈现多样化,供应链金融与资产证券化相结合成为趋势。

越来越多的企业参与供应链金融业务。根据各参与方的主导地位不同,我们可以分为三大业务模式:以核心企业为主导、以第三方供应链服务商为主导、以电商平台为主导。

以核心企业为主导的模式下,关注核心企业在产业链中的地位;以第三方供应链服务商为主导的模式下,关注服务商的信息整合能力;以电商平台为主导的模式下,关注平台交易生态的完整性。

二、供应链金融融资模式

供应链金融的三种传统表现形态为应收账款融资、库存融资及预付款融资,具体如图12-3所示。目前国内实践中,商业银行或供应链企业为供应链金融业务的主要参与者,本系列专题研究对象为供应链企业,所以我们在介绍供应链金融模式时,主要以供应链企业为服务提供者。

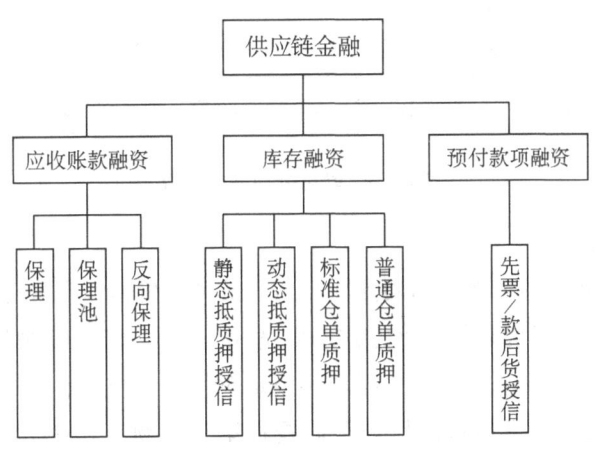

图12-3 供应链金融业务模式

(一)应收账款融资

当上游企业对下游提供赊销,导致销售款回收放缓或大量应收账款回收困难的情况下,上游企业资金周转不畅,出现阶段性的资金缺口时,可以通过应收账款进行融资。

应收账款融资主要是指上游企业为获取资金,以其与下游企业签订的真实合同产生的应收账款为基础,向供应链企业申请以应收账款为还款来源的融资。

应收账款融资在传统贸易融资及供应链贸易过程中均属于较为普遍的融资方式,通常银行作为主要的金融平台,但在供应链贸易业务中,供应链贸易企业在获得保理商相关资质后亦可充当保理商的角色,所提供的应收款融资方式对于中小企业而言更为高效、专业,可省去银行的繁杂流程,且供应链企业对业务各环节更为熟知,同时在风控方面针对性更强。

(二) 存货融资

存货融资主要是指以贸易过程中货物进行抵质押融资,一般发生在企业存货量较大或库存周转较慢,导致资金周转压力较大的情况下,企业利用现有货物进行资金提前套现。随着参与方的延伸及服务创新,存货融资表现形式多样,它主要包括以下三种方式。

1. 静态抵质押

静态抵质押是指企业以自有或第三方合法拥有的存货为抵质押的贷款业务,供应链企业可委托第三方物流公司对客户提供的抵质押货品实行监管,以汇款方式赎回,如图12-4所示。企业通过静态货物抵质押融资盘活积压存货的资金,以扩大经营规模,货物赎回后可进行滚动操作。

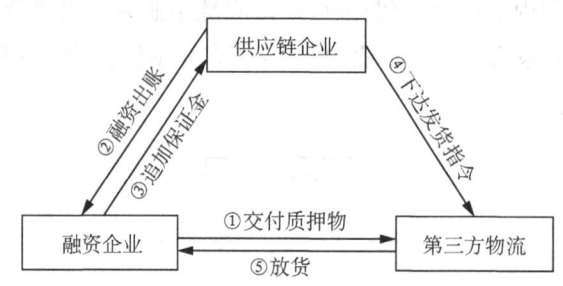

图12-4 静态抵押业务流程

2. 动态抵质押

动态抵质押是指供应链企业可对用于抵质押的商品价值设定最低限额,允许限额以上的商品出库,企业可以货易货。该方式一般适用于库存稳定、货物品类较为一致以及抵质押货物核定较容易的企业。因此抵质押设定对于生产经营活动的影响较小,对盘活存货作用较明显,通常以货易货的操作可以授权第三方物流企业进行,具体如图12-5所示。

3. 仓单质押

仓单质押分为标准仓单质押和普通仓单质押,其区别在于质押物是否为期货交割仓单。其中,标准仓单质押是指企业以自有或第三人合法拥有的标准仓单为质押的融资业

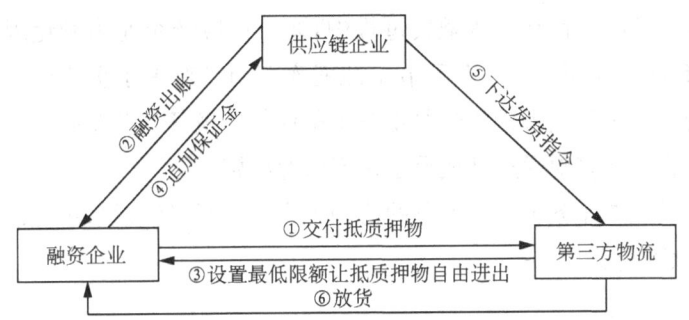

图 12-5 动态抵押业务流程

务,适用于通过期货交易市场进行采购或销售的客户,以及通过期货交易市场套期保值、规避经营风险的客户,手续较为简便、成本较低,同时具有较强的流动性,可便于对质押物的处置,具体如图 12-6 所示。

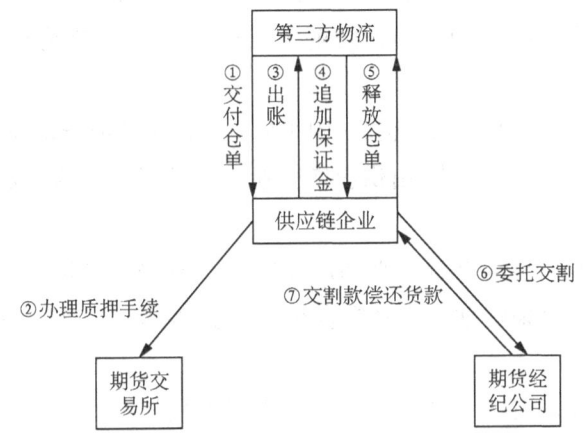

图 12-6 标准仓单质押业务流程

普通仓单是指客户提供由仓库或第三方物流提供的非期货交割用仓单作为质押物,并对仓单作出融资出账,具有有价证券性质,因此对出具仓单的仓库或第三方物流公司资质要求很高,具体如图 12-7 所示。

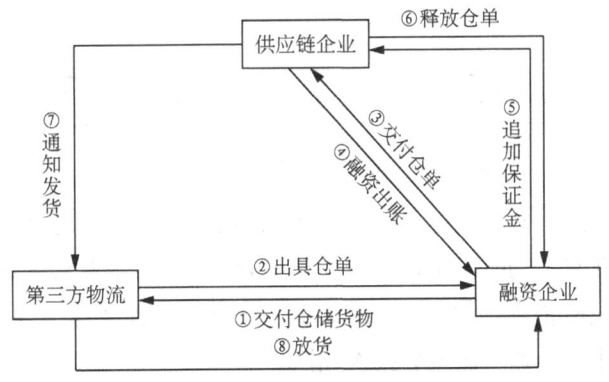

图 12-7 普通仓单质押业务流程

从目前市场情况来看,在存货融资过程中,通常供应链企业为避免因市场价格波动或其他因素导致库存积压。在库存环节单纯就库存商品对中小企业进行库存融资的情况较少,更多的是在采购或者销售阶段得益于整体供应链条环节紧扣就可对库存进行控制。因此,中小企业更多地通过其他渠道进行库存融资。

此外,一般供应链业务中因上下游的协调配合,库存周转较快,单独以库存融资情况相对传统贸易融资较少。

(三) 预付款融资

在存货融资的基础上,预付款融资得到发展,买方在缴纳一定保证金的前提下,供应链企业代其向卖方议付全额货款,卖方根据购销合同发货后,货物到达指定仓库后设定抵质押为代垫款的保证。

在产品销售较好的情况下,库存周转较快,因此资金多集中于预付款阶段,预付款融资时间覆盖上游排产及运输时间,有效缓解了流动资金压力,货物到库可与存货融资形成"无缝对接"。

一般在上游企业承诺回购的前提下,中小型企业以供应链指定仓库的仓单向供应链企业申请融资来缓解预付款压力,由供应链企业控制其提货权的融资业务,一般按照单笔业务来进行,不关联其他业务。

具体过程中,中小企业、上游企业、第三方物流企业及供应链企业共同签订协议,一般供应链企业通过代付采购款方式对融资企业融资,购买方直接将货款支付给供应链企业。

预付款融资方式多用于采购阶段,其担保基础为购买方对供应商的提货权。目前,国内供应链贸易企业中常用的方式为先票/款后货贷款,具体如图12-8所示。

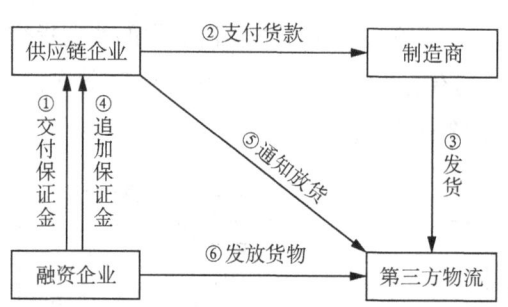

图 12-8 先票/款后货贷款业务流程

在供应链贸易业务中,供应链企业可提供预付款融资服务,尤其在较为成熟的供应链条中,当中小企业在采购阶段出现资金缺口时,向供应链企业缴纳保证金并提供相关业务真实单据,供应链企业在对商业供应商进行资质核实后,代替中小企业采购货物,并掌握货权,随后由中小企业一次或分批次赎回。

按照中小企业与供应链企业的具体协议及双方合作情况,货物可由供应商直接运送至中小企业或运送至供应链企业指定的仓库,而此时,供应链企业可在采购甚至物流、仓储及销售阶段实质性掌握货权。

三、供应链金融的发展

近年来,产业巨头布局纷纷抢滩供应链金融。可见供应链金融蕴含着巨大的想象空间,各行业的龙头企业纷纷入局,试图从供应链金融中分一杯羹。

供应链金融的模式使原本泾渭分明的金融机构与实体企业的边界开始变得模糊,使企业融资难和金融机构放款难的悖论出现了曙光。

供应链金融产生的时间并不长,但催生了不小的市场机会。

(1) 针对一些盈利模式不清晰(如互联网企业)的企业,供应链金融给他们提供了一种全新的盈利模式。

(2) 对于一些受行业挤压的企业,供应链金融给他们提供了可以转型升级或跨界的可能性。

(3) 深刻洞察行业痛点的企业,可以能够通过供应链金融,重塑行业价值链,进而可以颠覆行业固有的江湖地位。

(4) 建立新的流量入口,对于一些实力较弱的初创企业,供应链金融无疑为他们降低了入行门槛,同时借助供应链金融提供的资金平台和服务平台,迅速发展壮大。

第三节 数据资产管理

一、数据要素

数据要素是从宏观经济学角度来论述数据意义的,既然谈论的是要素,那么与一般商品是完全不同的。通过类比思维我们可以了解,要素除了数据要素,还有资本要素、土地要素。这里的要素就是能够对宏观经济产生较大影响的生产要素。土地是一般商品吗?土地既不是一般商品,也不是稀缺物,它是由管控权和金融混合衍生而来的,其核心问题在于定价权。

数据要素的独特之处在于数据资源的定价问题,即数据资产评估手段和方法。随着数据资产入表的探索实践,数据资源从原来的企业成本,经过一系列的数据治理工作,变成了企业资产。数据资产入表增大了企业总资产,降低企业负债率,进而可以获得更好的融资条件。同时,在进行股权融资时,由于整个资产的扩大,会进一步降低新融资的股权出让比例。此外,在上市公司的财报表现上,也会使整体经营状况表现良好,在二级市场上更容易获得投资人的青睐。

二、数据资产

数据资产是企业经过对其掌握的数据进行梳理,挖掘数据之间的关联关系,寻找彼此影响的主要因素,包括通过寻找数据规律进行预测等价值挖掘,而形成的数据产品。

数据来源有两类:一类是企业内部的经营数据,包括品牌营销数据、客户数据、员工数据、产品数据、研发数据、财务数据、运营数据等;另一类是企业外部获取的数据,包括宏观市场数据、人群偏好数据、媒体数据、行业数据、经济数据、政策法规数据等。

数据类型主要有三种:结构化数据、非结构化数据、半结构化数据。根据目前技术发展趋势,非结构化数据增长迅猛,占据了数据总量的80%左右。

一般的结构化数据,通过常见的 Excel 数据分析就可以解决。而大规模的非结构化数据,必须借助 AI 来进行价值挖掘和分析,特别是一些视觉算法 CV、语音算法 ASR、自然语言处理 NLP、文本挖掘、推荐系统等 AI 技术。

对数据资源进行技术治理后,才能够形成具有价值的数据产品,并对企业内部形成决策指导,提供相应的数据价值。

三、数据价值

很多大型咨询公司对数据价值都有相应的分析报告,但基本上都停留在认识层面,我们可以从以下三个维度来说明数据价值:

(1)降本增效:数据为企业提供了决策支持的基础,通过数据驱动的决策模式,企业能够在内部策略决策中更加科学和准确。这不仅优化了内部流程效率,降低了运营成本,而且为企业提供了更迅速、灵活的决策能力,从而实现降本增效的目标。

(2)商业模式:数据在商业模式创新中发挥关键作用,如瑞幸咖啡和滴滴出行所展现的数字系统驱动的商业模式。通过充分利用数据,企业能够更好地理解市场需求、顾客行为,创造个性化服务,并灵活应对市场变化,从而引领新型商业模式的发展,实现竞争优势。

(3)资产结构:通过系统化的数据治理,企业能够将内部数据资源转化为有价值的数据产品,形成数据资产。这不仅能够通过数据交易赚取收益,而且使企业的数据资产能够被纳入资产负债表,为企业融资和上市提供了坚实的支持。数据资产的评估和管理使企业能够更好地利用数据积累财富,增强竞争力。

除数据价值外,数据最主要的价值是对企业内部所有活动价值的度量。在工业化时代,资本带动了整个经济的繁荣发展。在数字化时代,数据将会成为推动经济繁荣的新力量,从过去的依赖主观经验做决策,到通过数据来进行决策,这完全是一场认知革命。

资本只能对价值进行主观粗糙的度量,而数据可以对一切活动进行度量。一个高度成熟的数字化企业,应该具有一套成熟的数字技术系统,来支撑其决策。再结合 AI 技术支持,未来将诞生无数的根据市场环境变化来调整自身内部产品研发的新物种,他们才是真正具备生命力的新型企业形态。

四、数据类型

数字技术在未来经济发展中将扮演关键角色,对经济结构、产业格局和就业模式产生深刻影响。随着人工智能、大数据分析和物联网等技术的飞速发展,企业将能够更智能地运营,提高生产力,创造更多就业机会。数字技术的广泛应用将重塑商业模式,促进创新和跨界合作,推动新兴产业的崛起。同时,数据量的大规模增长是数字技术发展的必然结果,企业和社会将面临前所未有的海量数据。这不仅为科技创新提供了巨大的机会,而且对数据管理、隐私保护和信息安全提出挑战。

数据基本上可以分为三大类别:结构化数据、非结构化数据和半结构化数据。

(1) 结构化数据:结构化数据是以表格形式存储,具有清晰、预定义的数据模型,通常使用关系型数据库进行管理。这类数据易于查询和分析,适用于各种业务应用,如传统的企业数据库、电子表格等。

(2) 非结构化数据:非结构化数据没有明确定义的数据模型,通常以自由文本、图像、音频或视频的形式存在。这包括电子邮件、社交媒体帖子、音频文件、图像和视频等。非结构化数据更具挑战性,但也包含了丰富的信息。

(3) 半结构化数据:半结构化数据介于结构化和非结构化数据之间,具有某种程度的结构,但并不像结构化数据那样严格。常见的例子包括可扩展标记语言(extensible markup language,XML)和 JavaScript 对象表示(java script object notation,JSON)等格式。

目前,随着社交媒体、云存储、物联网和多媒体内容的爆炸性增长,非结构化数据量大幅增加。目前全球数据中,非结构化数据占据了相当大的比例,有人估计在 80% 以上。这主要是由于社交媒体的广泛使用、大规模的多媒体内容生成和物联网设备的普及,导致大量文本、图像、音频和视频等非结构化数据的涌现。这对数据管理、分析和挖掘提出了更大的挑战,但同时为创新和洞察力提供了更广泛的可能性。因此,非结构化数据的处理和利用将成为未来数据领域的重要发展方向。

五、数据资产价值评价

(一) 评价原则

数据资产价值评价应当遵循以下基本原则:

(1) 全面性原则。评价过程中要全面考虑数据资产直接价值、衍生价值、战略价值和风险价值等多重内涵,做到纵览全局、不遗余力。

(2) 科学性原则。评价工作必须遵循客观规律,选取恰当的理论分析方法和评价技术路线,避免主观随意,确保结果科学性。

(3) 可操作性原则。构建的评价体系、评价模型必须具有明确的定义、指标设置和量化计算步骤,确保可以指导实际评价操作。

(4) 动态性原则。评价体系应具备一定的前瞻性和灵活性,能够根据内外部情况变化及时调整修正评价参数和运行机制。

(二) 评价指标体系

在评价原则的指导下,构建科学系统的数据资产价值评价指标体系,从数据属性、获取成本、应用效益和风险管控四个维度进行设计,共包括以下指标:

(1) 数据属性指标:包括数据总量规模、格式类型、数据质量水平、时效性等信息。

(2) 获取成本指标:包括数据采集人力和设备投入成本、数据存储和传输成本、清洗加工成本及系统运维成本等。

(3) 应用效益指标:包括数据应用带来的直接收益贡献、促进产品创新或服务升级的效益、支撑决策优化带来的效益,以及通过数字化转型助力企业发展等长期价值。

(4) 风险管控指标:包括数据面临的各种安全隐患风险及其损失程度、个人隐私泄露风险、数据滥用及知识产权纠纷风险等。

(三) 评价方法

1. 成本法

成本法是根据数据资产从采集、存储到加工、维护等环节所付出的直接成本支出,对数据资产的价值进行评估。其主要包括以下几个步骤:

(1) 汇总数据采集和处理所付出的人工、设备等各项前期投入成本。

(2) 测算数据存储、传输、运维所产生的持续性费用支出。

(3) 将上述成本按一定的资本化年限和利率水平予以资本化,得到数据资产的总成本值。

成本法具有计算过程直观、依据明晰的优点,但也存在一定缺陷:①仅反映了数据资产的物化劳动,忽视了数据资产实现价值的应用环节及效益。②难以全面体现数据资产的战略价值和风险价值。

2. 市场法

市场法是在相对有效和完善的数据资产交易市场上,参考同类或类似数据资产的近期市场交易案例价格,对评估对象数据资产的价值进行类比确定。其实施步骤包括:

(1) 搜集被评估数据资产的交易信息。

(2) 选取若干个与评估对象在交易时间、数据规模、质量特征等方面具有可比性的参考实例。

(3) 对这些参考实例的交易价格进行修正,反映其与被评估对象在各方面的差异。

(4) 将修正后的参考价值加权平均,得到评估对象的合理市场价值。

市场法具有定价结果接近实际市场的优点,但由于数据资产异质性强、相同交易案例稀缺,实践中很难找到足够的可比参考实例,使该方法的应用受到一定局限。

3. 收益法

收益法是基于数据资产未来所能产生的经济收益现值,对其价值进行评估。常用的收益法包括:

(1) 成本节约法:预测数据资产应用所节约的成本费用现值,作为数据资产价值的主要依据。

(2) 超额收益法:预测数据资产带来的收益增量现值,扣减为获取该收益所付出的成本,所得净现值即数据资产价值。

(3) 期权定价法:将企业获取数据资产视为购买了未来挖掘数据附加价值的权利,用期权定价模型计算其现值作为数据资产价值。

收益法重视数据资产的经济附加值,符合价值规律,但其缺点是未来收益预测存在较大不确定性,折现率选取也较为主观。

4. 其他评价方法

除上述三种传统评价方法外,一些学者针对数据资产的特殊性,提出了模糊综合评价法、层次分析法、主成分分析法等新型评价方法。这些方法的共同特点包括:

(1) 从不同维度设置一系列定性或定量评价指标。

(2) 对各指标的重要性按照一定标准赋予权重分数。

(3) 将各指标得分按照其权重加权平均,得到数据资产整体价值的综合评分。

这些方法兼顾了多种影响因素,有利于全面评估。但其缺陷也很明显,即指标选取和权重分配过程存在较大主观性和模糊性,难以保证评价结果的客观性和可信度。

(四) 评价模型

现有评价方法由于侧重点不同,都存在很多缺陷,主要表现为:

(1) 单一评价方法很难全面反映数据资产多层次价值,需要多种方法组合使用。

(2) 大多数方法针对性不强,缺乏对数据资产特殊属性的深入考虑。

(3) 缺乏统一的理论框架和标准化的评价规范,缺乏普适性。

(4) 评价指标选取依赖主观经验,量化评分过程缺乏客观依据。

因此,如何构建一套科学完备、切实可行的数据资产价值评价体系,是理论界和实务界亟须解决的问题。

在评价指标体系的基础之上,一些学者提出一种新的综合计算模型,以量化核算数

据资产的整体价值。该模型充分吸收了传统成本法、收益法和其他方法的合理内核,并加以革新和扩展,其计算公式为:

$$数据资产价值=数据获取成本+数据应用收益现值+数据战略溢价-数据风险折价$$

模型具体计算过程如下:首先,全面测算前期数据采集、存储、加工等直接付出的各项获取成本支出;其次,将数据应用所产生的各类收益按照一定的折现率折算为现值;再次,考虑数据资产带来的长期产业竞争优势、品牌影响力等无形溢价;最后,扣减由于数据泄露、滥用及相关风险可能导致的各项损失估算值。

该计算模型具有以下特征:

(1) 将数据资产价值的多重内涵有机统一,做到全面评估。

(2) 吸收并融合了成本法、收益法及其他评价思路的合理内核,有机结合不同定价技术的长处。

(3) 评价思路清晰,各计算步骤具体可操作,能够指导实践。

(4) 可根据特定情况,对模型内在系数和权重参数进行调整修正。

同时,本书还系统提出了数据资产价值评价的具体操作流程,确保评价工作的严谨性和规范性:

(1) 明确评价目标,收集评估对象数据资产的基础信息和应用情况。

(2) 按照评价指标体系的设计,设置具体的量化评估标准和评分规则。

(3) 根据评价模型计算各项价值分量,包括获取成本、应用收益现值、战略溢价和潜在风险损失估算值。

(4) 综合各项价值分量的量化结果,得到最终的数据资产价值评估结论。

(5) 在此基础上,深入分析评价结果,总结评价过程的经验教训,对发现的问题提出优化改进建议,形成完整的报告。

(五) 数据资产价值评价应用分析

1. 案例介绍

被评估的是某大型电子商务企业的客户数据资产,该资产包含 5 年来 800 万人活跃消费者的身份信息、消费记录、偏好分析等海量结构化和非结构化数据,总量达 50TB。

数据采集自企业在线交易、移动应用以及各种营销渠道,经过专业的数据加工与治理,具有较高的数据质量水准;同时每个季度都会通过新数据作及时更新,时效性良好。

2. 评价指标选取

根据评价模型所构建的指标体系,对该企业数据资产在各维度的具体表现进行量化评估:

(1) 数据属性:总量 50TB、包含结构化关系数据和多媒体非结构化数据各类格式、经过治理后数据质量评分 90 分(总分 100 分)、季度更新频率较高,时效性良好,打分

90分。

(2) 获取成本：前期调研及数据采集成本约500万元，后续每年数据库存储及运维费用200万元，数据清洗加工费用300万元。

(3) 应用效益：该数据资产极大促进了企业营收和利润增长，具体包括通过客户维系措施每年新增营收2 000万元；基于数据分析优化产品设计每年降低成本600万元；实施个性化营销每年新增销售收入1 500万元等。此外，该数据资产还为企业战略决策提供了有力支持。

(4) 风险管控：企业已通过合规审计，对数据实行匿名化和加密处理，个人隐私风险较小；同时制定了数据安全管理制度，知识产权纠纷风险也较低。

3. 评价模型计算

按照构建的综合评价模型，具体计算该企业数据资产价值的各个分量：

(1) 获取成本＝前期＋5年运维及加工成本＝500＋5×(200＋300)＝3 000(万元)。

(2) 应用收益年均值＝2 000＋600＋1 500＝4 100(万元)，按8%年折现率计算5年现值累计约为15 800万元。

(3) 战略溢价价值考虑该企业在行业内的领先地位，对标主要竞争对手，评估约为5 000万元。

(4) 风险折价经评估个人信息泄露和知识产权纠纷风险较低，按总价值的5%估算，约950万元。

将上述各分量代入模型公式，最终得出：数据资产价值＝3 000＋15 800＋5 000－950＝22 850(万元)。

4. 评价结果分析

通过评估发现，该企业客户数据资产的真实价值高达2.29亿元，相当于企业账面价值的十几倍。

评价不仅考虑了数据采集存储的直接成本支出，而且重点量化了数据应用效益和战略价值等内在价值体现。这部分隐形的价值才是数据资产的核心价值。

同时，评估结果也发现该企业在数据资产管理和应用方面存在一定的提升空间：一是在优化存储、清洗加工等环节，仍有一定的降本潜力；二是除现有应用场景外，还可开发更多创新应用，进一步释放数据价值；三是要加强数据合规审计，防范潜在的隐私和知识产权风险。

附录　货币时间价值表

附表一　复利终值系数表

期数	1％	2％	3％	4％	5％	6％	7％	8％	9％	10％
1	1.010 0	1.020 0	1.030 0	1.040 0	1.050 0	1.060 0	1.070 0	1.080 0	1.090 0	1.100 0
2	1.020 1	1.040 4	1.060 9	1.081 6	1.102 5	1.123 6	1.144 9	1.166 4	1.188 1	1.210 0
3	1.030 3	1.061 2	1.092 7	1.124 9	1.157 6	1.191 0	1.225 0	1.259 7	1.295 0	1.331 0
4	1.040 6	1.082 4	1.125 5	1.169 9	1.215 5	1.262 5	1.310 8	1.360 5	1.411 6	1.464 1
5	1.051 0	1.104 1	1.159 3	1.216 7	1.276 3	1.338 2	1.402 6	1.469 3	1.538 6	1.610 5
6	1.061 5	1.126 2	1.194 1	1.265 3	1.340 1	1.418 5	1.500 7	1.586 9	1.677 1	1.771 6
7	1.072 1	1.148 7	1.229 9	1.315 9	1.407 1	1.503 6	1.605 8	1.713 8	1.828 0	1.948 7
8	1.082 9	1.171 7	1.266 8	1.368 6	1.477 5	1.593 8	1.718 2	1.850 9	1.992 6	2.143 6
9	1.093 7	1.195 1	1.304 8	1.423 3	1.551 3	1.689 5	1.838 5	1.999 0	2.171 9	2.357 9
10	1.104 6	1.219 0	1.343 9	1.480 2	1.628 9	1.790 8	1.967 2	2.158 9	2.367 4	2.593 7
11	1.115 7	1.243 4	1.384 2	1.539 5	1.710 3	1.898 3	2.104 9	2.331 6	2.580 4	2.853 1
12	1.126 8	1.268 2	1.425 8	1.601 0	1.795 9	2.012 2	2.252 2	2.518 2	2.812 7	3.138 4
13	1.138 1	1.293 6	1.468 5	1.665 1	1.885 6	2.132 9	2.409 8	2.719 6	3.065 8	3.452 3
14	1.149 5	1.319 5	1.512 6	1.731 7	1.979 9	2.260 9	2.578 5	2.937 2	3.341 7	3.797 5
15	1.161 0	1.345 9	1.558 0	1.800 9	2.078 9	2.396 6	2.759 0	3.172 2	3.642 5	4.177 2
16	1.172 6	1.372 8	1.604 7	1.873 0	2.182 9	2.540 4	2.952 2	3.425 9	3.970 3	4.595 0
17	1.184 3	1.400 2	1.652 8	1.947 9	2.292 0	2.692 8	3.158 8	3.700 0	4.327 6	5.054 5
18	1.196 1	1.428 2	1.702 4	2.025 8	2.406 6	2.854 3	3.379 9	3.996 0	4.717 1	5.559 9
19	1.208 1	1.456 8	1.753 5	2.106 8	2.527 0	3.025 6	3.616 5	4.315 7	5.141 7	6.115 9
20	1.220 2	1.485 9	1.806 1	2.191 1	2.653 3	3.207 1	3.869 7	4.661 0	5.604 4	6.727 5
21	1.232 4	1.515 7	1.860 3	2.278 8	2.786 0	3.399 6	4.140 6	5.033 8	6.108 8	7.400 2
22	1.244 7	1.546 0	1.916 1	2.369 9	2.925 3	3.603 5	4.430 4	5.436 5	6.658 6	8.140 3

续表

期数	1%	2%	3%	4%	5%	6%	7%	8%	9%	10%
23	1.257 2	1.576 9	1.973 6	2.464 7	3.071 5	3.819 7	4.740 5	5.871 5	7.257 9	8.954 3
24	1.269 7	1.608 4	2.032 8	2.563 3	3.225 1	4.048 9	5.072 4	6.341 2	7.911 1	9.849 7
25	1.282 4	1.640 6	2.093 8	2.665 8	3.386 4	4.291 9	5.427 4	6.848 5	8.623 1	10.835
26	1.295 3	1.673 4	2.156 6	2.772 5	3.555 7	4.549 4	5.807 4	7.396 4	9.399 2	11.918
27	1.308 2	1.706 9	2.221 3	2.883 4	3.733 5	4.822 3	6.213 9	7.988 1	10.245	13.110
28	1.321 3	1.741 0	2.287 9	2.998 7	3.920 1	5.111 7	6.648 8	8.627 1	11.167	14.421
29	1.334 5	1.775 8	2.356 6	3.118 7	4.116 1	5.418 4	7.114 3	9.317 3	12.172	15.863
30	1.347 8	1.811 4	2.427 3	3.243 4	4.321 9	5.743 5	7.612 3	10.063	13.268	17.449
40	1.488 9	2.208 0	3.262 0	4.801 0	7.040 0	10.286	14.975	21.725	31.409	45.259
50	1.644 6	2.691 6	4.383 9	7.106 7	11.467	18.420	29.457	46.902	74.358	117.39
60	1.816 7	3.281 0	5.891 6	10.520	18.679	32.988	57.946	101.26	176.03	304.48

期数	12%	14%	15%	16%	18%	20%	24%	28%	32%	36%
1	1.120 0	1.140 0	1.150 0	1.160 0	1.180 0	1.200 0	1.240 0	1.280 0	1.320 0	1.360 0
2	1.254 4	1.299 6	1.322 5	1.345 6	1.392 4	1.440 0	1.537 6	1.638 4	1.742 4	1.849 6
3	1.404 9	1.481 5	1.520 9	1.560 9	1.643 0	1.728 0	1.906 6	2.097 2	2.300 0	2.515 5
4	1.573 5	1.689 0	1.749 0	1.810 6	1.938 8	2.073 6	2.364 2	2.684 4	3.036 0	3.421 0
5	1.762 3	1.925 4	2.011 4	2.100 3	2.287 8	2.488 3	2.931 6	3.436 0	4.007 5	4.652 6
6	1.973 8	2.195 0	2.313 1	2.436 4	2.699 6	2.986 0	3.635 2	4.398 0	5.289 9	6.327 5
7	2.210 7	2.502 3	2.660 0	2.826 2	3.185 5	3.583 2	4.507 7	5.629 5	6.982 6	8.605 4
8	2.476 0	2.852 6	3.059 0	3.278 4	3.758 9	4.299 8	5.589 5	7.205 8	9.217 0	11.703
9	2.773 1	3.251 9	3.517 9	3.803 0	4.435 5	5.159 8	6.931 0	9.223 4	12.167	15.917
10	3.105 8	3.707 2	4.045 6	4.411 4	5.233 8	6.191 7	8.594 4	11.806	16.060	21.647
11	3.478 5	4.226 2	4.652 4	5.117 3	6.175 9	7.430 1	10.657	15.112	21.199	29.439
12	3.896 0	4.817 9	5.350 3	5.936 0	7.287 6	8.916 1	13.215	19.343	27.983	40.038
13	4.363 5	5.492 4	6.152 8	6.885 8	8.599 4	10.699	16.386	24.759	36.937	54.451
14	4.887 1	6.261 3	7.075 7	7.987 5	10.147	12.839	20.319	31.691	48.757	74.053
15	5.473 6	7.137 9	8.137 1	9.265 5	11.974	15.407	25.196	40.565	64.359	100.71
16	6.130 4	8.137 2	9.357 6	10.748	14.129	18.488	31.243	51.923	84.954	136.97
17	6.866 0	9.276 5	10.761	12.468	16.672	22.186	38.741	66.461	112.14	186.28
18	7.690 0	10.575	12.376	14.463	19.673	26.623	48.039	85.071	148.02	253.34
19	8.612 8	12.056	14.232	16.777	23.214	31.948	59.568	108.89	195.39	344.54

续表

期数	12%	14%	15%	16%	18%	20%	24%	28%	32%	36%
20	9.646 3	13.744	16.367	19.461	27.393	38.338	73.864	139.38	257.92	468.57
21	10.804	15.668	18.822	22.575	32.324	46.005	91.592	178.41	340.45	637.26
22	12.100	17.861	21.645	26.186	38.142	55.206	113.57	228.36	449.39	866.67
23	13.552	20.362	24.892	30.376	45.008	66.247	140.83	292.30	593.20	1 178.7
24	15.179	23.212	28.625	35.236	53.109	79.497	174.63	374.14	783.02	1 603.0
25	17.000	26.462	32.919	40.874	62.669	95.396	216.54	478.90	1 033.6	2 180.1
26	19.040	30.167	37.857	47.414	73.949	114.48	268.51	613.00	1 364.3	2 964.9
27	21.325	34.390	43.535	55.000	87.260	137.37	332.96	784.64	1 800.9	4 032.3
28	23.884	39.205	50.066	63.800	102.97	164.84	412.86	1 004.3	2 377.2	5 483.9
29	26.750	44.693	57.576	74.009	121.50	197.81	511.95	1 285.6	3 137.9	7 458.1
30	29.960	50.950	66.212	85.850	143.37	237.38	634.82	1 645.5	4 142.1	10 143
40	93.051	188.88	267.86	378.72	750.38	1 469.8	5 455.9	19 427	66 521	*
50	289.00	700.23	1 083.7	1 670.7	3 927.4	9 100.4	46 890	*	*	*
60	897.60	2 595.9	4 384.0	7 370.2	20 555	56 348	*	*	*	*

附表二　复利现值系数表

期数	1%	2%	3%	4%	5%	6%	7%	8%	9%	10%
1	0.990 1	0.980 4	0.970 9	0.961 5	0.952 4	0.943 4	0.934 6	0.925 9	0.917 4	0.909 1
2	0.980 3	0.961 2	0.942 6	0.924 6	0.907 0	0.890 0	0.873 4	0.857 3	0.841 7	0.826 4
3	0.970 6	0.942 3	0.915 1	0.889 0	0.863 8	0.839 6	0.816 3	0.793 8	0.772 2	0.751 3
4	0.961 0	0.923 8	0.888 5	0.854 8	0.822 7	0.792 1	0.762 9	0.735 0	0.708 4	0.683 0
5	0.951 5	0.905 7	0.862 6	0.821 9	0.783 5	0.747 3	0.713 0	0.680 6	0.649 9	0.620 9
6	0.942 0	0.888 0	0.837 5	0.790 3	0.746 2	0.705 0	0.666 3	0.630 2	0.596 3	0.564 5
7	0.932 7	0.870 6	0.813 1	0.759 9	0.710 7	0.665 1	0.622 7	0.583 5	0.547 0	0.513 2
8	0.923 5	0.853 5	0.789 4	0.730 7	0.676 8	0.627 4	0.582 0	0.540 3	0.501 9	0.466 5
9	0.914 3	0.836 8	0.766 4	0.702 6	0.644 6	0.591 9	0.543 9	0.500 2	0.460 4	0.424 1

续表

期数	1%	2%	3%	4%	5%	6%	7%	8%	9%	10%
10	0.905 3	0.820 3	0.744 1	0.675 6	0.613 9	0.558 4	0.508 3	0.463 2	0.422 4	0.385 5
11	0.896 3	0.804 3	0.722 4	0.649 6	0.584 7	0.526 8	0.475 1	0.428 9	0.387 5	0.350 5
12	0.887 4	0.788 5	0.701 4	0.624 6	0.556 8	0.497 0	0.444 0	0.397 1	0.355 5	0.318 6
13	0.878 7	0.773 0	0.681 0	0.600 6	0.530 3	0.468 8	0.415 0	0.367 7	0.326 2	0.289 7
14	0.870 0	0.757 9	0.661 1	0.577 5	0.505 1	0.442 3	0.387 8	0.340 5	0.299 2	0.263 3
15	0.861 3	0.743 0	0.641 9	0.555 3	0.481 0	0.417 3	0.362 4	0.315 2	0.274 5	0.239 4
16	0.852 8	0.728 4	0.623 2	0.533 9	0.458 1	0.393 6	0.338 7	0.291 9	0.251 9	0.217 6
17	0.844 4	0.714 2	0.605 0	0.513 4	0.436 3	0.371 4	0.316 6	0.270 3	0.231 1	0.197 8
18	0.836 0	0.700 2	0.587 4	0.493 6	0.415 5	0.350 3	0.295 9	0.250 2	0.212 0	0.179 9
19	0.827 7	0.686 4	0.570 3	0.474 6	0.395 7	0.330 5	0.276 5	0.231 7	0.194 5	0.163 5
20	0.819 5	0.673 0	0.553 7	0.456 4	0.376 9	0.311 8	0.258 4	0.214 5	0.178 4	0.148 6
21	0.811 4	0.659 8	0.537 5	0.438 8	0.358 9	0.294 2	0.241 5	0.198 7	0.163 7	0.135 1
22	0.803 4	0.646 8	0.521 9	0.422 0	0.341 8	0.277 5	0.225 7	0.183 9	0.150 2	0.122 8
23	0.795 4	0.634 2	0.506 7	0.405 7	0.325 6	0.261 8	0.210 9	0.170 3	0.137 8	0.111 7
24	0.787 6	0.621 7	0.491 9	0.390 1	0.310 1	0.247 0	0.197 1	0.157 7	0.126 4	0.101 5
25	0.779 8	0.609 5	0.477 6	0.375 1	0.295 3	0.233 0	0.184 2	0.146 0	0.116 0	0.092 3
26	0.772 0	0.597 6	0.463 7	0.360 7	0.281 2	0.219 8	0.172 2	0.135 2	0.106 4	0.083 9
27	0.764 4	0.585 9	0.450 2	0.346 8	0.267 8	0.207 4	0.160 9	0.125 2	0.097 6	0.076 3
28	0.756 8	0.574 4	0.437 1	0.333 5	0.255 1	0.195 6	0.150 4	0.115 9	0.089 5	0.069 3
29	0.749 3	0.563 1	0.424 3	0.320 7	0.242 9	0.184 6	0.140 6	0.107 3	0.082 2	0.063 0
30	0.741 9	0.552 1	0.412 0	0.308 3	0.231 4	0.174 1	0.131 4	0.099 4	0.075 4	0.057 3
35	0.705 9	0.500 0	0.355 4	0.253 4	0.181 3	0.130 1	0.093 7	0.067 6	0.049 0	0.035 6
40	0.671 7	0.452 9	0.306 6	0.208 3	0.142 0	0.097 2	0.066 8	0.046 0	0.031 8	0.022 1
45	0.639 1	0.410 2	0.264 4	0.171 2	0.111 3	0.072 7	0.047 6	0.031 3	0.020 7	0.013 7
50	0.608 0	0.371 5	0.228 1	0.140 7	0.087 2	0.054 3	0.033 9	0.021 3	0.013 4	0.008 5
55	0.578 5	0.336 5	0.196 8	0.115 7	0.068 3	0.040 6	0.024 2	0.014 5	0.008 7	0.005 3
期数	12%	14%	15%	16%	18%	20%	24%	28%	32%	36%
1	0.892 9	0.877 2	0.869 6	0.862 1	0.847 5	0.833 3	0.806 5	0.781 3	0.757 6	0.735 3

续表

期数	12%	14%	15%	16%	18%	20%	24%	28%	32%	36%
2	0.797 2	0.769 5	0.756 1	0.743 2	0.718 2	0.694 4	0.650 4	0.610 4	0.573 9	0.540 7
3	0.711 8	0.675 0	0.657 5	0.640 7	0.608 6	0.578 7	0.524 5	0.476 8	0.434 8	0.397 5
4	0.635 5	0.592 1	0.571 8	0.552 3	0.515 8	0.482 3	0.423 0	0.372 5	0.329 4	0.292 3
5	0.567 4	0.519 4	0.497 2	0.476 1	0.437 1	0.401 9	0.341 1	0.291 0	0.249 5	0.214 9
6	0.506 6	0.455 6	0.432 3	0.410 4	0.370 4	0.334 9	0.275 1	0.227 4	0.189 0	0.158 0
7	0.452 3	0.399 6	0.375 9	0.353 8	0.313 9	0.279 1	0.221 8	0.177 6	0.143 2	0.116 2
8	0.403 9	0.350 6	0.326 9	0.305 0	0.266 0	0.232 6	0.178 9	0.138 8	0.108 5	0.085 4
9	0.360 6	0.307 5	0.284 3	0.263 0	0.225 5	0.193 8	0.144 3	0.108 4	0.082 2	0.062 8
10	0.322 0	0.269 7	0.247 2	0.226 7	0.191 1	0.161 5	0.116 4	0.084 7	0.062 3	0.046 2
11	0.287 5	0.236 6	0.214 9	0.195 4	0.161 9	0.134 6	0.093 8	0.066 2	0.047 2	0.034 0
12	0.256 7	0.207 6	0.186 9	0.168 5	0.137 2	0.112 2	0.075 7	0.051 7	0.035 7	0.025 0
13	0.229 2	0.182 1	0.162 5	0.145 2	0.116 3	0.093 5	0.061 0	0.040 4	0.027 1	0.018 4
14	0.204 6	0.159 7	0.141 3	0.125 2	0.098 5	0.077 9	0.049 2	0.031 6	0.020 5	0.013 5
15	0.182 7	0.140 1	0.122 9	0.107 9	0.083 5	0.064 9	0.039 7	0.024 7	0.015 5	0.009 9
16	0.163 1	0.122 9	0.106 9	0.093 0	0.070 8	0.054 1	0.032 0	0.019 3	0.011 8	0.007 3
17	0.145 6	0.107 8	0.092 9	0.080 2	0.060 0	0.045 1	0.025 8	0.015 0	0.008 9	0.005 4
18	0.130 0	0.094 6	0.080 8	0.069 1	0.050 8	0.037 6	0.020 8	0.011 8	0.006 8	0.003 9
19	0.116 1	0.082 9	0.070 3	0.059 6	0.043 1	0.031 3	0.016 8	0.009 2	0.005 1	0.002 9
20	0.103 7	0.072 8	0.061 1	0.051 4	0.036 5	0.026 1	0.013 5	0.007 2	0.003 9	0.002 1
21	0.092 6	0.063 8	0.053 1	0.044 3	0.030 9	0.021 7	0.010 9	0.005 6	0.002 9	0.001 6
22	0.082 6	0.056 0	0.046 2	0.038 2	0.026 2	0.018 1	0.008 8	0.004 4	0.002 2	0.001 2
23	0.073 8	0.049 1	0.040 2	0.032 9	0.022 2	0.015 1	0.007 1	0.003 4	0.001 7	0.000 8
24	0.065 9	0.043 1	0.034 9	0.028 4	0.018 8	0.012 6	0.005 7	0.002 7	0.001 3	0.000 6
25	0.058 8	0.037 8	0.030 4	0.024 5	0.016 0	0.010 5	0.004 6	0.002 1	0.001 0	0.000 5
26	0.052 5	0.033 1	0.026 4	0.021 1	0.013 5	0.008 7	0.003 7	0.001 6	0.000 7	0.000 3
27	0.046 9	0.029 1	0.023 0	0.018 2	0.011 5	0.007 3	0.003 0	0.001 3	0.000 6	0.000 2
28	0.041 9	0.025 5	0.020 0	0.015 7	0.009 7	0.006 1	0.002 4	0.001 0	0.000 4	0.000 2
29	0.037 4	0.022 4	0.017 4	0.013 5	0.008 2	0.005 1	0.002 0	0.000 8	0.000 3	0.000 1

续表

期数	12%	14%	15%	16%	18%	20%	24%	28%	32%	36%
30	0.033 4	0.019 6	0.015 1	0.011 6	0.007 0	0.004 2	0.001 6	0.000 6	0.000 2	0.000 1
35	0.018 9	0.010 2	0.007 5	0.005 5	0.003 0	0.001 7	0.000 5	0.000 2	0.000 1	*
40	0.010 7	0.005 3	0.003 7	0.002 6	0.001 3	0.000 7	0.000 2	0.000 1	*	*
45	0.006 1	0.002 7	0.001 9	0.001 3	0.000 6	0.000 3	0.000 1	*	*	*
50	0.003 5	0.001 4	0.000 9	0.000 6	0.000 3	0.000 1	*	*	*	*
55	0.002 0	0.000 7	0.000 5	0.000 3	0.000 1	*	*	*	*	*

注：*＜0.000 1。

附表三　年金终值系数表

期数	1%	2%	3%	4%	5%	6%	7%	8%	9%	10%
1	1.000 0	1.000 0	1.000 0	1.000 0	1.000 0	1.000 0	1.000 0	1.000 0	1.000 0	1.000 0
2	2.010 0	2.020 0	2.030 0	2.040 0	2.050 0	2.060 0	2.070 0	2.080 0	2.090 0	2.100 0
3	3.030 1	3.060 4	3.090 9	3.121 6	3.152 5	3.183 6	3.214 9	3.246 4	3.278 1	3.310 0
4	4.060 4	4.121 6	4.183 6	4.246 5	4.310 1	4.374 6	4.439 9	4.506 1	4.573 1	4.641 0
5	5.101 0	5.204 0	5.309 1	5.416 3	5.525 6	5.637 1	5.750 7	5.866 6	5.984 7	6.105 1
6	6.152 0	6.308 1	6.468 4	6.633 0	6.801 9	6.975 3	7.153 3	7.335 9	7.523 3	7.715 6
7	7.213 5	7.434 3	7.662 5	7.898 3	8.142 0	8.393 8	8.654 0	8.922 8	9.200 4	9.487 2
8	8.285 7	8.583 0	8.892 3	9.214 2	9.549 1	9.897 5	10.260	10.637	11.029	11.436
9	9.368 5	9.754 6	10.159	10.583	11.027	11.491	11.978	12.488	13.021	13.580
10	10.462	10.950	11.464	12.006	12.578	13.181	13.816	14.487	15.193	15.937
11	11.567	12.169	12.808	13.486	14.207	14.972	15.784	16.646	17.560	18.531
12	12.683	13.412	14.192	15.026	15.917	16.870	17.889	18.977	20.141	21.384
13	13.809	14.680	15.618	16.627	17.713	18.882	20.141	21.495	22.953	24.523
14	14.947	15.974	17.086	18.292	19.599	21.015	22.551	24.215	26.019	27.975
15	16.097	17.293	18.599	20.024	21.579	23.276	25.129	27.152	29.361	31.773
16	17.258	18.639	20.157	21.825	23.658	25.673	27.888	30.324	33.003	35.950
17	18.430	20.012	21.762	23.698	25.840	28.213	30.840	33.750	36.974	40.545
18	19.615	21.412	23.414	25.645	28.132	30.906	33.999	37.450	41.301	45.599

续表

期数	1%	2%	3%	4%	5%	6%	7%	8%	9%	10%
19	20.811	22.841	25.117	27.671	30.539	33.760	37.379	41.446	46.019	51.159
20	22.019	24.297	26.870	29.778	33.066	36.786	40.996	45.762	51.160	57.275
21	23.239	25.783	28.677	31.969	35.719	39.993	44.865	50.423	56.765	64.003
22	24.472	27.299	30.537	34.248	38.505	43.392	49.006	55.457	62.873	71.403
23	25.716	28.845	32.453	36.618	41.431	46.996	53.436	60.893	69.532	79.543
24	26.974	30.422	34.427	39.083	44.502	50.816	58.177	66.765	76.790	88.497
25	28.243	32.030	36.459	41.646	47.727	54.865	63.249	73.106	84.701	98.347
26	29.526	33.671	38.553	44.312	51.114	59.156	68.677	79.954	93.324	109.18
27	30.821	35.344	40.710	47.084	54.669	63.706	74.484	87.351	102.72	121.10
28	32.129	37.051	42.931	49.968	58.403	68.528	80.698	95.339	112.97	134.21
29	33.450	38.792	45.219	52.966	62.323	73.640	87.347	103.97	124.14	148.63
30	34.785	40.568	47.575	56.085	66.439	79.058	94.461	113.28	136.31	164.49
40	48.886	60.402	75.401	95.026	120.80	154.76	199.64	259.06	337.88	442.59
50	64.463	84.579	112.80	152.67	209.35	290.34	406.53	573.77	815.08	1 163.9
60	81.670	114.05	163.05	237.99	353.58	533.13	813.52	1 253.2	1 944.8	3 034.8

期数	12%	14%	15%	16%	18%	20%	24%	28%	32%	36%
1	1.000 0	1.000 0	1.000 0	1.000 0	1.000 0	1.000 0	1.000 0	1.000 0	1.000 0	1.000 0
2	2.120 0	2.140 0	2.150 0	2.160 0	2.180 0	2.200 0	2.240 0	2.280 0	2.320 0	2.360 0
3	3.374 4	3.439 6	3.472 5	3.505 6	3.572 4	3.640 0	3.777 6	3.918 4	4.062 4	4.209 6
4	4.779 3	4.921 1	4.993 4	5.066 5	5.215 4	5.368 0	5.684 2	6.015 6	6.362 4	6.725 1
5	6.352 8	6.610 1	6.742 4	6.877 1	7.154 2	7.441 6	8.048 4	8.699 9	9.398 3	10.146
6	8.115 2	8.535 5	8.753 7	8.977 5	9.442 0	9.929 9	10.980	12.136	13.406	14.799
7	10.089	10.731	11.067	11.414	12.142	12.916	14.615	16.534	18.696	21.126
8	12.300	13.233	13.727	14.240	15.327	16.499	19.123	22.163	25.678	29.732
9	14.776	16.085	16.786	17.519	19.086	20.799	24.713	29.369	34.895	41.435
10	17.549	19.337	20.304	21.322	23.521	25.959	31.643	38.593	47.062	57.352
11	20.655	23.045	24.349	25.733	28.755	32.150	40.238	50.399	63.122	78.998
12	24.133	27.271	29.002	30.850	34.931	39.581	50.895	65.510	84.320	108.44
13	28.029	32.089	34.352	36.786	42.219	48.497	64.110	84.853	112.30	148.48
14	32.393	37.581	40.505	43.672	50.818	59.196	80.496	109.61	149.24	202.93

续表

期数	12%	14%	15%	16%	18%	20%	24%	28%	32%	36%
15	37.280	43.842	47.580	51.660	60.965	72.035	100.82	141.30	198.00	276.98
16	42.753	50.980	55.718	60.925	72.939	87.442	126.01	181.87	262.36	377.69
17	48.884	59.118	65.075	71.673	87.068	105.93	157.25	233.79	347.31	514.66
18	55.750	68.394	75.836	84.141	103.74	128.12	195.99	300.25	459.45	700.94
19	63.440	78.969	88.212	98.603	123.41	154.74	244.03	385.32	607.47	954.28
20	72.052	91.025	102.44	115.38	146.63	186.69	303.60	494.21	802.86	1 298.8
21	81.699	104.77	118.81	134.84	174.02	225.03	377.46	633.59	1 060.8	1 767.4
22	92.503	120.44	137.63	157.42	206.34	271.03	469.06	812.00	1 401.2	2 404.7
23	104.60	138.30	159.28	183.60	244.49	326.24	582.63	1 040.4	1 850.6	3 271.3
24	118.16	158.66	184.17	213.98	289.49	392.48	723.46	1 332.7	2 443.8	4 450.0
25	133.33	181.87	212.79	249.21	342.60	471.98	898.09	1 706.8	3 226.8	6 053.0
26	150.33	208.33	245.71	290.09	405.27	567.38	1 114.6	2 185.7	4 260.4	8 233.1
27	169.37	238.50	283.57	337.50	479.22	681.85	1 383.1	2 798.7	5 624.8	11 198
28	190.70	272.89	327.10	392.50	566.48	819.22	1 716.1	3 583.3	7 425.7	15 230
29	214.58	312.09	377.17	456.30	669.45	984.07	2 129.0	4 587.7	9 802.9	20 714
30	241.33	356.79	434.75	530.31	790.95	1 181.9	2 640.9	5 873.2	12 941	28 172
40	767.09	1 342.0	1 779.1	2 360.8	4 163.2	7 343.9	22 729	69 377	207 874	609 890
50	2 400.0	4 994.5	7 217.7	10 436	21 813	45 497	195 373	819 103	*	*
60	7 471.6	18 535	29 220	46 058	114 190	281 733	*	*	*	*

注：*＞999 999.99。

附表四　年金现值系数表

期数	1%	2%	3%	4%	5%	6%	7%	8%	9%	10%
1	0.990 1	0.980 4	0.970 9	0.961 5	0.952 4	0.943 4	0.934 6	0.925 9	0.917 4	0.909 1
2	1.970 4	1.941 6	1.913 5	1.886 1	1.859 4	1.833 4	1.808 0	1.783 3	1.759 1	1.735 5
3	2.941 0	2.883 9	2.828 6	2.775 1	2.723 2	2.673 0	2.624 3	2.577 1	2.531 3	2.486 9
4	3.902 0	3.807 7	3.717 1	3.629 9	3.546 0	3.465 1	3.387 2	3.312 1	3.239 7	3.169 9
5	4.853 4	4.713 5	4.579 7	4.451 8	4.329 5	4.212 4	4.100 2	3.992 7	3.889 7	3.790 8
6	5.795 5	5.601 4	5.417 2	5.242 1	5.075 7	4.917 3	4.766 5	4.622 9	4.485 9	4.355 3
7	6.728 2	6.472 0	6.230 3	6.002 1	5.786 4	5.582 4	5.389 3	5.206 4	5.033 0	4.868 4

续表

期数	1%	2%	3%	4%	5%	6%	7%	8%	9%	10%
8	7.6517	7.3255	7.0197	6.7327	6.4632	6.2098	5.9713	5.7466	5.5348	5.3349
9	8.5660	8.1622	7.7861	7.4353	7.1078	6.8017	6.5152	6.2469	5.9952	5.7590
10	9.4713	8.9826	8.5302	8.1109	7.7217	7.3601	7.0236	6.7101	6.4177	6.1446
11	10.3676	9.7868	9.2526	8.7605	8.3064	7.8869	7.4987	7.1390	6.8052	6.4951
12	11.2551	10.5753	9.9540	9.3851	8.8633	8.3838	7.9427	7.5361	7.1607	6.8137
13	12.1337	11.3484	10.6350	9.9856	9.3936	8.8527	8.3577	7.9038	7.4869	7.1034
14	13.0037	12.1062	11.2961	10.5631	9.8986	9.2950	8.7455	8.2442	7.7862	7.3667
15	13.8651	12.8493	11.9379	11.1184	10.3797	9.7122	9.1079	8.5595	8.0607	7.6061
16	14.7179	13.5777	12.5611	11.6523	10.8378	10.1059	9.4466	8.8514	8.3126	7.8237
17	15.5623	14.2919	13.1661	12.1657	11.2741	10.4773	9.7632	9.1216	8.5436	8.0216
18	16.3983	14.9920	13.7535	12.6593	11.6896	10.8276	10.0591	9.3719	8.7556	8.2014
19	17.2260	15.6785	14.3238	13.1339	12.0853	11.1581	10.3356	9.6036	8.9501	8.3649
20	18.0456	16.3514	14.8775	13.5903	12.4622	11.4699	10.5940	9.8181	9.1285	8.5136
21	18.8570	17.0112	15.4150	14.0292	12.8212	11.7641	10.8355	10.0168	9.2922	8.6487
22	19.6604	17.6580	15.9369	14.4511	13.1630	12.0416	11.0612	10.2007	9.4424	8.7715
23	20.4558	18.2922	16.4436	14.8568	13.4886	12.3034	11.2722	10.3711	9.5802	8.8832
24	21.2434	18.9139	16.9355	15.2470	13.7986	12.5504	11.4693	10.5288	9.7066	8.9847
25	22.0232	19.5235	17.4131	15.6221	14.0939	12.7834	11.6536	10.6748	9.8226	9.0770
26	22.7952	20.1210	17.8768	15.9828	14.3752	13.0032	11.8258	10.8100	9.9290	9.1609
27	23.5596	20.7069	18.3270	16.3296	14.6430	13.2105	11.9867	10.9352	10.0266	9.2372
28	24.3164	21.2813	18.7641	16.6631	14.8981	13.4062	12.1371	11.0511	10.1161	9.3066
29	25.0658	21.8444	19.1885	16.9837	15.1411	13.5907	12.2777	11.1584	10.1983	9.3696
30	25.8077	22.3965	19.6004	17.2920	15.3725	13.7648	12.4090	11.2578	10.2737	9.4269
35	29.4086	24.9986	21.4872	18.6646	16.3742	14.4982	12.9477	11.6546	10.5668	9.6442
40	32.8347	27.3555	23.1148	19.7928	17.1591	15.0463	13.3317	11.9246	10.7574	9.7791
45	36.0945	29.4902	24.5187	20.7200	17.7741	15.4558	13.6055	12.1084	10.8812	9.8628
50	39.1961	31.4236	25.7298	21.4822	18.2559	15.7619	13.8007	12.2335	10.9617	9.9148
55	42.1472	33.1748	26.7744	22.1086	18.6335	15.9905	13.9399	12.3186	11.0140	9.9471

期数	12%	14%	15%	16%	18%	20%	24%	28%	32%	36%
1	0.8929	0.8772	0.8696	0.8621	0.8475	0.8333	0.8065	0.7813	0.7576	0.7353
2	1.6901	1.6467	1.6257	1.6052	1.5656	1.5278	1.4568	1.3916	1.3315	1.2760

续表

期数	12%	14%	15%	16%	18%	20%	24%	28%	32%	36%
3	2.401 8	2.321 6	2.283 2	2.245 9	2.174 3	2.106 5	1.981 3	1.868 4	1.766 3	1.673 5
4	3.037 3	2.913 7	2.855 0	2.798 2	2.690 1	2.588 7	2.404 3	2.241 0	2.095 7	1.965 8
5	3.604 8	3.433 1	3.352 2	3.274 3	3.127 2	2.990 6	2.745 4	2.532 0	2.345 2	2.180 7
6	4.111 4	3.888 7	3.784 5	3.684 7	3.497 6	3.325 5	3.020 5	2.759 4	2.534 2	2.338 8
7	4.563 8	4.288 3	4.160 4	4.038 6	3.811 5	3.604 6	3.242 3	2.937 0	2.677 5	2.455 0
8	4.967 6	4.638 9	4.487 3	4.343 6	4.077 6	3.837 2	3.421 2	3.075 8	2.786 0	2.540 4
9	5.328 2	4.946 4	4.771 6	4.606 5	4.303 0	4.031 0	3.565 5	3.184 2	2.868 1	2.603 3
10	5.650 2	5.216 1	5.018 8	4.833 2	4.494 1	4.192 5	3.681 9	3.268 9	2.930 4	2.649 5
11	5.937 7	5.452 7	5.233 7	5.028 6	4.656 0	4.327 1	3.775 7	3.335 1	2.977 6	2.683 4
12	6.194 4	5.660 3	5.420 6	5.197 1	4.793 2	4.439 2	3.851 4	3.386 8	3.013 3	2.708 4
13	6.423 5	5.842 4	5.583 1	5.342 3	4.909 5	4.532 7	3.912 4	3.427 2	3.040 4	2.726 8
14	6.628 2	6.002 1	5.724 5	5.467 5	5.008 1	4.610 6	3.961 6	3.458 7	3.060 9	2.740 3
15	6.810 9	6.142 2	5.847 4	5.575 5	5.091 6	4.675 5	4.001 3	3.483 4	3.076 4	2.750 2
16	6.974 0	6.265 1	5.954 2	5.668 5	5.162 4	4.729 6	4.033 3	3.502 6	3.088 2	2.757 5
17	7.119 6	6.372 9	6.047 2	5.748 7	5.222 3	4.774 6	4.059 1	3.517 7	3.097 1	2.762 9
18	7.249 7	6.467 4	6.128 0	5.817 8	5.273 2	4.812 2	4.079 9	3.529 4	3.103 9	2.766 8
19	7.365 8	6.550 4	6.198 2	5.877 5	5.316 2	4.843 5	4.096 7	3.538 6	3.109 0	2.769 7
20	7.469 4	6.623 1	6.259 3	5.928 8	5.352 7	4.869 6	4.110 3	3.545 8	3.112 9	2.771 8
21	7.562 0	6.687 0	6.312 5	5.973 1	5.383 7	4.891 3	4.121 2	3.551 4	3.115 8	2.773 4
22	7.644 6	6.742 9	6.358 7	6.011 3	5.409 9	4.909 4	4.130 0	3.555 8	3.118 0	2.774 6
23	7.718 4	6.792 1	6.398 8	6.044 2	5.432 1	4.924 5	4.137 1	3.559 2	3.119 7	2.775 4
24	7.784 3	6.835 1	6.433 8	6.072 6	5.450 9	4.937 1	4.142 8	3.561 2	3.121 0	2.776 0
25	7.843 1	6.872 9	6.464 1	6.097 1	5.466 9	4.947 6	4.147 4	3.564 0	3.122 0	2.776 5
26	7.895 7	6.906 1	6.490 6	6.118 2	5.480 4	4.956 3	4.151 1	3.565 6	3.122 7	2.776 8
27	7.942 6	6.935 2	6.513 5	6.136 4	5.491 9	4.963 6	4.154 2	3.566 9	3.123 3	2.777 1
28	7.984 4	6.960 7	6.533 5	6.152 0	5.501 6	4.969 7	4.156 6	3.567 9	3.123 7	2.777 3
29	8.021 8	6.983 0	6.550 9	6.165 6	5.509 8	4.974 7	4.158 5	3.568 7	3.124 0	2.777 4
30	8.055 2	7.002 7	6.566 0	6.177 2	5.516 8	4.978 9	4.160 1	3.569 3	3.124 2	2.777 5
35	8.175 5	7.070 0	6.616 6	6.215 3	5.538 6	4.991 5	4.164 4	3.570 8	3.124 8	2.777 7
40	8.243 8	7.105 0	6.641 8	6.233 5	5.548 2	4.996 6	4.165 9	3.571 2	3.125 0	2.777 8
45	8.282 5	7.123 2	6.654 3	6.242 1	5.552 3	4.998 6	4.166 4	3.571 4	3.125 0	2.777 8
50	8.304 5	7.132 7	6.660 5	6.246 3	5.554 1	4.999 5	4.166 6	3.571 4	3.125 0	2.777 8
55	8.317 0	7.137 6	6.663 6	6.248 2	5.554 9	4.999 8	4.166 6	3.571 4	3.125 0	2.777 8

参考文献

[1] 斯蒂芬·A.罗斯,等.公司理财[M].13版.北京:机械工业出版社,2024.

[2] 比尔·尼尔,特雷弗·麦克尔罗伊.公司理财——基于价值的方法[M].北京:经济管理出版社,2011.

[3] 阿斯瓦斯·达摩达兰.应用公司理财[M].郑振龙,译.北京:机械工业出版社,2000.

[4] 詹姆斯·C.范霍恩.财务管理与政策[M].大连:东北财经大学出版社,2011.

[5] 王化成,刘俊彦,荆新.财务管理学[M].9版.北京:中国人民大学出版社,2021.

[6] 武晓玲,田高良.企业财务分析[M].北京:北京大学出版社,2013.

[7] 刘淑莲.财务管理[M].大连:东北财经大学出版社,2019.

[8] 杨雄胜.高级财务管理理论与案例[M].4版.大连:东北财经大学出版社,2022.

[9] 周炜,宋晓满.财务管理学——理论与实务[M].上海:立信会计出版社,2015.

[10] 周炜,宋晓满.财务管理案例分析[M].4版.上海:立信会计出版社,2024.

[11] 周炜,宋晓满.财务建模实验教程[M].上海:立信会计出版社,2017.

[12] 王欣兰,石美琪.数字化转型如何驱动企业动态能力生成实现价值创造?——基于三一重工的纵向单案例研究[J].财会通讯,2024(06).